1 4年のふく習①

タイムアタック目標5分

読もう

1. 億二千万人以上が住む。
2. 塩を少し加える。
3. 改良案を出す。
4. 不便で使いにくい機械。
5. 街が大いに栄える。
6. 会議で挙手する。

書こう

1. □《なわ》とびをする。
2. □《えい》語の勉強をする。
3. 良い□《いん》象《しょう》を受ける。
4. □□《ぎふ》県に行く。
5. □□《きせつ》がめぐる。
6. 昔の□□《ぐんたい》の写真。

□問正解《せいかい》！満点になるまでおさらいしよう！

答えは119ページ

月　日

1 4年のふく習①

タイムアタック目標5分
分　秒

★ 次の数を書きましょう。

❶ 三兆五千六百十九億八千万

(　　　　　　　　)

❷ 1兆を25こと、1億を340こあわせた数

(　　　　　　　　)

❸ 1000万を40こ集めた数

(　　　　　　　　)

❹ 8000万を100倍した数

(　　　　　　　　)

❺ 6兆を10でわった数

(　　　　　　　　)

★ 次の計算をしましょう。

❻ 36億＋47億＝

❼ 3億4000万－2億9000万＝

★ 筆算でしましょう。

❽ 306×205

❾ 4800×250

□問 正解《せいかい》！ 満点になるまでおさらいしよう！

答えは
119ページ

2 4年のふく習②

タイムアタック目標5分　　分　　秒

読もう

❶ 鹿（　）におそいかかる熊（　）を見た。

❷ 広大（　）な陸地（　）の光景（　）。

❸ 孫（　）の末長（　）い健康（　）をいのる。

❹ カレーの材料（　）を買う。

❺ 別（　）れをメールで伝（　）える。

❻ 最（　）も点数（　）の差（　）が大きい。

書こう

❶ 円の半□《けい》をはかる。

❷ しゅみは手□《げい》だ。

❸ 会を□□《けっせき》する。

❹ 花の□□《しゅるい》を調べる。

❺ 学校の□□《しゅうへん》を歩く。

❻ □《かがみ》を□《か》りる。

□問 正解《せいかい》！　満点になるまでおさらいしよう！

答えは119ページ

月　日

2　4年のふく習②

タイムアタック 目標 5分
分　秒

★ 次の計算をしましょう。

❶ $\begin{array}{r} 4.76 \\ +\ 2.89 \\ \hline \end{array}$

❷ $\begin{array}{r} 0.69 \\ +\ 0.38 \\ \hline \end{array}$

❸ $\begin{array}{r} 6.91 \\ +\ 3.09 \\ \hline \end{array}$

❹ $\begin{array}{r} 0.072 \\ +\ 0.828 \\ \hline \end{array}$

❺ $\begin{array}{r} 18.53 \\ +\ \ \ 1.7 \\ \hline \end{array}$

❻ $\begin{array}{r} 32 \\ +\ \ \ 9.68 \\ \hline \end{array}$

❼ $\begin{array}{r} 7.32 \\ -\ 2.59 \\ \hline \end{array}$

❽ $\begin{array}{r} 5.76 \\ -\ 4.98 \\ \hline \end{array}$

❾ $\begin{array}{r} 2.63 \\ -\ 0.57 \\ \hline \end{array}$

❿ $\begin{array}{r} 9.41 \\ -\ 3.4 \\ \hline \end{array}$

⓫ $\begin{array}{r} 8.5 \\ -\ 2.16 \\ \hline \end{array}$

⓬ $\begin{array}{r} 4 \\ -\ 1.92 \\ \hline \end{array}$

⓭ $\begin{array}{r} 5.28 \\ -\ 5.198 \\ \hline \end{array}$

⓮ $\begin{array}{r} 24 \\ -\ \ \ 3.71 \\ \hline \end{array}$

⓯ $\begin{array}{r} 7 \\ -\ 0.097 \\ \hline \end{array}$

□問 正解《せいかい》！ 満点になるまでおさらいしよう！

答えは 119ページ

3 4年のふく習③

月　日

タイムアタック 目標5分
分　秒

読もう

❶ 初飛行がみごと成功する。

❷ 菜の花を観察する。

❸ 辞典を新たに刷る。

❹ 順番をはげしく争う。

❺ 博物館が建つ。

❻ 松の木を朝日が照らす。

書こう

❶ 動物を□《あい》する。

❷ □《い》服をたたむ。

❸ □《しず》かな場所を□《えら》ぶ。

❹ 北□《きょく》の大自□《ぜん》。

❺ 着物の□《おび》を□《むす》ぶ。

❻ □《さ》□《が》県に住む。

□問 正解《せいかい》！ 満点になるまでおさらいしよう！

答えは
119ページ

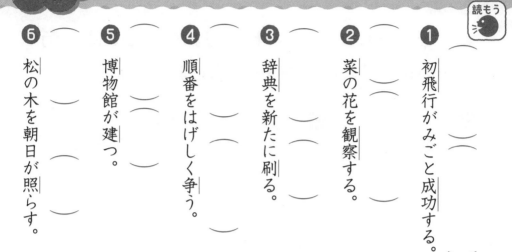

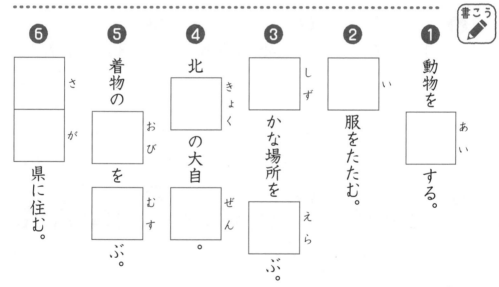

月　日

3　4年のふく習③

タイムアタック目標5分

分　秒

★ 筆算をしましょう。わり切れないときは、商を一の位まで求め、あまりを出しましょう。

❶ $6\overline{)\,96}$

❷ $4\overline{)\,972}$

❸ $7\overline{)\,534}$

❹ $19\overline{)\,76}$

❺ $25\overline{)\,175}$

❻ $37\overline{)\,897}$

❼ $48\overline{)\,980}$

❽ $16\overline{)\,4928}$

❾ $314\overline{)\,9106}$

□問 正解《せいかい》！満点になるまでおさらいしよう！

答えは119ページ

月　日

4　4年のふく習④

タイムアタック 目標5分
分　秒

読もう

❶ 倉庫（　）を十分（　）に利用（　）する。

❷ 副大臣（　）になる。

❸ 旗（　）をふる兵隊（　）。

❹ 冷（　）たい水を浴（　）びる。

❺ 約束（　）を守（　）る。

❻ 仲間（　）を真（　）けんに説得《とく》（　）する。

書こう

❶ 運動会で三□《い》になる。

❷ □《か》実を食べる。

❸ □《うめ》の木の□《め》が出る。

❹ □□《ひつよう》な物を買う。

❺ 道□《とく》を学ぶ。

❻ □□《れんぞく》する数を足す。

□問 正解《せいかい》！ 満点になるまでおさらいしよう！

答えは119ページ

月　日

4　4年のふく習④

タイムアタック 目標5分
分　秒

★ 次の計算をしましょう。

❶ $\frac{4}{5}+\frac{2}{5}=$

❷ $\frac{5}{3}+\frac{1}{3}=$

❸ $\frac{8}{6}+\frac{9}{6}=$

❹ $\frac{8}{7}-\frac{2}{7}=$

❺ $\frac{15}{9}-\frac{6}{9}=$

❻ $\frac{17}{5}-\frac{7}{5}=$

❼ $1\frac{1}{4}+\frac{2}{4}=$

❽ $1\frac{2}{7}+2\frac{3}{7}=$

❾ $1\frac{5}{9}+1\frac{6}{9}=$

❿ $1\frac{3}{8}+2\frac{5}{8}=$

⓫ $1\frac{1}{5}-\frac{2}{5}=$

⓬ $2\frac{5}{6}-1\frac{4}{6}=$

⓭ $2\frac{1}{8}-\frac{6}{8}=$

⓮ $3-\frac{1}{3}=$

□問 正解《せいかい》！ 満点になるまでおさらいしよう！

答えは119ページ

5 4年のふく習⑤

タイムアタック目標5分
分　秒

読もう

❶ 労働者の安全を守る。

❷ 給食費《ひ》をはらう。

❸ 希望の道に進む。

❹ 課題の実験をする。

❺ 残暑がきびしい気候。

❻ 出産をみんなで祝う。

書こう

❶ 朝早くに目が□《さ》める。

❷ □《かく》自の持ち物。

❸ □《がい》虫の□《む》れ。

❹ □《きょう》力して国を□《おさ》める。

❺ 木登りに□《しっ》□《ぱい》する。

❻ 命□《れい》を□《む》しする。

□問 正解《せいかい》！満点になるまでおさらいしよう！

答えは119ページ

月　日

5 4年のふく習⑤

タイムアタック 目標5分
分　秒

★ 筆算をしましょう。

❶ 2.9×3

❷ 6.7×4

❸ 8.9×9

❹ 20.6×7

❺ 0.14×5

❻ 1.25×8

❼ 4.2×23

❽ 3.7×56

❾ 2.5×40

❿ 2.78×38

⓫ 90.4×62

⓬ 0.86×50

□問 正解《せいかい》！ 満点になるまでおさらいしよう！

答えは120ページ

月　日

6　4年のふく習⑥

タイムアタック目標5分
分　秒

読もう

❶ 漁船が急ぎ灯台を目ざす。

❷ 共に最後まで戦う。

❸ 笑い声の満ちた部屋。

❹ 焼き魚とご飯。

❺ 左側に大きな城がある。

❻ 目標のために努力する。

書こう

❶ □《きよ》らかな川の流れ。

❷ 平和を□《ねが》う。

❸ 学校の生□《と》に□《つた》える。

❹ 調査《さ》船が湖の□《そこ》に□《たっ》する。

❺ □《ひ》行機を着陸させる□《くん》練。

❻ □《み》□《かん》のままの物語。

□問正解《せいかい》！満点になるまでおさらいしよう！

答えは120ページ

月　日

6 4年のふく習 ⑥

タイムアタック 目標5分
分　秒

★ 筆算をしましょう。

❶ 3)7.8

❷ 24)76.8

❸ 48)4.32

★ 筆算をしましょう。商は$\frac{1}{10}$の位まで求め、あまりも出しましょう。

❹ 4)75.9

❺ 4)83.5

❻ 25)96.2

★ わり切れるまで計算しましょう。

❼ 5)8.2

❽ 8)50

❾ 25)1

□問 正解《せいかい》！ 満点になるまでおさらいしよう！

答えは120ページ

7 情・報・再・告・因

タイムアタック 目標5分
分　秒

読もう

❶ 再来月の予定。（　　）

❷ 友人と再び会う。（　　）

❸ 新たな情報を得《え》る。（　　）

❹ 成功の一因。（　　）

❺ 再度全員に告知する。（　　）（　　）

❻ 人に情けをかける。（　　）

書こう

❶ □《なさ》けない気持ちになる。

❷ □《ふたた》び、チャレンジする。

❸ □《さ》来週に放送する□《ほう》道番組。

❹ 多くのことを□《つ》げる。

❺ □《じょう》熱をもって取り組む。

❻ □《さい》度、原□《いん》を調べる。

□問 正解《せいかい》！ 満点になるまでおさらいしよう！

答えは120ページ

月　日

7 整数と小数 ①

タイムアタック 目標 5分
分　秒

★ □にあてはまる数を書きましょう。

例題

❶ 1を2個《こ》、0.1を3個、0.01を8個、0.001を6個あわせた数

一の位	$\frac{1}{10}$の位	$\frac{1}{100}$の位	$\frac{1}{1000}$の位
2 .	□	□	□

❷ 58.09＝10×□＋1×□＋0.1×□＋0.01×□

❸ 3.741は、0.001を□個集めた数です。

❹ 4.85は、0.001を□個集めた数です。

★ 1、3、5、7 のカードを1まいずつ右の□にあてはめて、小数をつくりましょう。

□.□□□

❺ いちばん大きい数　（　　　）

❻ 5にいちばん近い数　（　　　）

□問 正解《せいかい》！ 満点になるまでおさらいしよう！

答えは120ページ

8 応・接・容・判

タイムアタック 目標 5分
分　秒

読もう

❶ 文と文を接続（　）する。

❷ 調べに応（　）じる。

❸ わかりやすい内容（　）の本。

❹ 適《てき》切な判断《だん》（　）を下す。

❺ 期待に応（　）える。

❻ ねこに小判（　）。

書こう

❶ □《よう》易《い》に解《かい》決する。

❷ □《おう》□《せつ》室に案内する。

❸ □《はん》別するため、□《よう》器に移《うつ》す。

❹ 大□《ばん》の紙にメモを取る。

❺ 要求に□《こた》える。

❻ かべと□《せっ》する場所に置く。

□問 正解《せいかい》！ 満点になるまでおさらいしよう！

答えは120ページ

月　日

8 整数と小数 ②

タイムアタック目標 5分

分　秒

★ 次の数を書きましょう。

例題

❶ 5.637を100倍した数

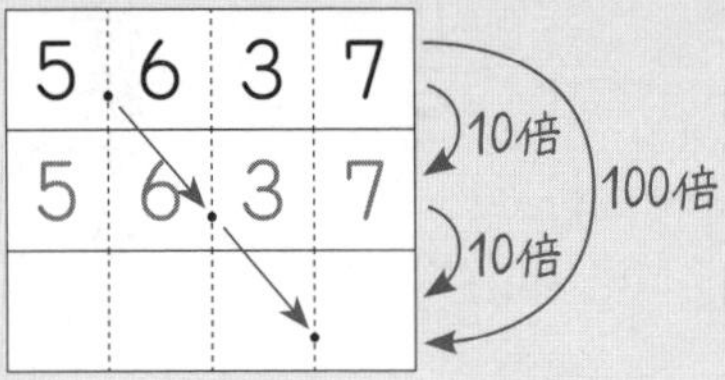

例題

❷ 72.54を$\frac{1}{100}$にした数

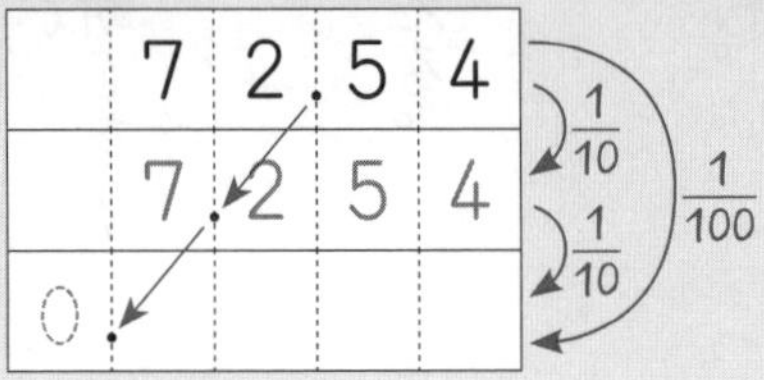

❸ 1.93を10倍した数

(　　　　)

❹ 81.6を$\frac{1}{10}$にした数

(　　　　)

❺ 0.471を100倍した数

(　　　　)

❻ 619を$\frac{1}{1000}$にした数

(　　　　)

❼ 32.86を1000倍した数

(　　　　)

★ 次の計算をしましょう。

❽ 0.72×10＝

❾ 1.56÷10＝

❿ 304.8×100＝

⓫ 2.7÷100＝

□問 正解《せいかい》！ 満点になるまでおさらいしよう！

答えは120ページ

月　日

9 編・講・刊・述・修

タイムアタック 目標5分
分　秒

読もう

❶ 講義《ぎ》の感想を述べる。

❷ 本を編集する。

❸ 主語と述語を答える。

❹ 雑《ざっ》しを刊行する。

❺ 竹で編んだかごを修理する。

❻ 学問を修める。

書こう

❶ マフラーを□《あ》む。

❷ すべての□《こう》ざを□《おさ》める。

❸ 続□《へん》を記□《じゅつ》する。

❹ 意見を□《の》べる。

❺ まちがいを□《しゅう》正する。

❻ 週□《かん》しを買う。

□問 正解《せいかい》！ 満点になるまでおさらいしよう！

答えは120ページ

月　日

9 体　積①

タイムアタック 目標5分
分　秒

★ 次の直方体や立方体の体積《たいせき》を求めましょう。

例題

❶

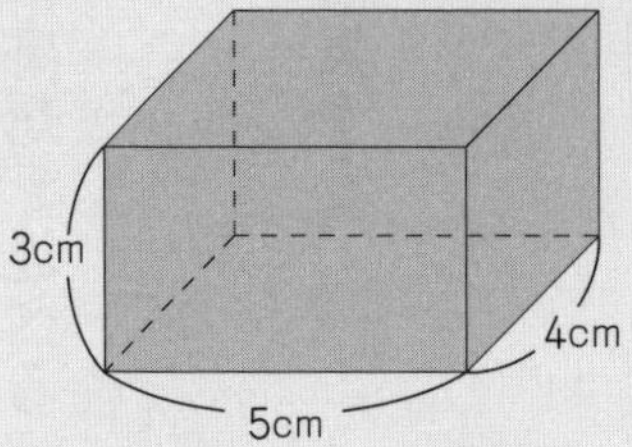

式 □ × □ × □
たて × 横 × 高さ
＝ □

体積の単位
立方センチメートル

答え（　　　）cm³

❷

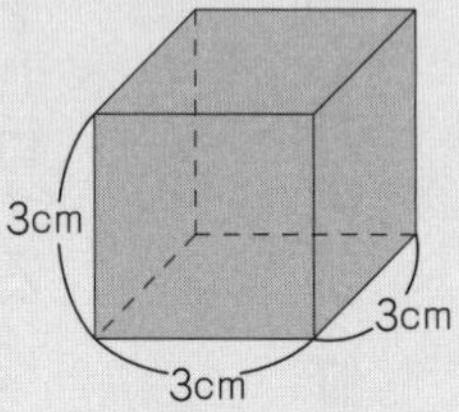

式 □ × □ × □
1辺 × 1辺 × 1辺
＝ □

答え（　　　）cm³

❸

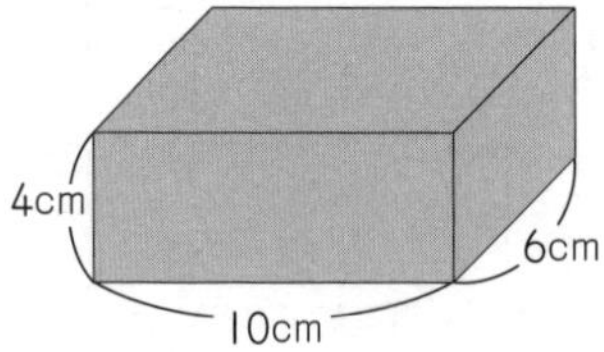

式

答え（　　　）cm³

❹

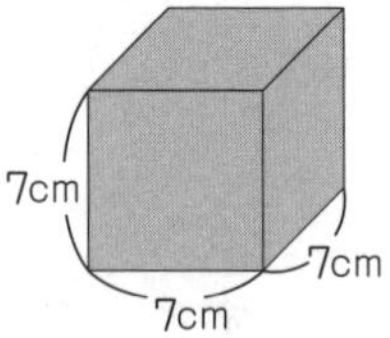

式

答え（　　　）cm³

□問 正解《せいかい》！満点になるまでおさらいしよう！

答えは
120ページ

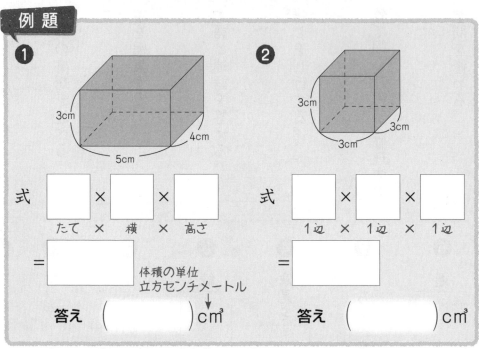

月　日

10 確・得・幹・似・評

タイムアタック 目標5分
分　秒

読もう

❶ 事実を確かめる。（　　）

❷ 機会を得たい。（　　）

❸ 会の幹事になる。（　　）

❹ 母に似る。（　　）

❺ 正確に点数で評価《か》する。（　　）（　　）

❻ 木の幹を保《ほ》護《ご》する。（　　）

書こう

❶ □《かく》実に説□《とく》する。

❷ □《たし》かな話を聞く。

❸ 老木の□《みき》が折れる。

❹ 他人の空□《に》。

❺ □《ひょう》ろん家の話を聞く。

❻ □《かん》線道路の質《しつ》の□《ひょう》価。

□問 正解《せいかい》！ 満点になるまでおさらいしよう！

答えは120ページ

月　日

10 体 積②

タイムアタック目標5分
分　秒

★ 次の形の体積《たいせき》を求めましょう。

例題

❶

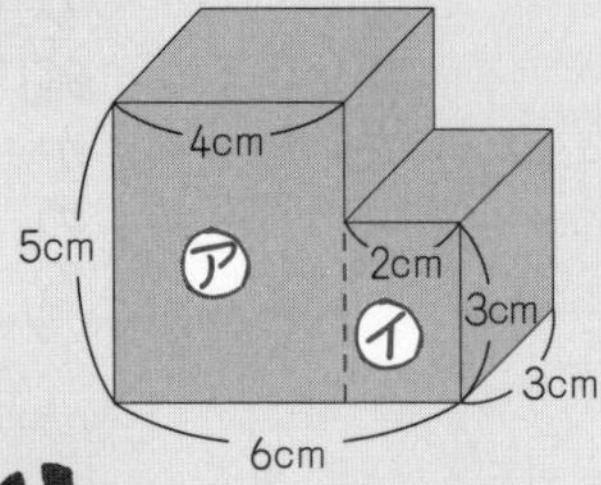

式

$3 \times 4 \times 5 + \square \times \square \times \square$

㋐の体積　　㋑の体積

$= \square$

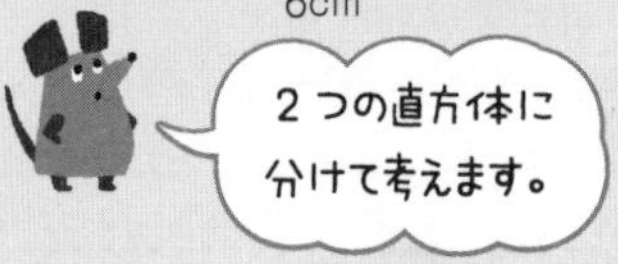

答え（　　　）cm³

❷

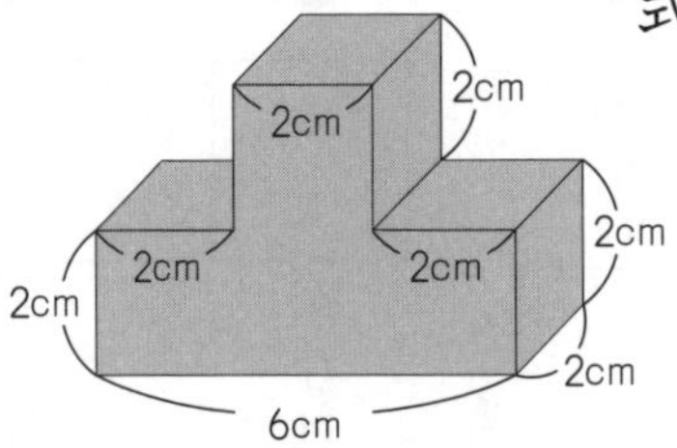

式

答え（　　　）cm³

❸

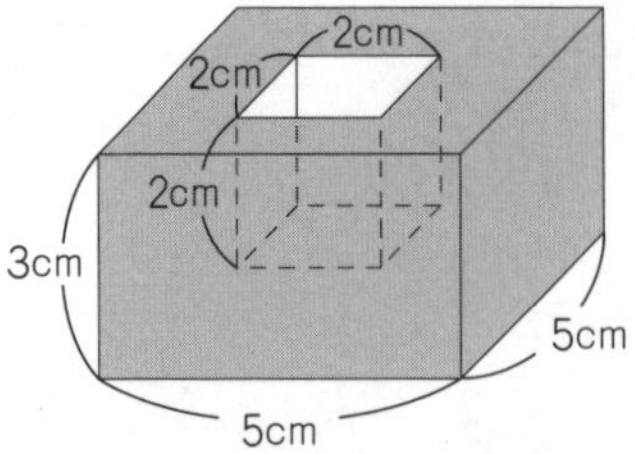

式

答え（　　　）cm³

□問 正解《せいかい》！ 満点になるまでおさらいしよう！

答えは
120ページ

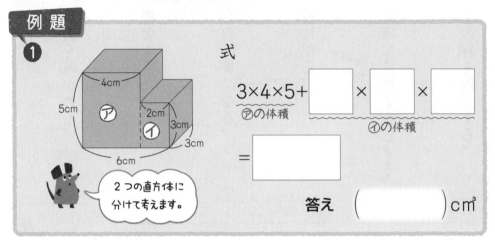

月　日

11 型・像・堂・設・築

タイムアタック目標5分　分　秒

読もう

1. お堂（　）に小さな仏《ぶつ》像（　）がある。
2. 新型（　）の車。
3. ルールを設（　）ける。
4. 学校を新設（　）する。
5. 校舎《しゃ》を築（　）く。
6. も型（　）飛行機で遊ぶ。

書こう

1. □《どう》に入《い》った態《たい》度。
2. □《かた》破《やぶ》りな想□《ぞう》をする。
3. 本□《どう》を増《ぞう》□《ちく》する。
4. □《せっ》計図を見て、城を□《きず》く。
5. 橋を□《もう》ける。
6. 家を改□《ちく》する。

□問 正解《せいかい》！ 満点になるまでおさらいしよう！

答えは120ページ

11 体 積 ③

タイムアタック目標5分
分　秒

★ 次の入れ物の容積《ようせき》を求めましょう。
→入れ物などの中にいっぱいに入る水などの体積

❶ 内のりが、たて3cm、横4cm、深さ2cmの直方体の入れ物
→入れ物の内側をはかった長さ

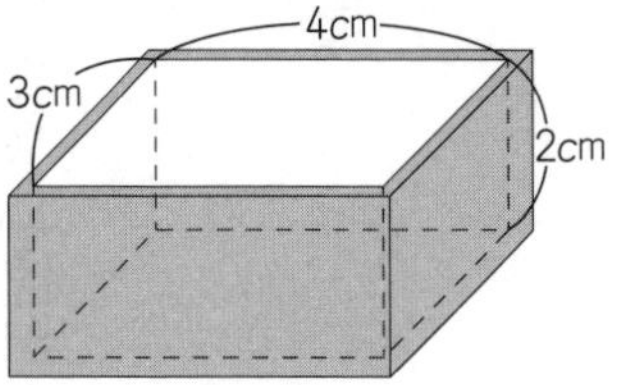

式

答え（　　　　）cm³

❷ 厚《あつ》さ1cmの板で作った直方体の入れ物

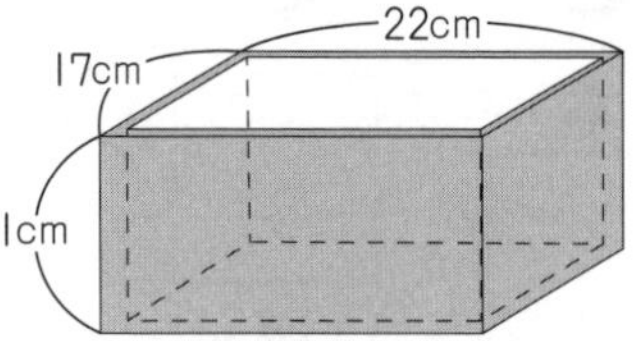

式

答え（　　　　）cm³

❸ 厚さ1cmの板で作った次の形の入れ物

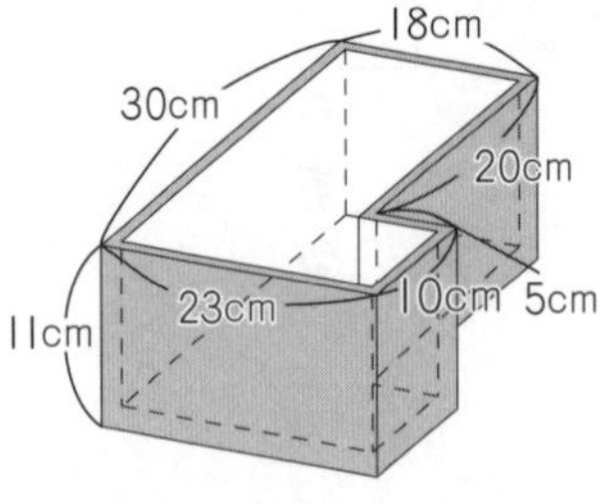

式

答え（　　　　）cm³

□問 正解《せいかい》！ 満点になるまでおさらいしよう！

答えは
121ページ

12 漢字のまとめ①

タイムアタック目標5分

分　秒

読もう

❶ 再来月に刊行される本。

❷ 情報をきちんと判断《だん》する。

❸ 事故《こ》原因を冷静に述べる。

❹ 応接室に客を通す。

❺ 富を築く。

❻ 合唱用に編曲する。

書こう

❶ □《とく》点を□□《ほうこく》する。

❷ □《こう》義《ぎ》の内□《よう》を聞く。

❸ 木の枝《えだ》と□《みき》を調べる。

❹ 石□《ぞう》を□《せっ》置する。

❺ 類□《けい》を□《たし》かめる。

❻ 学問を□《おさ》める。

□問　正解《せいかい》！　満点になるまでおさらいしよう！

答えは121ページ

月　日

12 体積の単位

タイムアタック目標5分
分　秒

★ □にあてはまる数を書きましょう。

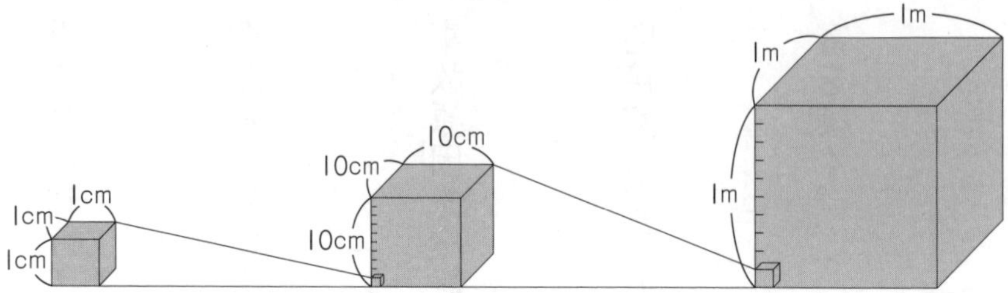

❶ 1cm^3＝□mL

❷ 1000cm^3＝□L

❸ 1m^3＝□L

❹ 1m^3＝□cm^3

★ □にあてはまる単位を書きましょう。

❺ 洗面器に入るお湯の量　3□

❻ コップ1ぱい分の油の量　80□

❼ 教室の容積《ようせき》　190□

□問 正解《せいかい》！満点になるまでおさらいしよう！

答えは121ページ

月　日

13 属・性・格・解・許

タイムアタック目標5分
分　秒

読もう

❶ 金属（　）のもつ性質（　）を調べる。

❷ 本格（　）的な研究。

❸ 問題を解（　）く。

❹ 解（　）答用紙を集める。

❺ 見学を許（　）す。

❻ 特許（　）を取る。

書こう

❶ サッカー部に所□《ぞく》する。

❷ 弟はやさしい□□《せいかく》だ。

❸ 正□《かい》を見つける。

❹ 練習を□《きょ》可《か》する。

❺ 参加を□《ゆる》す。

❻ ご□《かい》が□《と》ける。

□問 正解《せいかい》！ 満点になるまでおさらいしよう！

答えは121ページ

月　日

13 比　例

タイムアタック目標5分
分　秒

★ 直方体のたてを2cm、横を3cmと決めて、高さを1cm、2cm、3cm、…と変えていきます。

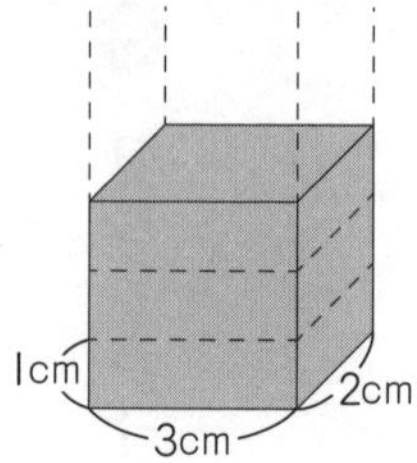

・表のあいているところをうめましょう。

（1 → 2：2倍　1 → 3：3倍）

高さ（cm）	1	2	3	4	5	6
体積（cm³）	6	12	❶	❷	❸	❹

（6 → 12：❺ ☐ 倍　6 → ❶：❻ ☐ 倍）

高さが2倍、3倍、…になると、
体積も2倍、3倍、…になる。
⇓
体積は高さに比例する。

❼ 高さを△cm、体積を○cm³として、△と○の関係を式に表しましょう。

（　　　　　　）

❽ 高さが8cmのときの体積は何cm³ですか。

（　　　　）cm³

❾ 体積が168cm³のときの高さは何cmですか。

（　　　　）cm

☐問 正解《せいかい》！満点になるまでおさらいしよう！

答えは121ページ

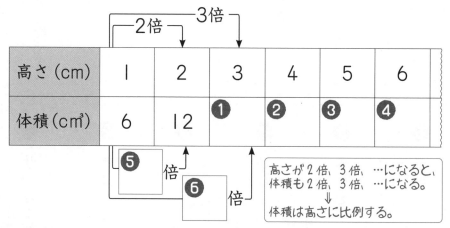

14 仮・夢・経・現・潔

タイムアタック目標5分
分　秒

読もう

❶ 仮住まいで一年を経る。

❷ 夢中になる。

❸ 現実的な経営《えい》の計画。

❹ 仮面をかぶる。

❺ 部屋を清潔にする。

❻ 夢に友人が現れる。

書こう

❶ このボールを地球だと□《か》定する。

❷ 時を□《へ》る。

❸ 悪□《む》のような□《けい》験をする。

❹ すがたを□《あらわ》す。

❺ □《けっ》白を証《しょう》明する。

❻ □《ゆめ》を実□《げん》させる。

□問 正解《せいかい》！ 満点になるまでおさらいしよう！

答えは
121ページ

月　日

14 小数のかけ算 ①

タイムアタック 目標5分
分　秒

★ 次の計算をしましょう。

例題

❶ 60×0.3＝60×3÷［10］＝［　］

❷ 0.4×0.8＝4×8÷［　］＝［　］

❸ 30×0.4＝

❹ 400×0.9＝

❺ 200×0.5＝

❻ 0.2×0.6＝

❼ 0.3×0.2＝

❽ 0.8×0.5＝

❾ 2.1×0.3＝

❿ 0.6×0.04＝

［　］問 正解《せいかい》！ 満点になるまでおさらいしよう！

答えは121ページ

15 象・造・支・護・河

タイムアタック 目標5分
分　秒

読もう

❶ 印象を聞く。

❷ 河口の近くを歩く。

❸ 神の加護を受ける。

❹ 大きな河の周りの支流。

❺ 橋を造る。

❻ 人々の生活を支える。

書こう

❶ インド□《ぞう》を見る。

❷ □《ぞう》船業を□《ささ》える。

❸ 大型《がた》の機械を□《つく》る。

❹ 外国に□《し》店を出す。

❺ 氷□《が》を見に南極へ行く。

❻ 保《ほ》□《ご》活動を□《し》えんする。

□問 正解《せいかい》！ 満点になるまでおさらいしよう！

答えは121ページ

15 小数のかけ算 ②

タイムアタック 目標 5分
分　秒

★ 次の計算をしましょう。

例題

❶

		8.	4
	×	2.	3
		.	

小数点から下のけた数
← 1けた
← 1けた
和
← 2けた

積の小数点は、
かけられる数とかける数の
小数点より下のけた数の和だけ、
右から数えてうつ。

❷
$$\begin{array}{r} 3.2 \\ \times\ 4.2 \\ \hline \end{array}$$

❸
$$\begin{array}{r} 6.7 \\ \times\ 3.8 \\ \hline \end{array}$$

❹
$$\begin{array}{r} 5.4 \\ \times\ 8.6 \\ \hline \end{array}$$

❺
$$\begin{array}{r} 0.49 \\ \times\ \ \ 6.3 \\ \hline \end{array}$$

❻
$$\begin{array}{r} 9.2 \\ \times\ 0.79 \\ \hline \end{array}$$

❼
$$\begin{array}{r} 8.57 \\ \times\ \ \ 4.5 \\ \hline \end{array}$$

□問 正解《せいかい》！ 満点になるまでおさらいしよう！

答えは
121ページ

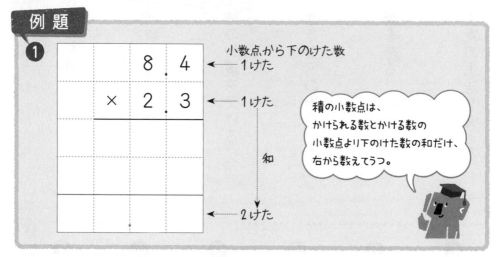

16 混・在・迷・態

タイムアタック 目標5分
分　秒

読もう

❶ 問題が混在している。（　　）

❷ その池は公園に在る。（　　）

❸ 貯金《ちょきん》をするか迷う。（　　）

❹ 道は混んでいる状《じょう》態だ。（　　）（　　）

❺ 所在を確《たし》かめる。（　　）

❻ 白と黒が混じる。（　　）

書こう

❶ 多くの生き物がそん□《ざい》する。

❷ ちがう種類を□《ま》ぜる。

❸ □□《こんめい》した世の中。

❹ 落ち着いた□《たい》度。

❺ あの本は、ここに□《あ》る。

❻ 野鳥の生□《たい》を学ぶ。

□問 正解《せいかい》！ 満点になるまでおさらいしよう！

答えは121ページ

16 小数のかけ算③

タイムアタック目標5分
分　秒

★ 次の計算をしましょう。

例題

❶

		4	.6
×	0	.3	5
	2	3	0
	.		0̸

❷

	0	.3	9
×		2	.3
0	.		

❸ 0.85×7.4

❹ 0.75×4.8

❺ 0.24×0.32

❻ 0.15×0.36

❼ 6.9×3.05

❽ 0.32×1.25

❾ 0.03×5.49

□問 正解《せいかい》！満点になるまでおさらいしよう！

答えは 121ページ

17 貿・際・豊・勢

タイムアタック 目標5分

分　秒

読もう

❶ 貿易《えき》の仕事につく。

❷ 人と交際する。

❸ 豊作を喜ぶ。

❹ 豊かな水の勢い。

❺ 国際性を養う。

❻ 実際の相手の勢力を知る。

書こう

❶ 国□《さい》色が□《ゆた》かな町なみ。

❷ 不利な形□《せい》でも構《かま》わない。

❸ 風の□《いきお》いが弱まる。

❹ □《ほう》漁を祝う。

❺ □《ぼう》易《えき》船が水を□《ほう》富に積む。

❻ □《せい》力が□《さい》限《げん》なく強まる。

□問 正解《せいかい》！ 満点になるまでおさらいしよう！

答えは 121ページ

月　日

17 計算のきまりを使って

タイムアタック目標5分
分　秒

★ くふうして計算しましょう。

例題

❶ 1.8×4×2.5＝［㋐］×（4×［㋑］）＝［㋒］
（4×［㋑］：かけて10になる）

❷ 1.6×2.8＋3.4×2.8＝（1.6＋［㋓］）×［㋔］
（1.6＋［㋓］：たして整数になる）

＝［㋕］×2.8＝［㋖］

❸ 9.9×36＝（10－［㋗］）×36

＝［㋘］×36－［㋙］×36＝［㋚］－［㋛］＝［㋜］

（■－●）×▲＝■×▲－●×▲

❹ 16.3×2×0.5＝

❺ 8×7.9×12.5＝

❻ 5.5×6.8＋4.5×6.8＝

❼ 4.9×13.7－4.9×3.7＝

❽ 10.1×54＝

［　］問 正解《せいかい》！ 満点になるまでおさらいしよう！

答えは 122ページ

月　日

18 漢字のまとめ②

タイムアタック 目標5分
分　秒

読もう

① 夢見がちな性格。

② 豊富な金属資《し》げん。

③ 河口の状《じょう》態を見る。

④ 仮の名を名乗る。

⑤ 迷い犬を保《ほ》護する。

⑥ 父は貿易《えき》商だ。

書こう

① □□《げんざい》開発中の製《せい》品。

② □《さい》限《げん》なく□《せい》力を広げる。

③ □《きょ》可《か》の対□《しょう》とする。

④ 問題の□《と》き方を学ぶ。

⑤ 絵の具が□《ま》じる。

⑥ □《けい》験をもとに小説を書く。

□問正解《せいかい》！満点になるまでおさらいしよう！

答えは122ページ

月　日

18 計算のまとめ①
小数のかけ算

タイムアタック目標5分
分　秒

★ 次の計算をしましょう。

❶ 4.7×6.2

❷ 5.6×3.6

❸ 8.7×7.9

❹ 0.26×8.4

❺ 3.14×6.4

❻ 9.04×7.8

❼ 2.98×8.5

❽ 0.37×0.23

❾ 0.45×0.56

❿ 0.39×2.07

⓫ 4.8×6.25

⓬ 0.05×2.84

□問 正解《せいかい》！ 満点になるまでおさらいしよう！

答えは122ページ

月　日

19 復・職・備・独・圧

タイムアタック目標5分　分　秒

読もう

1. 仕事に復職する。
2. エアコンが備わる部屋。
3. 予備のペンを使う。
4. 独り立ちする日に備える。
5. 気圧を計算する。
6. 独特な考え方をする。

書こう

1. □《び》品を確《たし》かめる。
2. 強い□《あつ》力がかかる。
3. □《どく》自に授《じゅ》業の□《ふく》習に取り組む。
4. 品格《かく》が□《そな》わる。
5. □《しょく》場で□《ひと》り言をつぶやく。
6. 明日のテストに□《そな》える。

□問 正解《せいかい》！ 満点になるまでおさらいしよう！

答えは122ページ

月　日

19 小数のわり算 ①

タイムアタック 目標 5分
分　秒

★ 次の計算をしましょう。

例題

❶ 32÷0.8＝ 320 ÷ 8 ＝ □
　　　　　32×10　0.8×10

❷ 0.24÷0.03＝ □ ÷ □ ＝ □
　　　　　0.24×100　0.03×100

❸ 28÷0.7＝

❹ 2÷0.5＝

❺ 1.6÷0.2＝

❻ 3.6÷0.9＝

❼ 0.08÷0.04＝

❽ 5.4÷0.06＝

❾ 0.01÷0.02＝

❿ 0.08÷0.05＝

□問 正解《せいかい》！ 満点になるまでおさらいしよう！

答えは122ページ

月　日

20 枝・移・飼・素・燃

タイムアタック目標5分　分　秒

読もう

❶ 木の枝を商品の素材にする。

❷ 古い飼料を全部燃やす。

❸ 季節が移る。

❹ 燃料タンクを移す。

❺ 犬を飼う。

❻ となりへ移動する。

書こう

❶ 質□《そ》な家に□《うつ》る。

❷ かれた□《えだ》を□《も》やす。

❸ 牛を□《し》育する。

❹ 車の□《ねん》費《ぴ》を調べる。

❺ 犬を□《か》う小屋の場所を□《うつ》す。

❻ となり町へ□《い》住する。

□問 正解《せいかい》！満点になるまでおさらいしよう！

答えは122ページ

20 小数のわり算 ②

タイムアタック 目標 5分
分　秒

★ 次の計算をしましょう。

例題

❶

$3.9\overline{)4 6.8}$

小数でわる筆算のしかた
①わる数とわられる数の小数点を同じけた数だけ右にうつす。
②商の小数点は、わられる数の右にうつした小数点にそろえてうつ。

❷ $2.3\overline{)7.36}$

❸ $6.4\overline{)17.92}$

❹ $1.6\overline{)86.4}$

❺ $0.12\overline{)0.96}$

❻ $0.46\overline{)7.36}$

❼ $0.28\overline{)0.392}$

□問 正解《せいかい》！ 満点になるまでおさらいしよう！

答えは122ページ

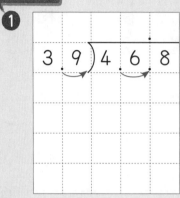

21 基・準・易・救

タイムアタック 目標5分　分　秒

読もう

❶ 易しい仕事を任《まか》す。

❷ 救急隊がかけつける。

❸ 基準を統《とう》一する。

❹ 問題を容《よう》易に解《と》く。

❺ 命を救う。

❻ 外国との貿《ぼう》易。

書こう

❶ 仕事の□《き》本を学ぶ。

❷ 水□《じゅん》に達しない。

❸ □《やさ》しい文章を読む。

❹ 安□《い》に人任《まか》せにしない。

❺ □《きゅう》急車が通る。

❻ 交□《えき》の□《じゅん》備《び》をする。

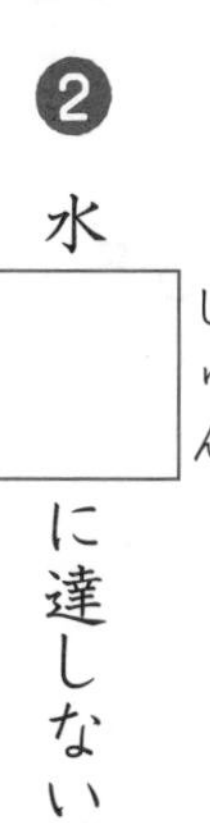

□問 正解《せいかい》！ 満点になるまでおさらいしよう！

答えは
122ページ

月　日

21 小数のわり算 ③

タイムアタック 目標5分

分　秒

★ 次の計算をしましょう。

例題

❶ $1.6\overline{)\,1.28}$ （商の一の位に 0）

❷ $0.18\overline{)\,2.7}$ （2.7 → 270、0 を補う）

商がたたない位には
0をかく。

❸ $8.5\overline{)\,2.55}$

❹ $4.8\overline{)\,2.88}$

❺ $3.6\overline{)\,0.72}$

❻ $0.15\overline{)\,0.9}$

❼ $0.16\overline{)\,4.8}$

❽ $0.75\overline{)\,3}$

□問 正解《せいかい》！ 満点になるまでおさらいしよう！

答えは 122ページ

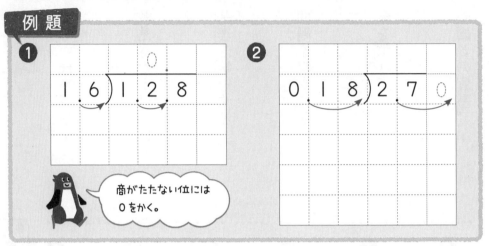

22 歴・史・比・総・程

タイムアタック 目標5分
分　秒

読もう

❶ 程度をじっくり比べる。

❷ 総会への出席を断《ことわ》る。

❸ 史実と照らし合わせる。

❹ 二つの結果を対比する。

❺ 音程がくるう。

❻ 歴史をきざむ。

書こう

❶ □《れき》代の校長先生。

❷ □《そう》理大臣を選ぶ。

❸ □《ひ》類のない美しさ。

❹ 世界□《し》を学ぶ。

❺ 日□《てい》が合わない。

❻ 本の内容《よう》を□《くら》べる。

□問 正解《せいかい》！ 満点になるまでおさらいしよう！

答えは
123ページ

月　日

22 小数のわり算 ④

タイムアタック 目標5分

分　秒

★ わり切れるまで計算しましょう。

❶ $2.4\overline{)\,3.6}$

❷ $7.5\overline{)\,1.8}$

❸ $5.6\overline{)\,7}$

★ 商を、四捨五入《ししゃごにゅう》して、$\frac{1}{10}$の位までのがい数《すう》で表しましょう。

❹ $2.1\overline{)\,3.5}$

❺ $9.4\overline{)\,6.1}$

❻ $2.6\overline{)\,9.9}$

★ 商を、四捨五入して、上から２けたのがい数で表しましょう。

❼ $5.1\overline{)\,8.43}$

❽ $2.9\overline{)\,0.71}$

❾ $8.4\overline{)\,17.5}$

□問 正解《せいかい》！ 満点になるまでおさらいしよう！

答えは
123ページ

月　日

23 逆・効・限・質・可

タイムアタック目標5分
分　秒

読もう

❶ 効果が予想とは逆に出る。

❷ 薬が効いてくる。

❸ 外出が許《きょ》可される。

❹ 質問は一つに限る。

❺ はん囲《い》を限定する。

❻ 逆さまに見る。

書こう

❶ □《さか》立ちをする。

❷ 新製《せい》品の□《こう》力をためす。

❸ □《か》能《のう》な□《かぎ》りがんばる。

❹ □《き》き目には□《げん》界がある。

❺ 問題の本□《しつ》をさぐる。

❻ □《ぎゃく》転して試合に勝つ。

□問 正解《せいかい》！ 満点になるまでおさらいしよう！

答えは
123ページ

月　日

23 小数のわり算 ⑤

タイムアタック 目標 5分
分　秒

★ 商を一の位まで求め、あまりも出しましょう。

例題

❶

4	. 3)	2	7 .	6

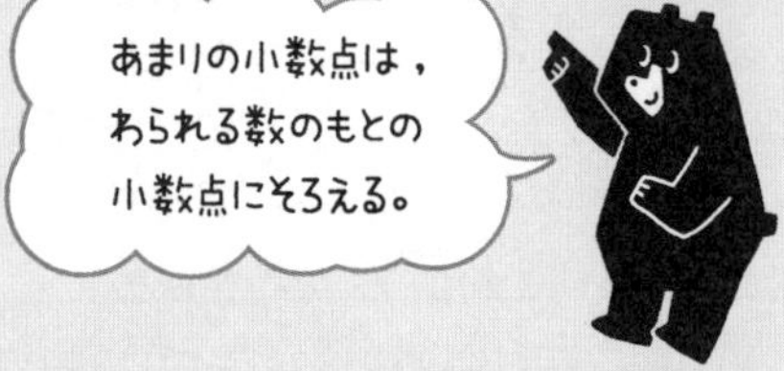

あまりの小数点は，
わられる数のもとの
小数点にそろえる。

〈答えのたしかめ〉

わる数 × 商 ＋ あまり ＝ わられる数

4.3 × ㋐ ＋ ㋑ ＝ ㋒

❷ $0.9\overline{)6.8}$

❸ $3.2\overline{)13.1}$

❹ $9.4\overline{)27.5}$

❺ $0.12\overline{)1.04}$

❻ $0.57\overline{)68.9}$

❼ $7.6\overline{)280}$

□問 正解《せいかい》！ 満点になるまでおさらいしよう！

答えは123ページ

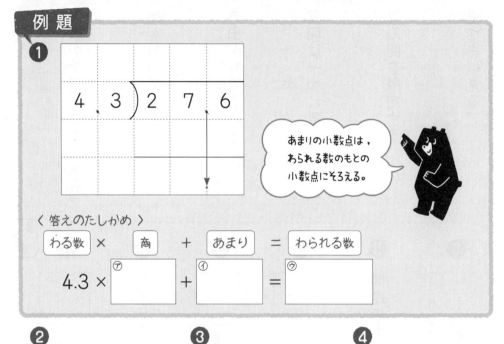

24 漢字のまとめ ③

タイムアタック 目標 5分
分　秒

読もう

❶ 燃料には常《つね》に限りがある。

❷ 移転の前に準備をする。

❸ 流れに逆らう。

❹ 質素な生活をする。

❺ いろいろな職業を比べる。

❻ 救命士《し》として復帰する。

書こう

❶ □《どく》立が□《か》能《のう》になる。

❷ □《こう》果を□《くら》べる。

❸ □《えだ》が□《も》える。

❹ 庭で犬を□《か》う。

❺ □《き》本的で□《やさ》しい問題。

❻ □《そう》まとめの内容《よう》。

□問 正解《せいかい》！ 満点になるまでおさらいしよう！

答えは
123ページ

月　日

24 計算のまとめ②
小数のわり算

タイムアタック 目標 5分
分　秒

★ わり切れるまで計算しましょう。

❶ $2.9\overline{)5.51}$

❷ $0.83\overline{)5.644}$

❸ $6.4\overline{)5.44}$

❹ $1.25\overline{)10}$

❺ $22.5\overline{)1.89}$

★ 商を一の位まで求め、あまりも出しましょう。

❻ $7.4\overline{)65.7}$

❼ $0.18\overline{)2.2}$

❽ $3.14\overline{)47.5}$

□問 正解《せいかい》！ 満点になるまでおさらいしよう！

答えは
123ページ

25 税・貯・額・均・略

タイムアタック 目標5分
分　秒

読もう

❶ 税率《りっ》が変わる。

❷ 差額を計算する。

❸ 額のあせをふく。

❹ 貯水池に行く。

❺ 平均台の上を歩く。

❻ 説明を省略する。

書こう

❶ 金□《がく》を□《きん》一にする。

❷ □《ひたい》に手を当てる。

❸ 高□《がく》の□《ぜい》金をおさめる。

❹ □《ちょ》金箱が落ちる。

❺ □《きん》等に分ける。

❻ 戦□《りゃく》を練る。

□問 正解《せいかい》！ 満点になるまでおさらいしよう！

答えは123ページ

月　日

25 積、商の大きさ

タイムアタック目標5分
分　秒

★ 積が 36 より大きくなる式に○を、積が 36 より小さくなる式に△を書きましょう。（計算をせずに考えましょう。）

❶ 36×1.2 （　　　）　❷ 36×0.9 （　　　）

❸ 36×0.18 （　　　）　❹ 36×1.02 （　　　）

★ 商が 15 より大きくなる式に○を、商が 15 より小さくなる式に△を書きましょう。（計算をせずに考えましょう。）

❺ 15÷1.6 （　　　）　❻ 15÷0.8 （　　　）

❼ 15÷0.09 （　　　）　❽ 15÷1.05 （　　　）

★ □にあてはまる等号、不等号を書きましょう。（計算をせずに考えましょう。）

❾ 7.6×1.4 □ 7.6　❿ 0.7×0.8 □ 0.7

⓫ 10.6×1 □ 10.6　⓬ 6.2÷1.4 □ 6.2

⓭ 0.99÷0.6 □ 0.99　⓮ 1.05÷1 □ 1.05

□問 正解《せいかい》！ 満点になるまでおさらいしよう！

答えは 123ページ

月　日

26 士・師・久・航・故

タイムアタック 目標5分
分　秒

読もう

❶ 弁護《べんご》士に会う。

❷ 久しぶりの旅行。

❸ 故人をしのぶ。

❹ 教師になる。

❺ 持久走で完走する。

❻ 航空機のエンジン。

書こう

❶ 医□《し》の話を聞く。

❷ 永《えい》□《きゅう》にわすれない。

❸ □《こ》きょうへの□《こう》海。

❹ 武□《し》の生き方。

❺ 会わなくなって□《ひさ》しい。

❻ 事□《こ》を防《ふせ》ぐ。

□問 正解《せいかい》！ 満点になるまでおさらいしよう！

答えは123ページ

月　日

26 小数の倍の計算

タイムアタック 目標5分

分　秒

❶ 5mの2.4倍の長さは何mですか。

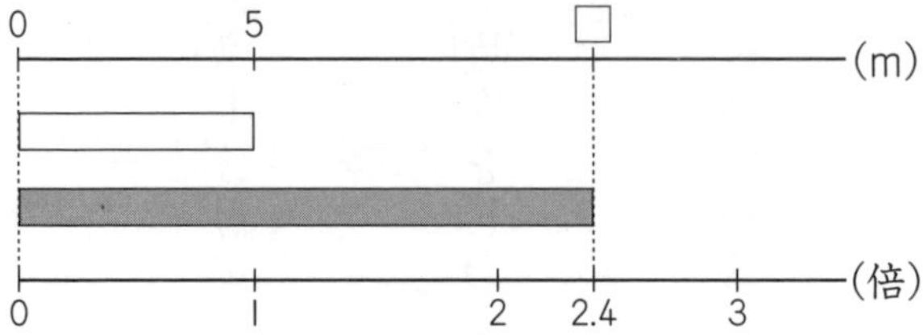

式

答え (　　　　) m

❷ 7.5kgの0.8倍の重さは何kgですか。

式

答え (　　　　) kg

❸ 4.2mは1.2mの何倍の長さですか。

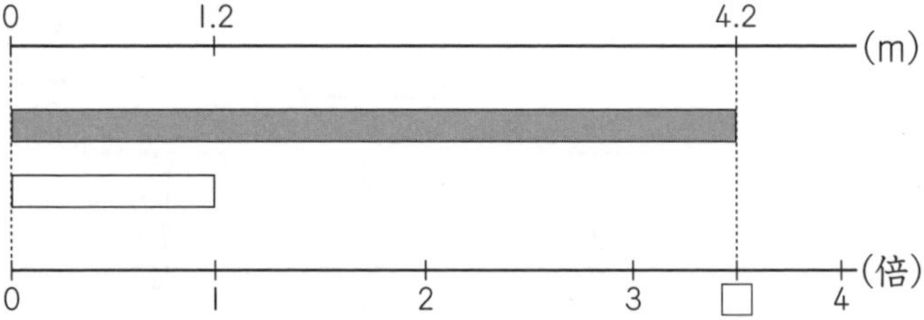

式

答え (　　　　) 倍

❹ 0.9Lは1.5Lの何倍のかさですか。

式

答え (　　　　) 倍

□問 正解《せいかい》！ 満点になるまでおさらいしよう！

答えは
124ページ

27 責・務・義・条・領

タイムアタック目標5分
分　秒

読もう

❶ ミスを責（　）められる。

❷ 領（　）地を治める。

❸ 事務（　）の仕事をする。

❹ 責任《にん》（　）ある役を務（　）める。

❺ 正義（　）をつらぬく。

❻ 条（　）約を結ぶ。

書こう

❶ 国の□《りょう》土。

❷ □《じょう》件《けん》を出す。

❸ 意□《ぎ》のある集まりだった。

❹ □《ぎ》□《む》を果たせと□《せ》める。

❺ 司会を□《つと》める。

❻ 重い□《せき》□《む》をになう。

□問 正解《せいかい》！　満点になるまでおさらいしよう！

答えは124ページ

月　日

27 合同な図形 ①

タイムアタック目標5分

分　秒

❶ 合同な図形を見つけましょう。

└→形も大きさも同じ

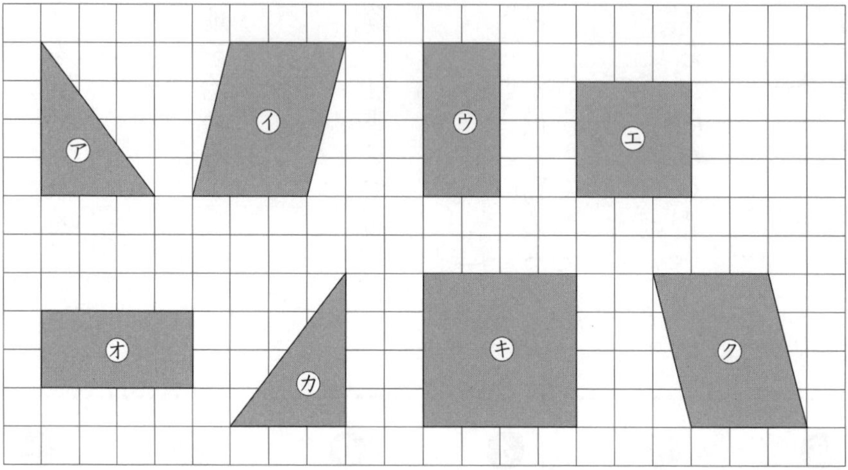

（　　と　　）（　　と　　）（　　と　　）

★ 平行四辺形ABCD《エービーシーディー》に2本の対角線をひきました。

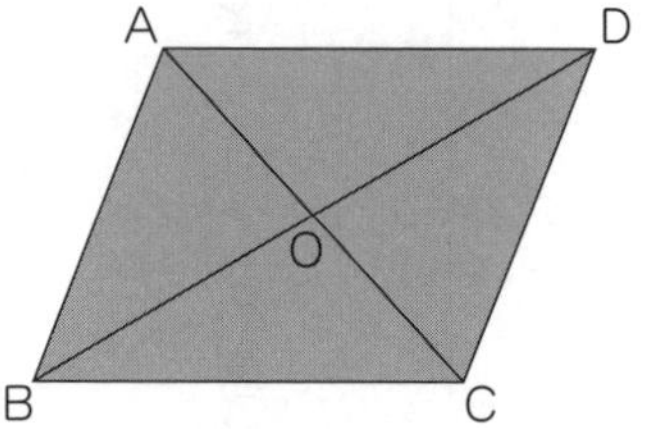

❷ 三角形ABDと合同な三角形はどれですか。

（　　　　）

❸ 三角形O《オー》ABと合同な三角形はどれですか。

（　　　　）

❹ 三角形OBCと合同な三角形はどれですか。

（　　　　）

□問 正解《せいかい》！ 満点になるまでおさらいしよう！

答えは124ページ

月　日

28 耕・紀・精・弁

タイムアタック目標5分　分　秒

読もう

❶ 紀元前にさかのぼる。（　）

❷ 畑を耕す。（　）

❸ 弁護《ご》士《し》が出席する。（　）

❹ 耕具の手入れをする。（　）

❺ 精神力をきたえる。（　）

❻ 議会で答弁を聞く。（　）

書こう

❶ □《き》行文を読む。

❷ □《べん》当を食べる。

❸ □《せい》力的にあれ地を□《たがや》す。

❹ 二十世□《き》の歴《れき》史《し》。

❺ □《こう》作地に種をまく。

❻ 料金を□《せい》算する。

□問 正解《せいかい》！ 満点になるまでおさらいしよう！

答えは124ページ

月　日

28 合同な図形 ②

タイムアタック 目標 5分
分　秒

★ 下の２つの四角形は合同です。

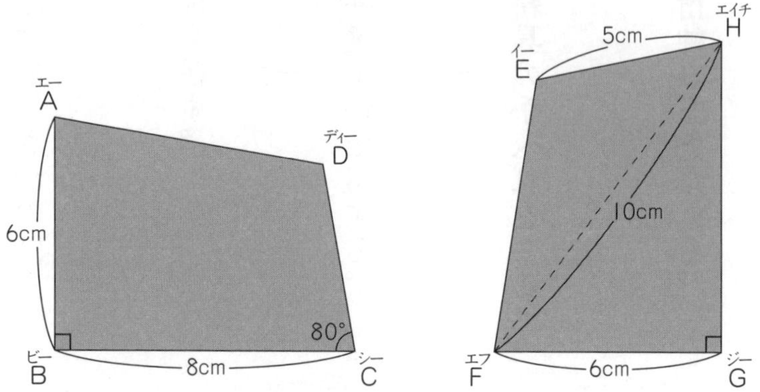

❶ 頂《ちょう》点Bに対応する頂点はどれですか。

（　　　　　）

❷ 辺ADに対応する辺はどれですか。

（　　　　　）

❸ 角Dに対応する角はどれですか。

（　　　　　）

❹ 角Hの大きさは何度ですか。

（　　　　　）

❺ 辺CDの長さは何cmですか。

（　　　　　）

❻ 対角線ACの長さは何cmですか。

（　　　　　）

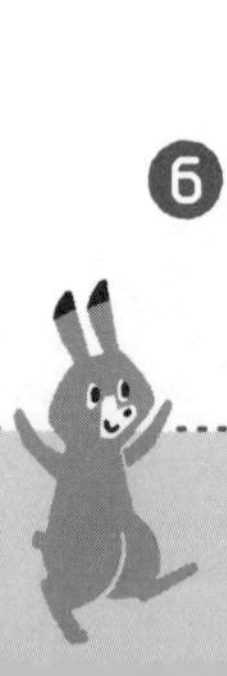

□問 正解《せいかい》！ 満点になるまでおさらいしよう！

答えは
124ページ

29 旧・招・個・導・往

タイムアタック目標5分
分　秒

読もう

❶ 旧道を自転車で往来する。

❷ 個人的に指導を受ける。

❸ 正しい道へ教え導く。

❹ 式典に招く。

❺ 招待状《じょう》を受け取る。

❻ 個性《せい》をのばす。

書こう

❶ おどろいて右□《おう》左□《おう》する。

❷ □《まね》いた客を室内へ□《みちび》く。

❸ パトカーに先□《どう》してもらう。

❹ □《きゅう》式の車に乗る。

❺ 会員を□《しょう》集する。

❻ □《こ》別に意見を聞く。

□問正解《せいかい》！満点になるまでおさらいしよう！

答えは124ページ

月　日

29 数の性質 ①

タイムアタック 目標 5 分
分　秒

★ 偶数《ぐうすう》か奇数《きすう》か答えましょう。

> 2でわり切れる整数………偶数
> 2でわり切れない整数……奇数

❶ 8
(　　　)

❷ 31
(　　　)

❸ 74
(　　　)

❹ 205
(　　　)

❺ 590
(　　　)

❻ 0
(　　　)

★ 2けたの整数の中で、いちばん小さい偶数といちばん大きい奇数を答えましょう。

❼ いちばん小さい偶数
(　　　)

❽ いちばん大きい奇数
(　　　)

★ 白と黒のご石があわせて 28 個《こ》あります。

❾ 白石の個数が偶数のとき、黒石の個数は偶数ですか、奇数ですか。
(　　　)

❿ 白石の個数が奇数のとき、黒石の個数は偶数ですか、奇数ですか。
(　　　)

□問 正解《せいかい》！ 満点になるまでおさらいしよう！

答えは 124ページ

30 漢字のまとめ ④

タイムアタック 目標5分
分　秒

読もう

❶ 貯金した金額。（　）（　）（　）（　）

❷ 答弁をすべて省略する。（　）（　）（　）（　）

❸ 師によって導かれる。（　）（　）

❹ 税をおさめる義務。（　）（　）（　）

❺ 航海士の資格《しかく》。（　）（　）（　）

❻ 領主を務める。（　）（　）（　）

書こう

❶ □《ひさ》しぶりに畑を□《たがや》す。

❷ □《きん》一の金□《がく》になる。

❸ □《こ》人的に□《まね》かれる。

❹ 事□《こ》を起こし、□《せ》められる。

❺ □《おう》来を車が通る。

❻ 強い□《せい》神力。

□問 正解《せいかい》！ 満点になるまでおさらいしよう！

答えは124ページ

30 数の性質 ②

タイムアタック 目標 5分
分　秒

★ □にあてはまる数を書きましょう。

例題

❶ 2の倍数《ばいすう》を小さいほうから順に9つ書きましょう。
└→2に整数をかけてできる数

2、4、6、□、□、□、□、□、□

❷ 3の倍数を小さいほうから順に9つ書きましょう。
└→3に整数をかけてできる数

3、6、□、□、□、□、□、□、□

❸ 2と3の公倍数《こうばいすう》を小さいほうから順に3つ書きましょう。
└→2の倍数にも3の倍数にもなっている数

□、□、□
↑
最小公倍数《さいしょうこうばいすう》

★ (　)の中の数の最小公倍数を求めましょう。

❹ (3、4)
(　　　)

❺ (12、18)
(　　　)

❻ (8、10)
(　　　)

❼ (2、3、5)
(　　　)

□問 正解《せいかい》！ 満点になるまでおさらいしよう！

答えは124ページ

月　日

31 液・酸・増・検・査

タイムアタック 目標5分
分　秒

読もう

❶ 血液を精密《せいみつ》に検査する。
❷ 空気中の酸素《そ》。
❸ 川の水が増える。
❹ 興《きょう》味が増す。
❺ 調べる回数を増やす。
❻ 利用者が増加する。

書こう

❶ 人口が□《ふ》える。
❷ ダムが□《ぞう》水する。
❸ □《えき》体の量が□《ま》す。
❹ レモンの□《さん》味。
❺ 調□《さ》する人数を□《ふ》やす。
❻ 決まった時間に□《けん》温する。

□問 正解《せいかい》！ 満点になるまでおさらいしよう！

答えは124ページ

月　日

31 数の性質③

タイムアタック目標5分　分　秒

★ □にあてはまる数を書きましょう。

例題

❶ 12の約数《やくすう》を小さいほうから順に全部書きましょう。
→ 12をわり切ることができる数

1、2、□、□、□、□

❷ 18の約数を小さいほうから順に全部書きましょう。
→ 18をわり切ることができる数

1、□、□、□、□、□

❸ 12と18の公約数《こうやくすう》を小さいほうから順に全部書きましょう。
→ 12の約数にも18の約数にもなっている数

□、□、□、□
↑ 最大公約数《さいだいこうやくすう》

★ （　）の中の数の最大公約数を求めましょう。

❹ （30、45）　（　　）

❺ （16、40）　（　　）

❻ （36、48）　（　　）

❼ （6、9、15）　（　　）

□問 正解《せいかい》！ 満点になるまでおさらいしよう！

答えは124ページ

32 貸・居・妻・適・任

タイムアタック 目標5分
分　秒

読もう

❶ 妻が台所に居る。

❷ 住居を知人に貸す。

❸ 友人夫妻を招《まね》く。

❹ 適当な人を任命する。

❺ 仕事を人に任す。

❻ 計画を人任せにする。

書こう

❶ かれは会長に□□《てきにん》だ。

❷ あとは運を天に□《まか》す。

❸ 転□《きょ》先を教える。

❹ □《つま》が□《い》間でよんでいる。

❺ □《さい》子に決定を□《まか》せる。

❻ 消しゴムを□《か》す。

□問 正解《せいかい》！ 満点になるまでおさらいしよう！

答えは124ページ

月　日

32 分数と小数,整数の関係

タイムアタック 目標5分
分　秒

★ わり算の商を、分数で表しましょう。

例題

❶ $5 \div 7 =$

■÷▲＝$\frac{■}{▲}$

❷ $3 \div 8 =$

❸ $9 \div 5 =$

★ 次の分数を小数で表しましょう。

❹ $\frac{2}{5} = \square \div \square = \square$

$\frac{■}{▲}$＝■÷▲

❺ $\frac{3}{4} =$

❻ $\frac{21}{5} =$

❼ $2\frac{1}{2} =$

★ 次の小数や整数を分数で表しましょう。

小数 ← 10や100を分母とする

整数 ← 1を分母とする

❽ $0.9 = \frac{\square}{10}$

❾ 0.43

❿ 1.07

⓫ $3 = \frac{\square}{1}$

⓬ 16

□問 正解《せいかい》！ 満点になるまでおさらいしよう！

答えは124ページ

33 句・版・授・常

タイムアタック 目標5分
分　秒

読もう

1. 教えを伝授する。
2. 句読点をうつ。
3. 授業で木版画を刷る。
4. 通常通り運行する。
5. 教授の話を聞く。
6. 常に注意をはらう。

書こう

1. □《はん》画で風景をえがく。
2. 日□《じょう》生活を支《ささ》える。
3. 物の作り方を伝□《じゅ》する。
4. お決まりの文□《く》。
5. □《つね》に水がわき出ている。
6. 俳《はい》□《く》集を出□《ぱん》する。

□問 正解《せいかい》！ 満点になるまでおさらいしよう！

答えは124ページ

月　日

33 大きさの等しい分数

タイムアタック目標5分

分　秒

★ □にあてはまる数を書きましょう。

例題

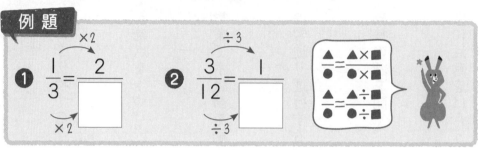

❶ $\frac{1}{3}=\frac{2}{\square}$ （分子 ×2、分母 ×2）

❷ $\frac{3}{12}=\frac{1}{\square}$ （分子 ÷3、分母 ÷3）

$\frac{▲}{●}=\frac{▲×■}{●×■}$

$\frac{▲}{●}=\frac{▲÷■}{●÷■}$

❸ $\frac{3}{4}=\frac{\square}{8}$　❹ $\frac{10}{15}=\frac{\square}{3}$　❺ $\frac{24}{40}=\frac{\square}{5}$

★ 次の分数を約分しましょう。

約分→分母と分子を同じ数でわって、分母の小さい分数にすること

❻ $\frac{6}{9}$　❼ $\frac{12}{16}$　❽ $\frac{16}{20}$

❾ $\frac{40}{60}$　❿ $\frac{16}{48}$　⓫ $\frac{45}{75}$

★ (　)の中の分数を通分しましょう。

通分→分母が同じ分数になおすこと

⓬ $\left(\frac{1}{3}、\frac{1}{4}\right)$　⓭ $\left(\frac{2}{5}、\frac{5}{6}\right)$　⓮ $\left(\frac{4}{9}、\frac{5}{12}\right)$

□問 正解《せいかい》！ 満点になるまでおさらいしよう！

答えは124ページ

月　日

34 採・鉱・資・測・銅

タイムアタック目標5分　分　秒

読もう

1. 川の深さを測る。
2. 銅は大切な資げんだ。
3. 鉱物をさがす。
4. 銅像の重さを測定する。
5. テストの採点をする。
6. 血液《えき》を採る。

書こう

1. 会議のために□《し》料を集める。
2. □《こう》山の面積を□《はか》る。
3. 雨の量を予□《そく》する。
4. 鉄□《こう》石を見つける。
5. まどから明かりを□《と》る。
6. □《どう》を□《さい》くつする。

□問 正解《せいかい》！ 満点になるまでおさらいしよう！

答えは125ページ

月　日

34 分数のたし算とひき算 ①

タイムアタック目標5分
分　秒

★ 次の計算をしましょう。

例題

❶ $\frac{1}{3}+\frac{1}{4}=\frac{\square}{12}+\frac{\square}{12}=\frac{\square}{12}$

通分してから計算する。

❷ $\frac{1}{2}+\frac{1}{3}=$

❸ $\frac{2}{5}+\frac{3}{4}=$

❹ $\frac{1}{4}+\frac{3}{8}=$

❺ $\frac{4}{9}+\frac{8}{15}=$

❻ $\frac{5}{6}+\frac{3}{8}=$

❼ $\frac{7}{10}+\frac{8}{15}=$

❽ $\frac{7}{6}+\frac{9}{10}=$

❾ $\frac{17}{21}+\frac{9}{14}=$

□問 正解《せいかい》！ 満点になるまでおさらいしよう！

答えは
125ページ

35 綿・布・績・舎・構

タイムアタック 目標5分
分　秒

読もう

❶ タンポポの綿毛。（　）

❷ 校舎内で配布する。（　）（　）

❸ 町づくりの構想。（　）

❹ ねこを構う。（　）

❺ 綿花から布を作る。（　）（　）

❻ 成績が上がる。（　）

書こう

❶ □《めん》の毛□《ふ》をかける。

❷ りっぱな駅□《しゃ》を□《かま》える。

❸ 絵の□《こう》図を考える。

❹ 空に□《わた》雲がうかんでいる。

❺ きれいな色の□《ぬの》を選ぶ。

❻ 実□《せき》がなくても□《かま》わない。

□問 正解《せいかい》！ 満点になるまでおさらいしよう！

答えは125ページ

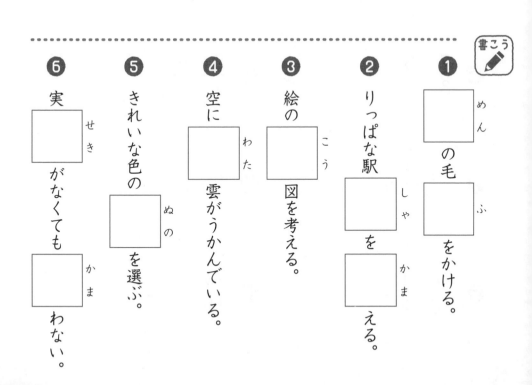

月　日

35 分数のたし算とひき算 ②

タイムアタック目標5分　分　秒

★ 次の計算をしましょう。

❶ $\frac{3}{5}-\frac{1}{2}=$

❷ $\frac{3}{4}-\frac{2}{3}=$

❸ $\frac{4}{5}-\frac{7}{10}=$

❹ $\frac{5}{6}-\frac{2}{9}=$

❺ $\frac{7}{8}-\frac{5}{12}=$

❻ $\frac{5}{4}-\frac{9}{10}=$

❼ $\frac{17}{15}-\frac{8}{9}=$

❽ $\frac{2}{3}-\frac{1}{6}=$

❾ $\frac{7}{10}-\frac{1}{2}=$

❿ $\frac{14}{15}-\frac{7}{12}=$

□問 正解《せいかい》！ 満点になるまでおさらいしよう！

答えは125ページ

36 漢字のまとめ⑤

タイムアタック 目標5分

分　秒

読もう

❶ 校舎内で課外授業を行う。

❷ 妻が一人で綿花をつむ。

❸ 適当な住居を見つける。

❹ 資格《かく》を持つ人に任せる。

❺ 鉱物の採くつ場。

❻ 版画のよい構成を考える。

書こう

❶ □《えき》体を□□《けんさ》する。

❷ □《さん》ののう度を□《そく》定する。

❸ 成□《せき》が上がる。

❹ 語□《く》が□《ふ》える。

❺ 街頭でチラシを配□《ふ》する。

❻ 本を□《か》す。

□問 正解《せいかい》！ 満点になるまでおさらいしよう！

答えは125ページ

月　日

36 分数のたし算とひき算 ③

タイムアタック 目標 5分

分　秒

★ 次の計算をしましょう。

❶ $1\frac{2}{3}+1\frac{1}{4}=$

❷ $2\frac{1}{3}+1\frac{1}{5}=$

❸ $1\frac{3}{8}+2\frac{1}{2}=$

❹ $2\frac{5}{12}+3\frac{3}{10}=$

❺ $1\frac{5}{6}+\frac{7}{12}=$

❻ $3\frac{1}{2}+1\frac{3}{4}=$

❼ $2\frac{1}{6}+2\frac{1}{3}=$

❽ $\frac{3}{10}+1\frac{8}{15}=$

❾ $1\frac{1}{20}+2\frac{1}{30}=$

❿ $2\frac{3}{4}+\frac{5}{12}=$

□ 問 正解《せいかい》！ 満点になるまでおさらいしよう！

答えは
125ページ

37 粉・破・武・術・損

タイムアタック目標5分

分　秒

読もう

① 損失をあたえる。

② 武者ぶるいをする。

③ 武術を習う。

④ 小麦粉のふくろを破る。

⑤ 建物を破かいする。

⑥ 破れ目から粉が出る。

書こう

① □《ぶ》士らしくふるまう。

② 手□《じゅつ》を受ける。

③ □《ふん》末を水にとかす。

④ □《む》者人形をかざる。

⑤ 車が□□《はそん》する。

⑥ 静けさが□《やぶ》れる。

□問 正解《せいかい》！ 満点になるまでおさらいしよう！

答えは125ページ

月　日

37 分数のたし算とひき算 ④

タイムアタック 目標5分
分　秒

★ 次の計算をしましょう。

❶ $2\frac{2}{3}-1\frac{1}{2}=$

❷ $1\frac{5}{6}-1\frac{2}{5}=$

❸ $1\frac{3}{4}-\frac{7}{8}=$

❹ $1\frac{3}{10}-\frac{1}{3}=$

❺ $3\frac{1}{3}-2\frac{3}{5}=$

❻ $3\frac{1}{8}-1\frac{5}{6}=$

❼ $2\frac{4}{5}-1\frac{3}{10}=$

❽ $1\frac{1}{6}-\frac{1}{2}=$

❾ $2\frac{7}{12}-1\frac{3}{8}=$

❿ $3\frac{4}{15}-1\frac{7}{20}=$

□問 正解《せいかい》！ 満点になるまでおさらいしよう！

答えは125ページ

月　日

38 祖・墓・境・桜・寄

タイムアタック 目標5分

分　秒

読もう

❶ 祖母とともに墓参りする。

❷ 桜の木に近寄る。

❸ 墓地との境界線を引く。

❹ 寄生虫をくじょする。

❺ 波が打ち寄せる。

❻ 生死の境をさまよう。

書こう

❶ 先□《ぞ》のねむる□《はか》。

❷ 歩道と車道の□《さかい》目。

❸ □《よ》せては返す波。

❹ □《ぼ》前に□《さくら》もちをそなえる。

❺ □《き》付をする心□《きょう》になる。

❻ 友人の家に立ち□《よ》る。

□問 正解《せいかい》！ 満点になるまでおさらいしよう！

答えは
125ページ

月　日

38 計算のまとめ③
分数の計算

タイムアタック 目標5分

分　秒

★ 次の計算をしましょう。

❶ $\frac{8}{21}+\frac{2}{7}=$

❷ $\frac{11}{15}+\frac{5}{12}=$

❸ $\frac{5}{6}-\frac{7}{10}=$

❹ $\frac{11}{12}-\frac{9}{20}=$

❺ $3\frac{3}{4}+2\frac{2}{3}=$

❻ $2\frac{2}{15}-1\frac{3}{10}=$

❼ $\frac{1}{2}+\frac{1}{6}+\frac{1}{12}=$

❽ $1+\frac{1}{5}+\frac{3}{10}=$

❾ $\frac{1}{4}-\frac{1}{10}-\frac{2}{15}=$

❿ $1-\frac{1}{3}-\frac{1}{6}=$

⓫ $\frac{1}{4}+\frac{5}{6}-\frac{1}{2}=$

⓬ $\frac{5}{6}-\frac{2}{5}+\frac{1}{2}=$

□問 正解《せいかい》！ 満点になるまでおさらいしよう！

答えは125ページ

39 快・喜・件・賛・絶

タイムアタック 目標5分
分　秒

読もう

① 喜げきを見て喜ぶ。

② 明快な答えを出す。

③ 快い返事をする。

④ かれへの賛辞が絶えない。

⑤ 空前絶後の出来事。

⑥ えがおを絶やさない。

書こう

① 今日は□《かい》晴だ。

② □《こころよ》い賞《しょう》□《さん》の言葉。

③ 消息を□《た》つ。

④ 古い技術《ぎじゅつ》が□《た》える。

⑤ 事□《けん》の解決《かいけつ》を□《よろこ》ぶ。

⑥ かれの行動は□□《ぜっさん》された。

□問 正解《せいかい》！ 満点になるまでおさらいしよう！

答えは125ページ

月　日

39 平　均

タイムアタック 目標**5**分
分　秒

★ 次の問題に答えましょう。

例題

❶ 次の重さの平均は何gですか。

42g、38g、35g、37g、43g

式 (　　　　　　　　)÷□＝□

合　計 ÷ 個　数 ＝ 平　均

答え (　　　　)g

❷ 欠席者は1日平均何人ですか。

曜日	月	火	水	木	金
欠席者数(人)	5	2	0	1	4

式

答え (　　　　)人

❸ 5年生2クラスで、おりづるを作りました。5年生全体では、1人平均何個《こ》作ったことになりますか。

	人数（人）	1人平均の個数（個）
1組	26	15
2組	24	20

式

答え (　　　　)個

□問 正解《せいかい》！ 満点になるまでおさらいしよう！

答えは125ページ

月　日

40 暴・政・囲・衛・統

タイムアタック目標5分

分　秒

読もう

❶ 暴君（　）による政治（　）が終わる。

❷ 馬が暴（　）れだす。

❸ 大軍に包囲（　）される。

❹ 孫に囲（　）まれる。

❺ 人工衛星（　）を打ち上げる。

❻ 統計（　）をとる。

書こう

❶ □《せい》さくを考える。

❷ □《ぼう》力に反対する。

❸ □《かこ》いを取りはらう。

❹ □《あば》れる犬をなだめる。

❺ 食品の□《えい》生を管理する。

❻ 周□《い》の人から伝□《とう》を学ぶ。

□問 正解《せいかい》！ 満点になるまでおさらいしよう！

答えは125ページ

月　日

40 単位量あたり

タイムアタック目標5分
分　秒

★ 面積が 20m^2 の畑に、なえを 100 本うえました。

例題

❶ 1m^{2}あたり何本うえましたか。

式 ［　　　］ ÷ ［　　　］ ＝ ［　　　］

本数　面積(m^2)　1m^{2}あたりの本数

答え（　　　）本

❷ 1本あたりの面積は何m^{2}ですか。

式 ［　　　］ ÷ ［　　　］ ＝ ［　　　］

面積　本数(本)　1本あたりの面積

答え（　　　）m^2

❸ 15個《こ》で900円のみかんがあります。1個あたりのねだんは何円ですか。

式

答え（　　　）円

★ 1L あたり 4.8m^2 のかべをぬれるペンキがあります。

❹ 2.5Lのペンキでは、何m^{2}のかべをぬれますか。

式

答え（　　　）m^2

❺ 60m^{2}のかべをぬるには、何Lのペンキがいりますか。

式

答え（　　　）L

［　　］問 正解《せいかい》！満点になるまでおさらいしよう！

答えは126ページ

41 複・雑・演・序・慣

タイムアタック目標5分
分　秒

読もう

❶ 話が複雑な小説。

❷ 序文を書く。

❸ 主役の演技《ぎ》が光る。

❹ 雑きんがけの習慣。

❺ 新しい土地に慣れる。

❻ 水に体を慣らす。

書こう

❶ 新しいクラスに□《な》れる。

❷ 正月に□《ぞう》にを食べる。

❸ □《ふく》数の役を□《えん》じる。

❹ 新しい□《かん》例を作る。

❺ 順□《じょ》通りに□《ざっ》しをならべる。

❻ 野生の牛を飼《か》い□《な》らす。

□問 正解《せいかい》！満点になるまでおさらいしよう！

答えは126ページ

月　日

41 人口密度

タイムアタック目標5分
分　秒

★ 人口密度《じんこうみつど》を求めて、こみぐあいを比べましょう。

1km²あたりの人口

例題

❶ A《エー》市の人口密度

	人口(人)	面積(km²)
A市	240000	60
B市	135000	45

㋐[　　　] ÷ ㋑[　　]
人口(人)　面積(km²)

= ㋒[　　　] (人)

❷ B《ビー》市の人口密度

㋓[　　　　　　] = ㋔[　　　] (人)

❸ こんでいるのは、1km²あたりの人口が㋕(多い・少ない)ほうだから、答えは㋖[　]市。

あてはまるほうを○で囲もう

★ 右の表を見て、答えましょう。

	人口(人)	面積(km²)
C町	35000	25
D町	48000	32

❹ C《シー》町の人口密度は何人ですか。

式

答え (　　　) 人

❺ D《ディー》町の人口密度は何人ですか。

式

答え (　　　) 人

❻ こんでいるのはどちらですか。

(　　　) 町

[　] 問 正解《せいかい》！ 満点になるまでおさらいしよう！

答えは126ページ

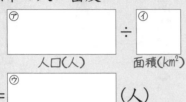

月　日

42 漢字のまとめ⑥

タイムアタック目標5分
分　秒

読もう

❶ 演技《ぎ》をみんな絶賛する。

❷ 暴風による家の破損。

❸ 祖国の統一を心から喜ぶ。

❹ 政府に寄付金が集まる。

❺ 快くみんなの雑用を受ける。

❻ 月は地球の衛星だ。

書こう

❶ □《ふく》数の人に□《かこ》まれる。

❷ □《はか》参りをする習□《かん》。

❸ □《そ》父が植えた□《さくら》の木。

❹ □□《ぶじゅつ》を習う。

❺ 国□《きょう》をこえる。

❻ 事□《けん》が起こる。

□問 正解《せいかい》！ 満点になるまでおさらいしよう！

答えは126ページ

月　日

42 三角形の角

タイムアタック 目標5分
分　秒

★ ㋐〜㋔の角の大きさを、計算で求めましょう。

例題

❶

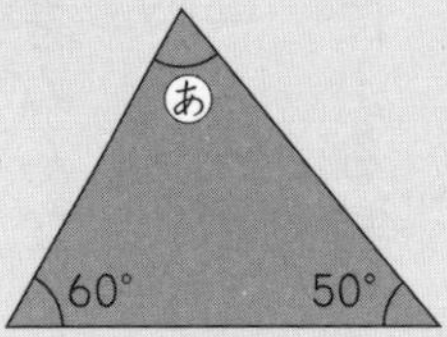

三角形の3つの角の大きさの和は180°

180 −（　　＋　　）＝

答え

❷

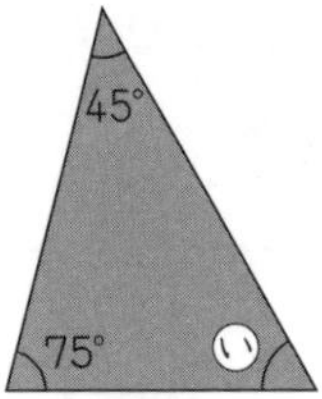

（　　　）

❸

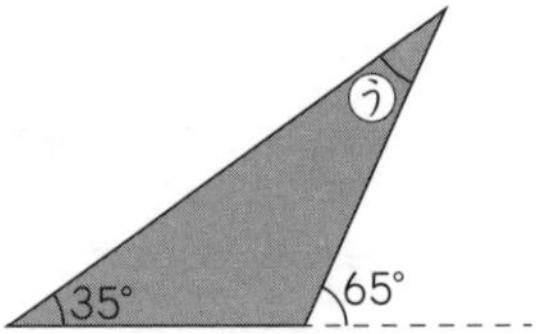

（　　　）

❹

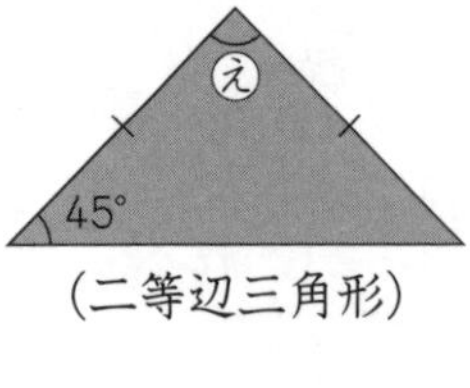

（二等辺三角形）

（　　　）

❺

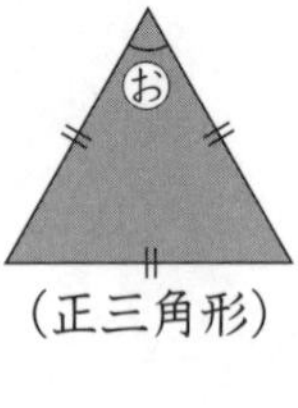

（正三角形）

（　　　）

問 正解《せいかい》！ 満点になるまでおさらいしよう！

答えは
126ページ

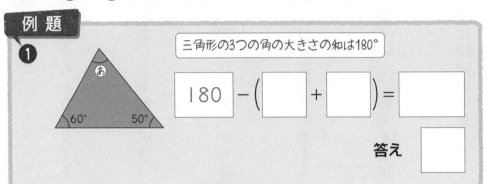

43 輸・益・営・減・価

タイムアタック目標5分
分　秒

読もう

❶ 書店を営む。

❷ 営業の仕事をする。

❸ しゅう益が目立って減る。

❹ 輸入量が減少する。

❺ 価ちのある古書。

❻ 不満を減らす。

書こう

❶ 県□《えい》の建物。

❷ テストで□《げん》点される。

❸ □《ゆ》血をする人が□《へ》る。

❹ 日々の生活を□《いとな》む。

❺ 利□《えき》の出る□《か》格《かく》をつける。

❻ 体重を□《へ》らす。

□問正解《せいかい》！満点になるまでおさらいしよう！

答えは126ページ

月　日

43 四角形の角

タイムアタック 目標5分

分　秒

★ あ～かの角の大きさを、計算で求めましょう。

四角形の4つの角の大きさの和は360°であることを利用する。

❶

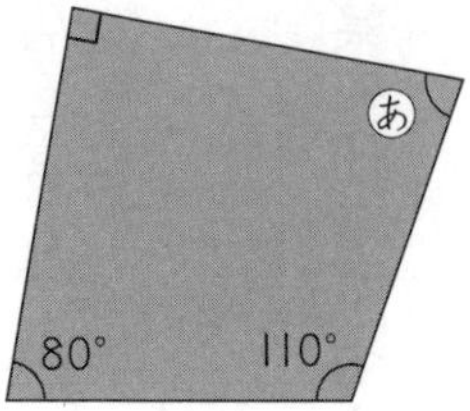

(　　　)

❷

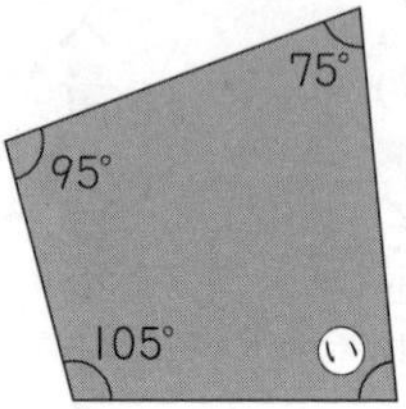

(　　　)

❸

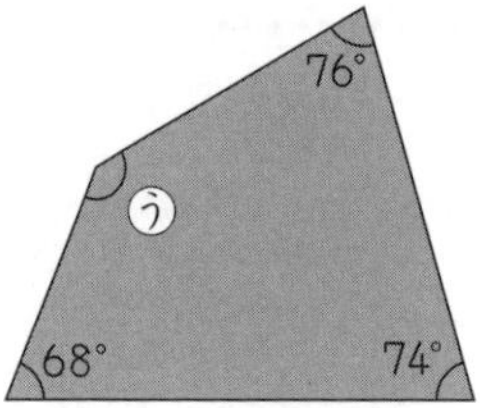

(　　　)

❹

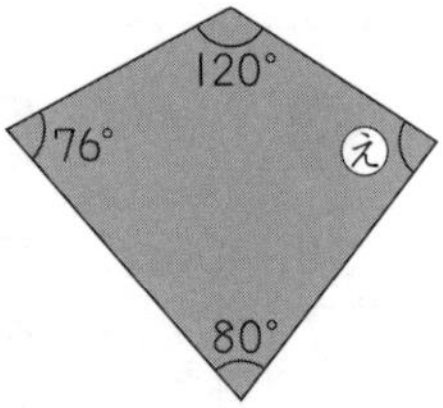

(　　　)

❺

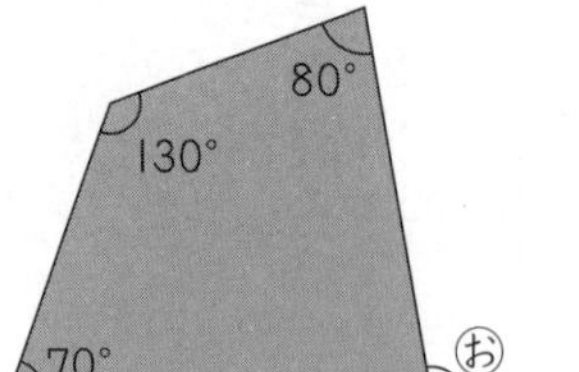

(　　　)

❻

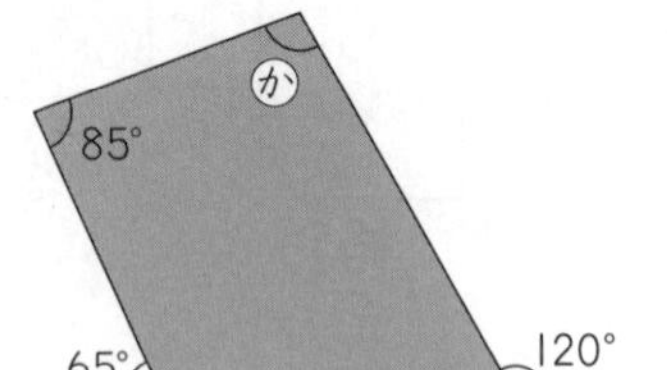

(　　　)

□問 正解《せいかい》！満点になるまでおさらいしよう！

答えは126ページ

月　日

44 毒・提・示・証・殺

タイムアタック目標5分
分　秒

読もう

❶ 証けん会社につとめる。（　　）

❷ 提案書を出す。（　　）

❸ 右を指し示す。（　　）

❹ 未来を暗示する出来事。（　　）

❺ 殺きん消毒する。（　　）（　　）

❻ 息を殺す。（　　）

書こう

❶ □《しょう》人として発言する。

❷ 有□《どく》な植物をのぞく。

❸ 身分□《しょう》を□《てい》□《じ》する。

❹ 正しいと立□《しょう》する。

❺ 謝《しゃ》意を□《しめ》す。

❻ 前□《てい》がくずれる。

□問 正解《せいかい》！ 満点になるまでおさらいしよう！

答えは126ページ

44 四角形と三角形の面積 ①

タイムアタック目標 5分
分　秒

★ 次の平行四辺形や三角形の面積を求めましょう。

例題

❶

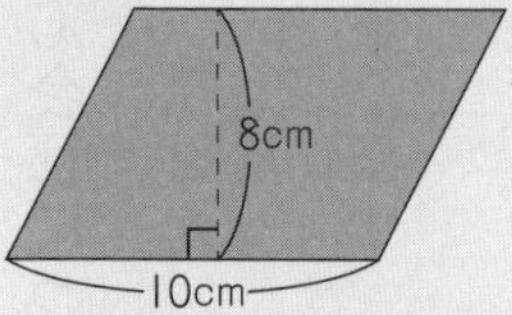

式 □ × □ ＝ □
底辺 × 高さ ＝平行四辺形の面積

答え （　　　）cm²

❷

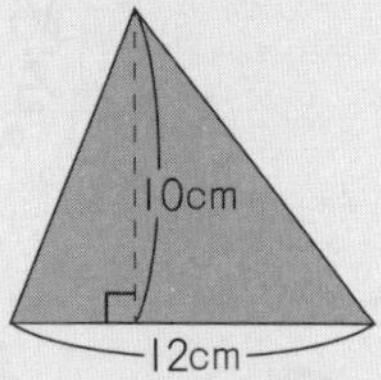

式 □ × □ ÷ □
底辺 × 高さ ÷ 2
＝ □
三角形の面積

答え （　　　）cm²

❸

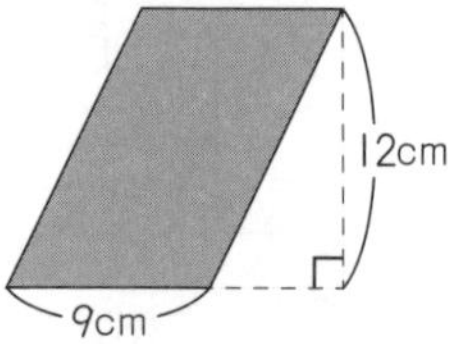

式

答え （　　　）cm²

❹

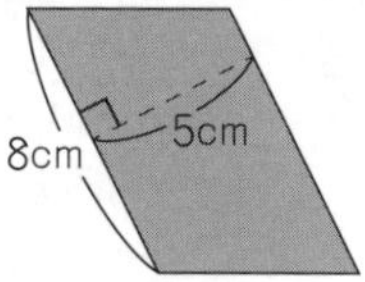

式

答え （　　　）cm²

❺

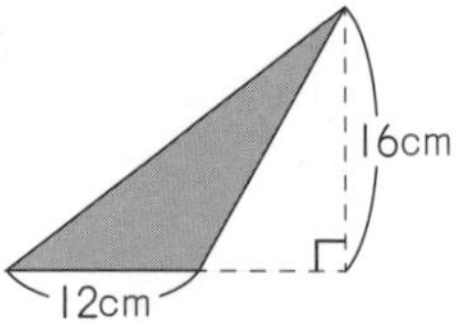

式

答え （　　　）cm²

❻

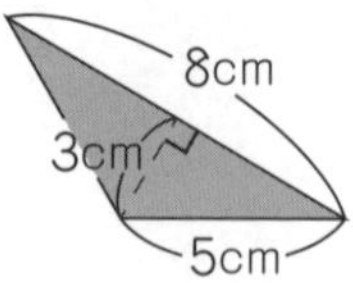

式

答え （　　　）cm²

□問 正解《せいかい》！ 満点になるまでおさらいしよう！

答えは 126ページ

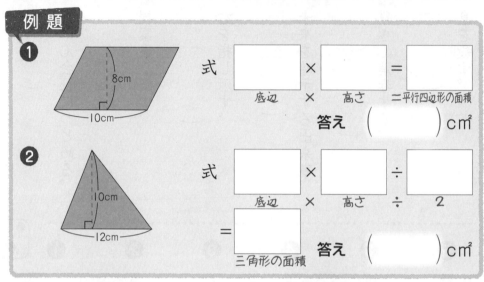

45 技・能・留・則・保

タイムアタック 目標5分
分　秒

読もう

❶ 回答を保留（　）する。

❷ 技術《じゅつ》（　）に目が留（　）まる。

❸ 留守《す》（　）中の規《き》則（　）。

❹ 才能（　）を見いだす。

❺ 荷物を留（　）め置く。

❻ 良い関係を保（　）つ。

書こう

❶ 首位を□《たも》ってゴールする。

❷ ボタンを□《と》める。

❸ 工芸品が□《りゅう》学生の目に□《と》まる。

❹ □□《ぎのう》をきそう。

❺ ポットで□《ほ》温する。

❻ □《ほ》育所が規□《そく》を設《もう》ける。

□問 正解《せいかい》！ 満点になるまでおさらいしよう！

答えは126ページ

45 四角形と三角形の面積 ②

タイムアタック 目標 5分
分　　秒

★ 次の台形やひし形の面積を求めましょう。

例題

❶

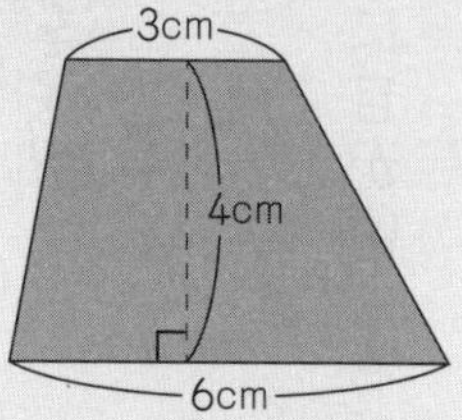

式 （□＋□）×□÷□
（ 上底 ＋ 下底 ）× 高さ ÷ 2

＝□
台形の面積

答え （　　　）cm²

❷

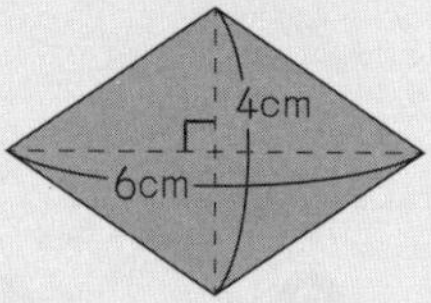

式 □×□÷□＝□
対角線 × 対角線 ÷ 2 ＝ ひし形の面積

答え （　　　）cm²

❸

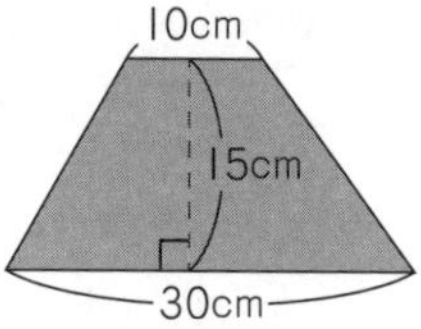

式

答え （　　　）cm²

❹

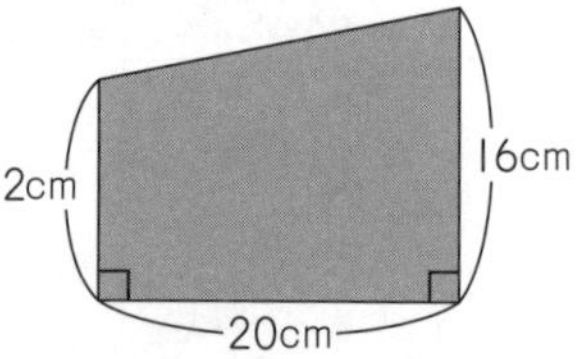

式

答え （　　　）cm²

❺

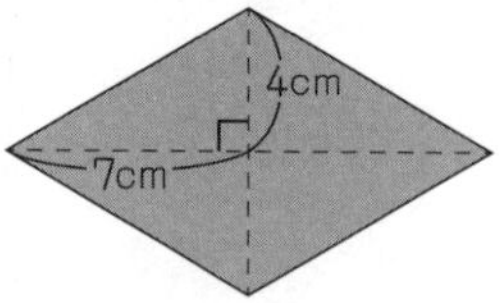

式

答え （　　　）cm²

❻

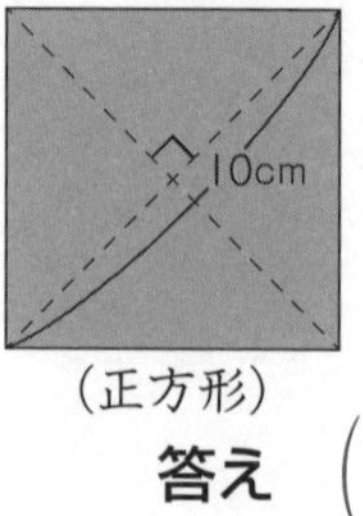

（正方形）

式

答え （　　　）cm²

□問 正解《せいかい》！ 満点になるまでおさらいしよう！

答えは 126ページ

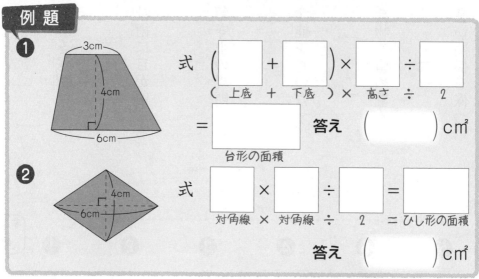

46 仏・志・停・禁・断

タイムアタック目標5分
分　秒

読もう

① 禁句《く》となっている言葉。

② 停止線をこえる。

③ 仏のような高い志。

④ 志願をきっぱり断られる。

⑤ きっぱりと断言する。

⑥ 仏像《ぞう》の制《せい》作を志す。

書こう

① 教師《し》を□《こころざ》す。

② □《ぶっ》教で□《きん》じられる。

③ 大□《し》をいだく。

④ 判《はん》□《だん》のうえ、申し出を□《ことわ》る。

⑤ □《てい》戦と平和の□《こころざし》。

⑥ □《ほとけ》様の絵をかざる。

□問正解《せいかい》！満点になるまでおさらいしよう！

答えは126ページ

月　日

46 分数の倍の計算

タイムアタック 目標5分
分　秒

★ 次の問題に答えましょう。

例題

❶ 赤のリボンの長さは5m、白のリボンの長さは3mです。赤のリボンの長さは、白のリボンの長さの何倍ですか。

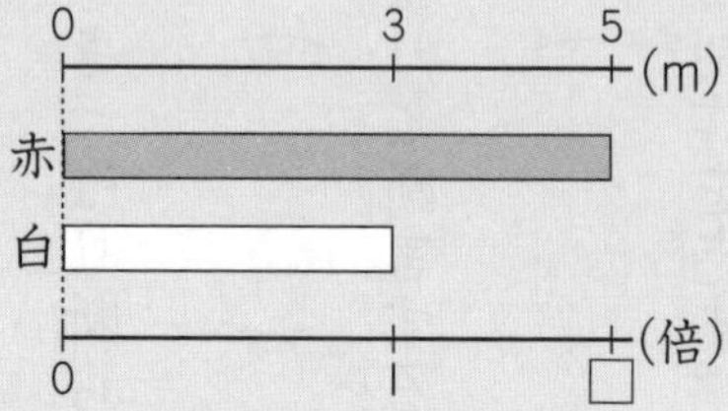

式 □ ÷ □ ＝ $\frac{\square}{\square}$

答え (　　　) 倍

❷ 7mは、6mの何倍の長さですか。

式

答え (　　　) 倍

❸ 8Lは、11Lの何倍のかさですか。

式

答え (　　　) 倍

❹ 10kgは、15kgの何倍の重さですか。

式

答え (　　　) 倍

□問 正解《せいかい》！ 満点になるまでおさらいしよう！

答えは126ページ

月　日

47　賞・財・団・肥・率

タイムアタック目標5分
分　秒

読もう

❶ 賞品を受け取る。（　　）

❷ 財団を設《せっ》立する。（　　）

❸ 肥料をほどこす。（　　）

❹ 部下を率いる。（　　）

❺ 肥やしをあたえる。（　　）

❻ 倍率が高い。（　　）

書こう

❶ 一等□《しょう》を取る。

❷ 牛が□《こ》える。

❸ □《ひ》満を解《かい》消する。

❹ 球□《だん》の勝□《りつ》。

❺ □《ざい》産を増《ふ》やす。

❻ ガイドが□《だん》体を□《ひき》いる。

□問 正解《せいかい》！満点になるまでおさらいしよう！

答えは126ページ

47 割　合①

タイムアタック目標5分
分　秒

★ 次の割合を小数で求めましょう。

例題

❶ 30人のクラスのうち、女子は18人です。クラス全体の人数をもとにしたときの女子の人数の割合

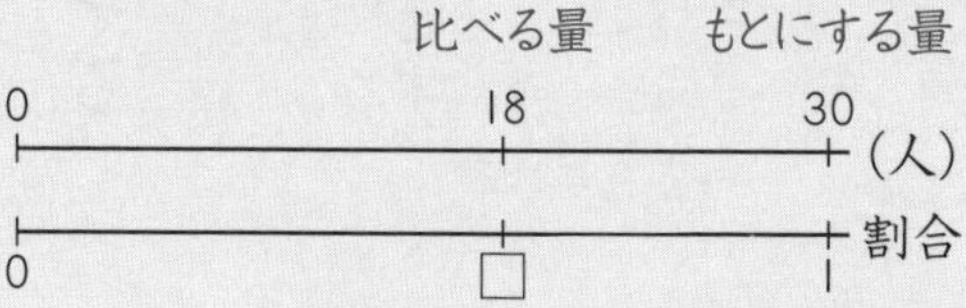

式 [　　　　] ＝ [　　]　　答え（　　　）

比べる量÷もとにする量 ＝ 割 合

❷ 10Lをもとにしたときの4Lの割合

式

答え（　　　）

❸ 8kmをもとにしたときの10kmの割合

式

答え（　　　）

❹ 2000円をもとにしたときの1500円の割合

式

答え（　　　）

□問 正解《せいかい》！ 満点になるまでおさらいしよう！

答えは127ページ

48 漢字のまとめ⑦

タイムアタック 目標5分　分　秒

読もう

❶ 利益（　）を自分の財産（　）とする。

❷ 団体（　）の旅行者（　）が減（　）る。

❸ 賞品（　）のおよその価（　）ちを示（　）す。

❹ 営業（　）の仕事を志望（　）する。

❺ 技能（　）を高める。

❻ 仏教（　）を学ぶための留学（　）。

書こう

❶ 成功の確《かく》□《りつ》を上げる。

❷ □《ゆ》出を□《きん》じる。

❸ 卒業□《しょう》書を□《ほ》管する。

❹ 法□《そく》を学ぶ。

❺ □《さっ》きん消□《どく》する。

❻ 畑に□《こえ》をやる。

□問 正解《せいかい》！ 満点になるまでおさらいしよう！

答えは127ページ

48 割　合②

タイムアタック 目標5分
分　秒

★ □にあてはまる数を書きましょう。

例題

❶ 60人の1.2倍は□人です。
（60人：もとにする量　1.2倍：割合　□：比べる量）
比べる量＝もとにする量×割合

❷ □gの0.8倍は16gです。
（□：もとにする量　0.8倍：割合　16g：比べる量）
もとにする量＝比べる量÷割合

❸ 200円の1.4倍は□円です。

❹ 500mLの0.6倍は□mLです。

❺ 180ページの1.5倍は□ページです。

❻ □kmは320kmの0.25倍です。

❼ □人の0.5倍は27人です。

❽ □cmの1.8倍は90cmです。

❾ □gの0.6倍は59.4gです。

❿ 539円は□円の1.1倍です。

□問 正解《せいかい》！ 満点になるまでおさらいしよう！

答えは127ページ

49 過・非・謝・規

タイムアタック目標5分　分　秒

読もう

❶ 電車が通過する。

❷ 規則《そく》を破《やぶ》り謝罪《ざい》する。

❸ 食べ過ぎに注意する。

❹ 自分を過信する。

❺ 非常《じょう》口を確《かく》にんする。

❻ 一日を森で過ごす。

書こう

❶ 先生に感□《しゃ》する。

❷ 目の前を通り□《す》ぎる。

❸ □《き》約をよく読む。

❹ □《か》去《こ》の□《ひ》礼をわびる。

❺ □《き》りつの正しい生活。

❻ 楽しい時間を□《す》ごす。

□問 正解《せいかい》！ 満点になるまでおさらいしよう！

答えは127ページ

月　日

49 割合③

タイムアタック目標5分
分　秒

★ 次の小数を百分率で表しましょう。

例題

❶ 0.07
(　　　)
0.01＝1%

❷ 0.35
(　　　)
0.1＝10%

❸ 1.28
(　　　)
1＝100%

❹ 0.2
(　　　)

❺ 1.4
(　　　)

❻ 0.684
(　　　)

★ 次の百分率を小数で表しましょう。

❼ 54%
(　　　)

❽ 120%
(　　　)

❾ 0.9%
(　　　)

★ □にあてはまる数を書きましょう。

❿ 6人は24人の□%です。

⓫ 80ページの40%は□ページです。

⓬ □gは480gの62.5%です。

⓭ 2600円は□円の130%です。

□問 正解《せいかい》！ 満点になるまでおさらいしよう！

答えは
127ページ

50 厚・張・永・脈・状

タイムアタック目標5分
分　秒

読もう

❶ お礼状（　）を出す。

❷ 出張（　）に出かける。

❸ 厚（　）着して山脈（　）をこえる。

❹ 声を張（　）り上げる。

❺ 永（　）遠の友情《じょう》。

❻ 平和が永（　）く続く。

書こう

❶ 分□《あつ》い本を買う。

❷ 池に氷が□《は》る。

❸ 外国に□《えい》住する。

❹ きん□《ちょう》しながら賞《しょう》□《じょう》をもらう。

❺ 末□《なが》い幸せをいのる。

❻ 水□《みゃく》の□《じょう》態《たい》を調べる。

□問正解《せいかい》！満点になるまでおさらいしよう！

答えは127ページ

月　日

50 割　合④

タイムアタック目標5分
分　秒

★ 次の問題に答えましょう。

❶ 定価《ていか》が380円のケーキを10%引きで買うと、代金は何円になりますか。
→定価の（1－0.1）倍になる

式

答え（　　　）円

❷ 1ふくろ280g入りのおかしが20%増量《ぞうりょう》で売られています。1ふくろは何gになりますか。

式

答え（　　　）g

❸ ある学校の全校児童数は1000人です。そのうち15%が5年生で、5年生のうちの4%が今日欠席しました。今日欠席した5年生は何人ですか。

式

答え（　　　）人

❹ ある図書館の今日の利用者は147人で、これはきのうより5%増えました。きのうの利用者は何人でしたか。

式

答え（　　　）人

□問 正解《せいかい》！ 満点になるまでおさらいしよう！

答えは127ページ

51 犯・罪・険・防・識

タイムアタック 目標5分
分　秒

読もう

❶ 犯人が謝《しゃ》罪する。

❷ 火事を防ぐ。

❸ 罪をみとめる。

❹ 病気を予防する。

❺ 保《ほ》険についての知識。

❻ 表情《じょう》が険しくなる。

書こう

❶ □□《はんざい》を□《ぼう》止する。

❷ 標□《しき》は、き□《けん》を□《ふせ》ぐ。

❸ □《つみ》をつぐなう。

❹ おすとめすを□《しき》別する。

❺ □《けわ》しい山道を歩く。

❻ それは常□《しき》だよ。

□問 正解《せいかい》！ 満点になるまでおさらいしよう！

答えは127ページ

月　日

51 割合⑤

タイムアタック 目標5分

分　秒

★ 下の帯《おび》グラフは、ある学校の町別の児童数の割合を調べた結果を表しています。

町別の児童数の割合

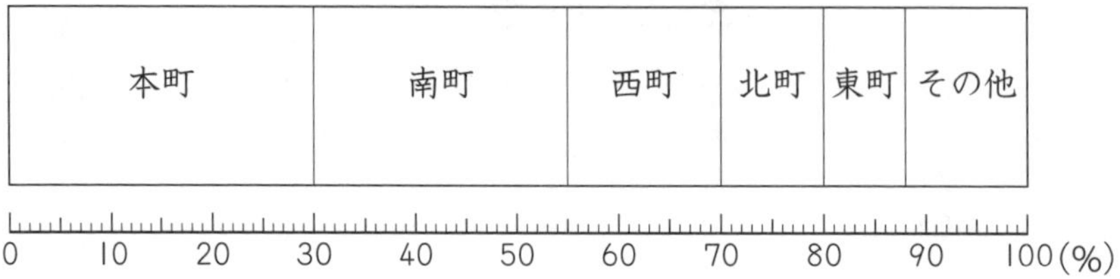

❶ 児童数の割合がいちばん多いのは、どの町ですか。

(　　　　)町

❷ 南町の児童数の割合は、全体の何%ですか。

(　　　　)%

❸ 西町の児童数は、北町の児童数の何倍ですか。

(　　　　)倍

❹ 東町の児童数は、北町の児童数の何倍ですか。

(　　　　)倍

❺ 学校全体の児童数が300人のとき、それぞれの町の児童数を求めて、下の表にまとめましょう。

町別の児童数

町名	本町	南町	西町	北町	東町	その他	合計
人数(人)							300

□問 正解《せいかい》！ 満点になるまでおさらいしよう！

答えは
127ページ

月　　日

52 眼・余・災・制・興

タイムアタック目標5分　　分　　秒

読もう

❶ 余力がある。（　　）

❷ 復《ふっ》興支《し》えんに興味を持つ。（　　）（　　）

❸ 火災を防《ふせ》ぐ。（　　）

❹ 予算が余る。（　　）

❺ 時間を制限《げん》する。（　　）

❻ 眼科で時間を持て余す。（　　）（　　）

書こう

❶ 目に□《あま》る行い。

❷ 町の再《さい》□《こう》を願う。

❸ 新しい□《せい》度で□《さい》害に備《そな》える。

❹ 式の□□《よきょう》を楽しむ。

❺ 天□《さい》によるひ害。

❻ □《がん》帯をはずす。

□問 正解《せいかい》！ 満点になるまでおさらいしよう！

答えは127ページ

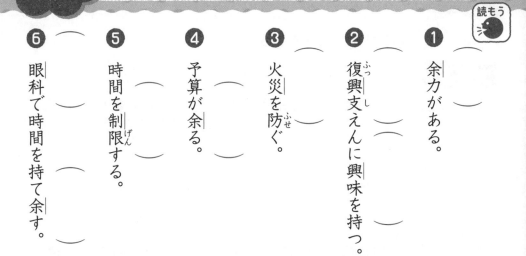

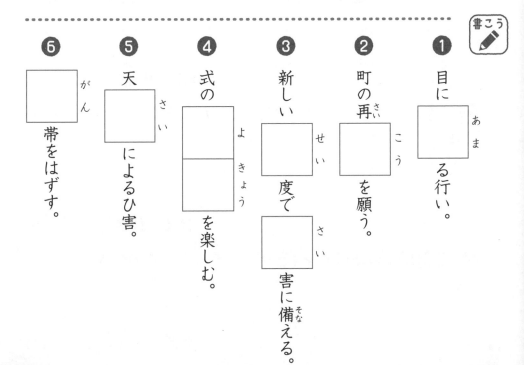

月　日

52 速　さ①

タイムアタック 目標 5分
分　秒

★ 次の速さを求めましょう。

例題

❶ 1500mの道のりを6分間で進んだときの自転車の分速
1分間で進んだ道のりで表した速さ

式 ［　　　　］＝［　　　］
道のり÷時間　＝　速さ

答え　分速（　　）m

❷ 300kmの道のりを5時間で進んだときの自動車の時速

式

答え　時速（　　）km

❸ 72mの高さを12秒間でのぼったときのエレベーターの秒速

式

答え　秒速（　　）m

❹ 3000mの道のりを15分間で走ったときの分速

式

答え　分速（　　）m

［　］問 正解《せいかい》！ 満点になるまでおさらいしよう！

答えは127ページ

53 貧・費・婦・織・製

タイムアタック目標5分
分　秒

読もう

❶ 組織が新しくなる。

❷ 貧こんからぬけ出す。

❸ 婦人が布《ぬの》を織る。

❹ 心が貧しい人。

❺ 製品が豊《ほう》富にある。

❻ たくさん消費する。

書こう

❶ 手□《お》りの衣服。

❷ 組□《しき》の一員。

❸ 金持ちが□《びん》ぼうになる。

❹ □《ふ》人服を□《せい》品化する。

❺ □《せい》造《ぞう》にかかる□《ひ》用。

❻ □《まず》しさに負けない。

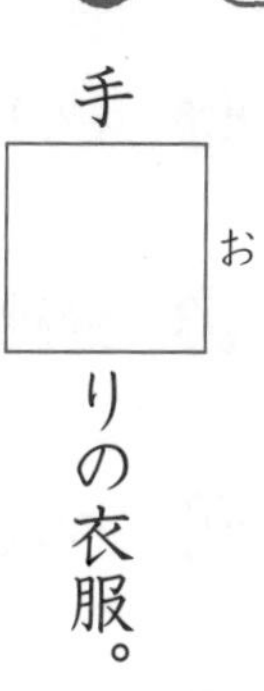

□問 正解《せいかい》！ 満点になるまでおさらいしよう！

答えは
127ページ

月　日

53 速さ②

タイムアタック 目標5分
分　秒

★ □にあてはまる数を書きましょう。

例題

❶ 分速600mは、秒速 □ mです。　　1分＝60秒

❷ 分速600mは、時速 □ kmです。　　1時間＝60分

❸ 分速540mは、秒速 □ mです。

❹ 分速150mは、時速 □ kmです。

❺ 秒速7mは、分速 □ mです。

❻ 分速 □ mは、時速24kmです。

❼ 秒速 □ mは、時速72kmです。

❽ 秒速12.5mは、時速 □ kmです。

❾ 時速8.4kmは、分速 □ mです。

❿ 時速486kmは、秒速 □ mです。

□問 正解《せいかい》！ 満点になるまでおさらいしよう！

答えは
127ページ

月　日

54 漢字のまとめ ⑧

タイムアタック 目標 5分　分　秒

読もう

❶ 過去《こ》の大きな災害に学ぶ。

❷ 眼科医の知識。

❸ 消防士の制服を着る。

❹ 犯罪者に対する険しい目。

❺ 婦人服を製造《ぞう》する。

❻ 余かを楽しむ。

書こう

❶ 手□《あつ》いかん護《ご》に感□《しゃ》する。

❷ きん□《ちょう》をやわらげる。

❸ はた□《お》りに□《きょう》味を持つ。

❹ □《ひん》富の差をなくす。

❺ 動□《みゃく》の□《じょう》態《たい》をさぐる。

❻ □《えい》遠の幸せをいのる。

□問 正解《せいかい》！ 満点になるまでおさらいしよう！

答えは127ページ

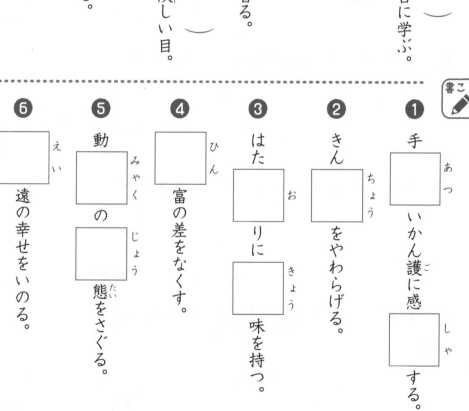

54 速さ③

タイムアタック 目標5分
分　秒

★ 次の道のりを求めましょう。

例題

❶ 時速30kmで2時間進んだときの道のり

式 [　　　　] = [　　　]

速さ×時間　＝　道のり

答え （　　　）km

❷ 分速200mで36分間走ったときの道のり

式

答え （　　　）m

❸ 秒速24mで13秒間進んだときの道のり

式

答え （　　　）m

❹ 時速84kmで1時間30分走ったときの道のり

→1時間30分を1.5時間と考える

式

答え （　　　）km

[　　]問 正解《せいかい》！ 満点になるまでおさらいしよう！

答えは127ページ

月　日

55　5年のまとめ①

タイムアタック 目標5分
分　秒

読もう

❶ 社会情勢を正しく判断する。

❷ 敗者復活戦に備える。

❸ 昔の武術を再現する。

❹ 非常識な発言への謝罪。

❺ 因果応報という考え方。

❻ 予防注しゃの効果。

書こう

❶ 合格の□□《きじゅん》を決める。

❷ セーターを□《あ》む。

❸ 先生の□□《こうえん》を聞く。

❹ 内□《よう》を□□《ひょうか》する。

❺ 楽しい□《ゆめ》を見る。

❻ □《きょう》味を□《え》る。

□問 正解《せいかい》！ 満点になるまでおさらいしよう！

答えは128ページ

月　日

55 速さ④

タイムアタック目標5分　分　秒

★ 次の時間を求めましょう。

例題

❶ 時速50kmで200kmを進むのにかかる時間

式 [　　　　] = [　　　]

道のり÷速さ ＝ 時間

答え（　　）時間

❷ 分速80mで1360m歩いたときにかかった時間

式

答え（　　）分

❸ 秒速58mで2030m走ったときにかかった時間

式

答え（　　）秒

❹ 時速120kmで60km走ったときにかかった時間

式

答え（　　）分

[　]問 正解《せいかい》！ 満点になるまでおさらいしよう！

答えは128ページ

56 5年のまとめ②

タイムアタック目標5分

分　秒

読もう

❶ 製造法を電話で確かめる。

❷ 性格が兄弟で似る。

❸ 校舎を改築する。

❹ 潔白を自ら証明する。

❺ 師の母校に銅像を建てる。

❻ 授業にとても興味をもつ。

書こう

❶ 地□《しっ》を調□《さ》する。

❷ □《さん》成意見を□《の》べる。

❸ □《ざっ》しが休□《かん》になる。

❹ □《さくら》の□《みき》にふれる。

❺ 木の□《えだ》が折れる。

❻ うさぎを□《し》育する。

□問 正解《せいかい》！ 満点になるまでおさらいしよう！

答えは128ページ

月　日

56 多角形

タイムアタック目標5分
分　秒

★ 次の正多角形について答えましょう。

└→辺の長さがすべて等しく、角の大きさもすべて等しい、直線で囲まれた図形

例題

円の中に正五角形をかきました。

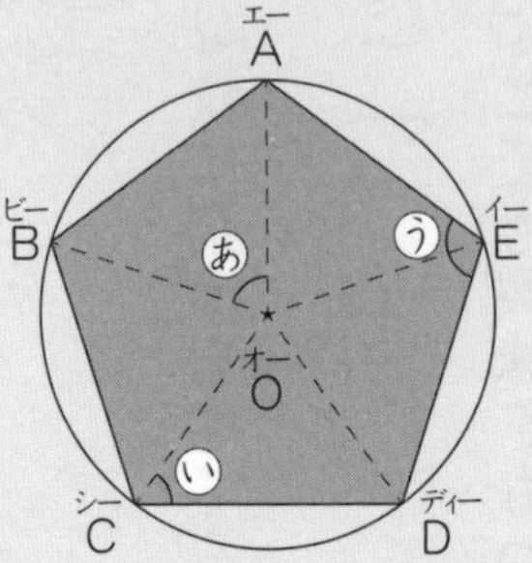

❶ ㋐の角の大きさは何度ですか。
└→360°を5等分した1つ分
（　　　　）°

❷ 三角形OCDは何という三角形ですか。（　　　　　　）

❸ ㋑の角の大きさは何度ですか。（　　　　）°

❹ ㋒の角の大きさは何度ですか。（　　　　）°

★ 半径5cmの円の中に正六角形をかきました。

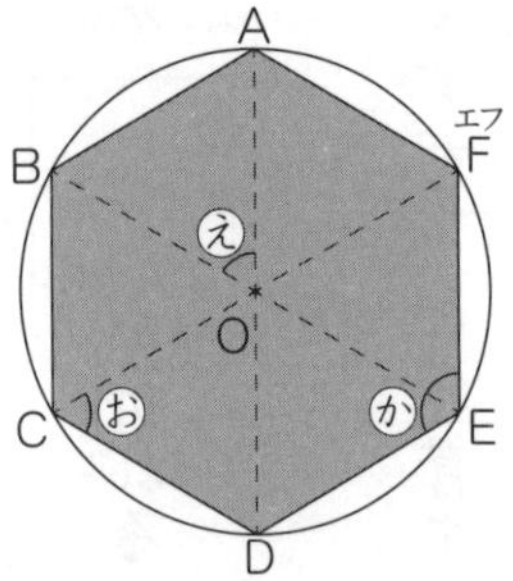

❺ ㋓の角の大きさは何度ですか。
（　　　　）°

❻ 三角形OCDは何という三角形ですか。（　　　　　　）

❼ ㋔の角の大きさは何度ですか。（　　　　）°

❽ ㋕の角の大きさは何度ですか。（　　　　）°

❾ この正六角形の1辺の長さは何cmですか。（　　　　）cm

□問 正解《せいかい》！満点になるまでおさらいしよう！

答えは128ページ

57 5年のまとめ③

タイムアタック 目標5分
分　秒

読もう

❶ 財団を新たに設立する。（　）（　）
❷ 職を今日で解任される。（　）（　）
❸ 迷った子を保護する。（　）（　）
❹ 国際社会が混らんする。（　）（　）
❺ 断絶した状態が終わる。（　）（　）
❻ 圧政から必死に独立する。（　）（　）

書こう

❶ 商品の金□《がく》を□《とう》一する。
❷ □《べん》当の量を□《ふ》やす。
❸ 土地に□《ひ》料を入れて□《たがや》す。
❹ □《こ》人の良さをのばす指□《どう》。
❺ 金□《ぞく》を加工する。
❻ □《か》面をかぶったヒーロー。

□問 正解《せいかい》！ 満点になるまでおさらいしよう！

答えは128ページ

月　日

57 円　周

タイムアタック目標5分
分　秒

★ 次の長さを求めましょう。(円周率《えんしゅうりつ》は 3.14 とします。)

例題

❶ 直径10cmの円の円周

式

直径 × 円周率 ＝ 円周

答え (　　　　)cm

❷ 直径6cmの円の円周

式

答え (　　　　)cm

❸ 半径4cmの円の円周

式

答え (　　　　)cm

❹ 円周が62.8cmの円の直径

式

答え (　　　　)cm

❺ 円周が37.68cmの円の半径

式

答え (　　　　)cm

★ 次の図のまわりの長さを求めましょう。

❻

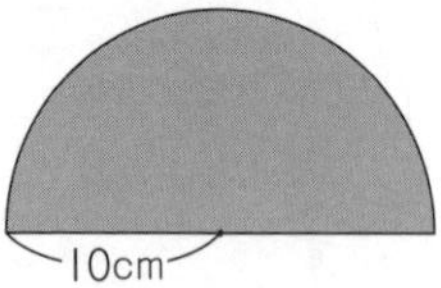

式

答え (　　　　)cm

❼

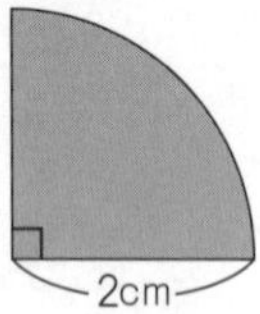

式

答え (　　　　)cm

□問 正解《せいかい》！満点になるまでおさらいしよう！

答えは
128ページ

58 5年のまとめ ④

タイムアタック目標5分
分　秒

読もう

❶ 責務を果たす。

❷ 営業所が移転する。

❸ 銅がこの辺りは豊富にある。

❹ 一点差で破る。

❺ 逆境でもよい成績を残す。

❻ 能率が上がる。

書こう

❶ □《きゅう》家の□《ぶつ》間で法事を行う。

❷ □《ぼう》□《えき》で港を□《おう》来する。

❸ □《えき》体の温度を□《そく》定する。

❹ □《けわ》しい山々。

❺ 出入りを□《きん》止する。

❻ 気を□《は》っている。

□問 正解《せいかい》！ 満点になるまでおさらいしよう！

答えは128ページ

月　日

58 角柱・円柱

タイムアタック 目標5分
分　秒

★ □にあてはまることばを書きましょう。

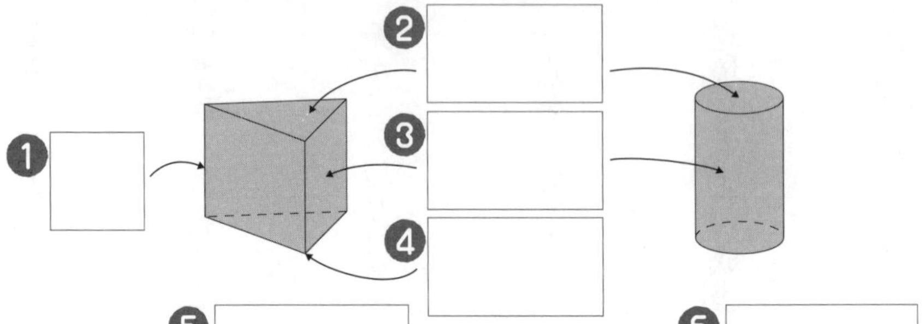

立体の名まえ ❺ 　　　　立体の名まえ ❻

底面…平行に向かい合った2つの合同な面
側面…横の面、底面に垂直

★ 下の表にまとめましょう。

	三角柱	四角柱	五角柱
側面の数	❼	❿	⓭
頂《ちょう》点の数	❽	⓫	⓮
辺の数	❾	⓬	⓯

★ 右の角柱について答えましょう。

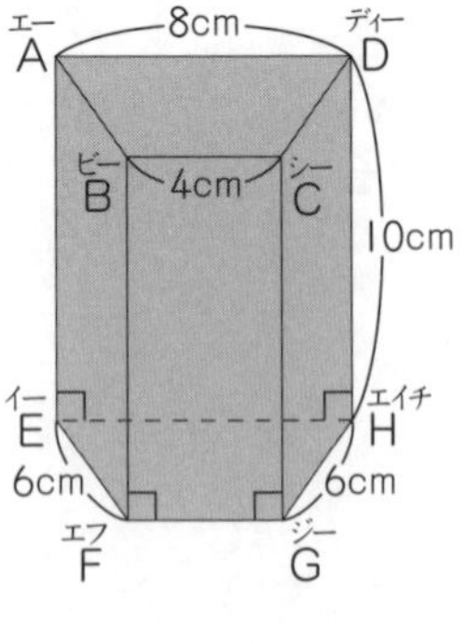

⓰ 何という角柱ですか。

(　　　　　)

⓱ 面ABCDと平行な面はどれですか。

(　　　　　)

⓲ 辺BFの長さは何cmですか。

(　　　　　)cm

□問 正解《せいかい》！ 満点になるまでおさらいしよう！

答えは128ページ

59　5年のまとめ⑤

タイムアタック目標5分
分　秒

読もう

❶ 採くつの許可が出る。

❷ 分厚い黒の眼帯をする。

❸ 過去《こ》の税率を調べる。

❹ 快く書類を提示する。

❺ 条件をあれこれ比べる。

❻ 暴風に強い家を構える。

書こう

❶ □《き》□《そく》を守る。

❷ 先□《ぞ》の□《はか》に立ち□《よ》る。

❸ □《ふ》人服を買う。

❹ □《ゆ》入で利□《えき》を上げる。

❺ ボタンを□《と》める。

❻ 川の水量が□《へ》る。

□問 正解《せいかい》！ 満点になるまでおさらいしよう！

答えは128ページ

59 展開図

タイムアタック目標5分
分　秒

★ 展開図《てんかいず》を組み立ててできる立体について答えましょう。

例題

・右の展開図を組み立てます。

❶ 何という立体ができますか。

(　　　　　)

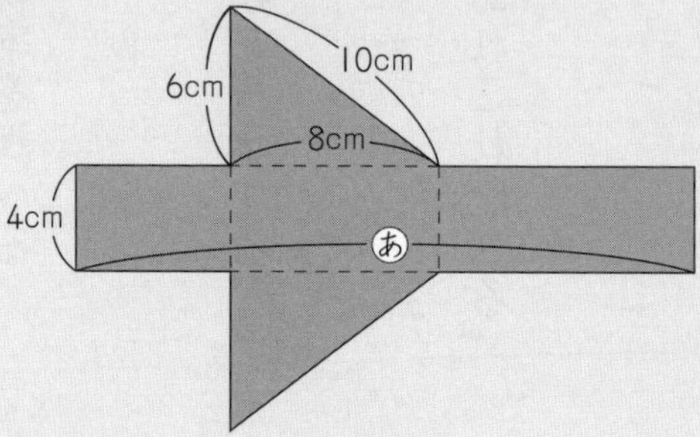

❷ この立体の高さは何cmですか。

(　　　　　)cm

❸ ㋐の長さは何cmですか。

(　　　　　)cm

3つの側面が、展開図では、1つの長方形となっている。この長方形のたてが角柱の高さ、横が底面のまわりの長さに等しい。

・右の展開図を組み立てます。

❹ 何という立体ができますか。

(　　　　　)

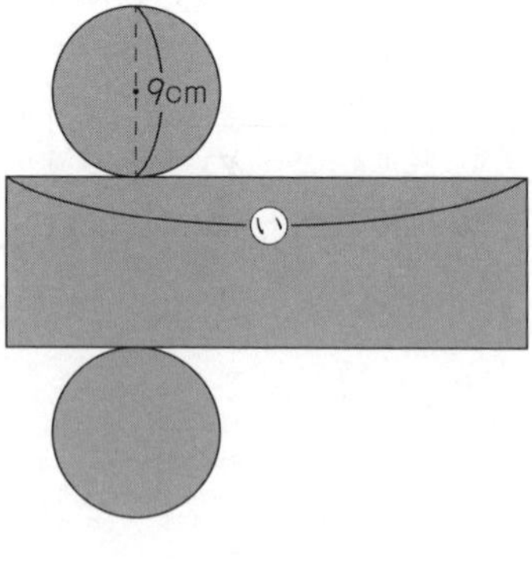

❺ ㋑の長さは何cmですか。
(円周率《えんしゅうりつ》は3.14とします。)

(　　　　　)cm

□問 正解《せいかい》！ 満点になるまでおさらいしよう！

答えは128ページ

答え

1 漢字 読み ①おく、い ②しお、くわ ③かいりょうあん ④ふべん、きかい ⑤まち、さか ⑥ぎ、きょ
書き ①縄 ②英 ③印
④岐阜 ⑤季節 ⑥軍隊

計算 ① 3561980000000
② 2503400000000
③ 400000000(4億)
④ 8000000000(80億)
⑤ 600000000000(6000億)
⑥ 83億 ⑦ 5000万

⑧
$$\begin{array}{r} 306 \\ \times\ 205 \\ \hline 1530 \\ 612 \\ \hline 62730 \end{array}$$

⑨
$$\begin{array}{r} 48\,00 \\ \times 25\,0 \\ \hline 240 \\ 96 \\ \hline 1200\,000 \end{array}$$

2 漢字 読み ①しか、くま
②りく、けい ③まご、けんこう
④ざいりょう ⑤わか、つた
⑥もっと、さ
書き ①径 ②芸 ③欠席 ④種類
⑤周辺 ⑥鏡、借

計算 ① 7.65 ② 1.07 ③ 10
④ 0.9 ⑤ 20.23 ⑥ 41.68
⑦ 4.73 ⑧ 0.78 ⑨ 2.06
⑩ 6.01 ⑪ 6.34 ⑫ 2.08
⑬ 0.082 ⑭ 20.29 ⑮ 6.903

3 漢字 読み ①はつひ、せいこう
②な、かんさつ ③じてん、す
④じゅん、あらそ ⑤はく、た
⑥まつ、て
書き ①愛 ②衣 ③静、選
④極、然 ⑤帯、結 ⑥佐賀

計算

①
$$\begin{array}{r} 16 \\ 6\overline{)96} \\ 6 \\ \hline 36 \\ 36 \\ \hline 0 \end{array}$$

②
$$\begin{array}{r} 243 \\ 4\overline{)972} \\ 8 \\ \hline 17 \\ 16 \\ \hline 12 \\ 12 \\ \hline 0 \end{array}$$

③
$$\begin{array}{r} 76 \\ 7\overline{)534} \\ 49 \\ \hline 44 \\ 42 \\ \hline 2 \end{array}$$

④
$$\begin{array}{r} 4 \\ 19\overline{)76} \\ 76 \\ \hline 0 \end{array}$$

⑤
$$\begin{array}{r} 7 \\ 25\overline{)175} \\ 175 \\ \hline 0 \end{array}$$

⑥
$$\begin{array}{r} 24 \\ 37\overline{)897} \\ 74 \\ \hline 157 \\ 148 \\ \hline 9 \end{array}$$

⑦
$$\begin{array}{r} 20 \\ 48\overline{)980} \\ 96 \\ \hline 20 \end{array}$$

⑧
$$\begin{array}{r} 308 \\ 16\overline{)4928} \\ 48 \\ \hline 128 \\ 128 \\ \hline 0 \end{array}$$

⑨
$$\begin{array}{r} 29 \\ 314\overline{)9106} \\ 628 \\ \hline 2826 \\ 2826 \\ \hline 0 \end{array}$$

4 漢字 読み ①そう、り
②ふく、じん ③はた、へいたい
④つめ、あ ⑤やくそく
⑥なか、せっ
書き ①位 ②果 ③梅、芽
④必要 ⑤徳 ⑥連続

計算 ① $\frac{6}{5}\left(1\frac{1}{5}\right)$ ② 2
③ $\frac{17}{6}\left(2\frac{5}{6}\right)$ ④ $\frac{6}{7}$ ⑤ 1 ⑥ 2
⑦ $1\frac{3}{4}$ ⑧ $3\frac{5}{7}$ ⑨ $3\frac{2}{9}$ ⑩ 4 ⑪ $\frac{4}{5}$
⑫ $1\frac{1}{6}$ ⑬ $\frac{11}{8}\left(1\frac{3}{8}\right)$ ⑭ $\frac{8}{3}\left(2\frac{2}{3}\right)$

5 漢字 読み ①ろうどう
②きゅう ③きぼう ④か、けん
⑤ざん、こう ⑥さん、いわ
書き ①覚 ②各 ③害、群
④協、治 ⑤失敗 ⑥令、無

計算

①
2.9
× 3
8.7

②
6.7
× 4
26.8

③
8.9
× 9
80.1

④
20.6
× 7
144.2

⑤
0.14
× 5
0.70

⑥
1.25
× 8
10.00

⑦
4.2
×23
126
84
96.6

⑧
3.7
×56
222
185
207.2

⑨
2.5
×40
100.0

⑩
2.78
× 38
2224
834
105.64

⑪
90.4
× 62
1808
5424
5604.8

⑫
0.86
× 50
43.00

6 漢字 読み ①ぎょ、とう ②とも、たたか ③わら、み ④や、はん ⑤がわ、しろ ⑥ひょう、ど

書き ①清 ②願 ③徒、伝 ④底、達 ⑤飛、訓 ⑥未完

計算

①
2.6
3)7.8
6
18
18
0

②
3.2
24)76.8
72
48
48
0

③
0.09
48)4.32
432
0

④
18.9
4)75.9
4
35
32
39
36
0.3

⑤
20.8
4)83.5
8
35
32
0.3

⑥
3.8
25)96.2
75
212
200
1.2

⑦
1.64
5)8.2
5
32
30
20
20
0

⑧
6.25
8)50
48
20
16
40
40
0

⑨
0.04
25)1.00
100
0

7 漢字 読み ①さ ②ふたた ③じょうほう ④いん ⑤さい、こく ⑥なさ

書き ①情 ②再 ③再、報 ④告 ⑤情 ⑥再、因

計算 ① 2.386 ② 10×5+1×8+0.1×0+0.01×9 ③ 3741 ④ 4850 ⑤ 7.531 ⑥ 5.137

8 漢字 読み ①せつ ②おう ③よう ④はん ⑤こた ⑥ばん

書き ①容 ②応接 ③判、容 ④判 ⑤応 ⑥接

計算 ① 563.7 ② 0.7254 ③ 19.3 ④ 8.16 ⑤ 47.1 ⑥ 0.619 ⑦ 32860 ⑧ 7.2 ⑨ 0.156 ⑩ 30480 ⑪ 0.027

9 漢字 読み ①こう、の ②へん ③じゅつ ④かん ⑤あ、しゅう ⑥おさ

書き ①編 ②講、修 ③編、述 ④述 ⑤修 ⑥刊

計算

①式 $4\times5\times3=60$ 答え $60\mathrm{cm}^3$

②式 $3\times3\times3=27$ 答え $27\mathrm{cm}^3$

③式 $6\times10\times4=240$ 答え $240\mathrm{cm}^3$

④式 $7\times7\times7=343$ 答え $343\mathrm{cm}^3$

10 漢字 読み ①たし ②え ③かん ④に ⑤かく、ひょう ⑥みき

書き ①確、得 ②確 ③幹 ④似 ⑤評 ⑥幹、評

計算 ①式 $3\times4\times5+3\times2\times3=78$
答え $78\mathrm{cm}^3$

②式 $2\times2\times2+2\times6\times2=32$
答え $32\mathrm{cm}^3$

③式 $5\times5\times3-2\times2\times2=67$
答え $67\mathrm{cm}^3$

11 漢字 読み ①どう、ぞう ②がた

③もう　④せつ　⑤きず
⑥けい
書き ①堂　②型、像　③堂、築
④設、築　⑤設　⑥築

計算
①式　3×4×2=24　答え　24cm³
②式　(17−2)×(22−2)×(11−1)
=3000　答え　3000cm³
③式　(10−2)×(23−2)×(11−1)
+20×(18−2)×(11−1)=4880
答え　4880cm³

12 **漢字** 読み ①さ、かん
②じょうほう、はん　③いん、の
④おうせつ　⑤きず　⑥へん
書き ①得、報告　②講、容　③幹
④像、設　⑤型、確　⑥修

計算 ① 1　② 1　③ 1000
④ 1000000　⑤L　⑥cm³（mL）
⑦m³

13 **漢字** 読み ①ぞく、せい　②かく
③と　④かい　⑤ゆる　⑥きょ
書き ①属　②性格　③解
④許　⑤許　⑥解、解

計算 ① 18　② 24　③ 30
④ 36　⑤ 2　⑥ 3
⑦○=6×△(6×△=○、○÷△=6)
⑧ 48cm³　⑨ 28cm

14 **漢字** 読み ①かり、へ　②む
③げん、けい　④か　⑤けつ
⑥ゆめ、あらわ
書き ①仮　②経　③夢、経
④現　⑤潔　⑥夢、現

計算 ① 60×3÷10=18
② 4×8÷100=0.32　③ 12
④ 360　⑤ 100　⑥ 0.12
⑦ 0.06　⑧ 0.4　⑨ 0.63
⑩ 0.024

15 **漢字** 読み ①しょう　②か
③ご　④かわ、し　⑤つく　⑥ささ
書き ①象　②造、支　③造　④支
⑤河　⑥護、支

計算
① 8.4 ×2.3
252
168
19.32

② 3.2 ×4.2
64
128
13.44

③ 6.7 ×3.8
536
201
25.46

④ 5.4 ×8.6
324
432
46.44

⑤ 0.49 × 6.3
147
294
3.087

⑥ 9.2 ×0.79
828
644
7.268

⑦ 8.57 × 4.5
4285
3428
38.565

16 **漢字** 読み ①こんざい　②あ
③まよ　④こ、たい　⑤ざい　⑥ま
書き ①在　②混　③混迷　④態
⑤在　⑥態

計算
① 4.6 ×0.35
230
138
1.610

② 0.39 × 2.3
117
78
0.897

③ 0.85 × 7.4
340
595
6.290

④ 0.75 × 4.8
600
300
3.600

⑤ 0.24 ×0.32
48
72
0.0768

⑥ 0.15 ×0.36
90
45
0.0540

⑦ 6.9 ×3.05
345
2070
21.045

⑧ 0.32 ×1.25
160
64
32
0.4000

⑨ 0.03 ×5.49
27
12
15
0.1647

17 **漢字** 読み ①ぼう　②さい
③ほう　④ゆた、いきお

⑤さい　⑥さい、せい

書き ①際、豊　②勢

③勢　④豊　⑤貿、豊　⑥勢、際

計算 ①㋐1.8　㋑2.5　㋒18

②㋓3.4　㋔2.8　㋕5　㋖14

③㋗0.1　㋘10　㋙0.1　㋚360

㋛3.6　㋜356.4

④ $16.3\times(2\times0.5)=16.3\times1=16.3$

⑤ $7.9\times(8\times12.5)=7.9\times100=790$

⑥ $(5.5+4.5)\times6.8=10\times6.8=68$

⑦ $4.9\times(13.7-3.7)=4.9\times10=49$

⑧ $(10+0.1)\times54=540+5.4=545.4$

18 漢字

読み ①ゆめ、せいかく

②ほう、ぞく　③か、たい　④かり

⑤まよ、ご　⑥ぼう

書き ①現在　②際、勢

③許、象　④解　⑤混　⑥経

計算

① 4.7 × 6.2 → 94 / 282 / 29.14

② 5.6 × 3.6 → 336 / 168 / 20.16

③ 8.7 × 7.9 → 783 / 609 / 68.73

④ 0.26 × 8.4 → 104 / 208 / 2.184

⑤ 3.14 × 6.4 → 1256 / 1884 / 20.096

⑥ 9.04 × 7.8 → 7232 / 6328 / 70.512

⑦ 2.98 × 8.5 → 1490 / 2384 / 25.33~~0~~

⑧ 0.37 × 0.23 → 111 / 74 / 0.0851

⑨ 0.45 × 0.56 → 270 / 225 / 0.252~~0~~

⑩ 0.39 × 2.07 → 273 / 78 / 0.8073

⑪ 4.8 × 6.25 → 240 / 96 / 288 / 30.~~000~~

⑫ 0.05 × 2.84 → 20 / 40 / 10 / 0.142~~0~~

19 漢字

読み ①ふくしょく　②そな

③び　④ひと、そな　⑤あつ　⑥どく

書き ①備　②圧　③独、復　④備

⑤職、独　⑥備

計算 ① $320\div8=40$　② $24\div3=8$

③40　④4　⑤8　⑥4　⑦2

⑧90　⑨ $0.5\left(\frac{1}{2}\right)$　⑩ $1.6\left(\frac{8}{5}\right)$

20 漢字

読み ①えだ、そ　②し、も

③うつ　④ねん、うつ　⑤か　⑥い

書き ①素、移　②枝、燃　③飼

④燃　⑤飼、移　⑥移

計算

① 3.9)4.6.8 = 1.2 → 39 / 78 / 78 / 0

② 2.3)7.3.6 = 3.2 → 69 / 46 / 46 / 0

③ 6.4)17.9.2 = 2.8 → 128 / 512 / 512 / 0

④ 1.6)86.4 = 54 → 80 / 64 / 64 / 0

⑤ ~~0.~~12)~~0.~~96 = 8 → 96 / 0

⑥ ~~0.~~46)7.36 = 16 → 46 / 276 / 276 / 0

⑦ ~~0.~~28)~~0.~~39.2 = 1.4 → 28 / 112 / 112 / 0

21 漢字

読み ①やさ　②きゅう

③きじゅん　④い　⑤すく

⑥えき

書き ①基　②準　③易　④易

⑤救　⑥易、準

計算

① 1.6)1.2.8 = 0.8 → 128 / 0

② ~~0.~~18)2.70 = 15 → 18 / 90 / 90 / 0

③ 8.5)2.5.5 = 0.3 → 255 / 0

④ 4.8)2.8.8 = 0.6 → 288 / 0

⑤ 3.6)~~0.~~7.2 = 0.2 → 72 / 0

⑥ ~~0.~~15)~~0.~~90 = 6 → 90 / 0

⑦
```
       30
0.16)4.80
     48
      0
```
⑧
```
        4
0.75)300
     300
       0
```

22 **漢字** 読み ①てい、くら ②そう ③し ④ひ ⑤てい ⑥れきし

書き ①歴 ②総 ③比 ④史 ⑤程 ⑥比

計算

①
```
     1.5
2.4)3.6
    24
    120
    120
      0
```
②
```
     0.24
7.5)1.80
     150
     300
     300
       0
```
③
```
     1.25
5.6)7.0
    56
    140
    112
     280
     280
       0
```
④
```
      7
     1.66
2.1)3.5
    21
    140
    126
     140
     126
      14
```
⑤
```
     0.64
9.4)6.10
    564
     460
     376
      84
```
⑥
```
     3.80
2.6)9.9
    78
    210
    208
     20
```
⑦
```
      7
     1.65
5.1)8.43
    51
    333
    306
     270
     255
      15
```
⑧
```
     0.244
2.9)0.71
     58
     130
     116
      140
      116
       24
```
⑨
```
        1
      2.08
8.4)17.5
    168
      700
      672
       28
```

23 **漢字** 読み ①こう、ぎゃく ②き ③か ④しつ、かぎ ⑤げん ⑥さか

書き ①逆 ②効 ③可、限 ④効、限 ⑤質 ⑥逆

計算 ①
```
       6
4.3)27.6
    258
     1.8
```
㋐6 ㋑1.8 ㋒27.6

②
```
      7
0.9)6.8
    63
    0.5
```
③
```
       4
3.2)13.1
    128
     0.3
```
④
```
       2
9.4)27.5
    188
     8.7
```

⑤
```
        8
0.12)1.04
      96
     0.08
```
⑥
```
       120
0.57)68.90
     57
     119
     114
      0.50
```
⑦
```
        36
7.6)280.0
    228
     520
     456
      6.4
```

24 **漢字** 読み ①ねん、かぎ ②い、じゅんび ③さか ④しっそ ⑤しょく、くら ⑥きゅう、ふっ

書き ①独、可 ②効、比 ③枝、燃 ④飼 ⑤基、易 ⑥総

計算

①
```
     1.9
2.9)5.51
    29
    261
    261
      0
```
②
```
        6.8
0.83)5.644
     498
      664
      664
        0
```
③
```
     0.85
6.4)5.44
    512
     320
     320
       0
```
④
```
          8
1.25)10.00
     1000
        0
```
⑤
```
      0.084
22.5)1.890
     1800
       900
       900
         0
```
⑥
```
       8
7.4)65.7
    592
     6.5
```
⑦
```
        12
0.18)2.20
     18
      40
      36
     0.04
```
⑧
```
         15
3.14)47.50
     314
     1610
     1570
      0.40
```

25 **漢字** 読み ①ぜい ②がく ③ひたい ④ちょ ⑤きん ⑥りゃく

書き ①額、均 ②額 ③額、税 ④貯 ⑤均 ⑥略

計算 ①○ ②△ ③△ ④○ ⑤△ ⑥○ ⑦○ ⑧△ ⑨> ⑩< ⑪= ⑫< ⑬> ⑭=

26 **漢字** 読み ①し ②ひさ ③こ ④し ⑤きゅう ⑥こう

書き ①師 ②久 ③故、航 ④士 ⑤久 ⑥故

計算 ①式　5×2.4=12
答え　12m
②式　7.5×0.8=6　答え　6kg
③式　4.2÷1.2=3.5　答え　3.5倍
④式　0.9÷1.5=0.6　答え　0.6倍

27 **漢字** 読み ①せ　②りょう　③む
④せき、つと　⑤ぎ　⑥じょう
書き ①領　②条　③義　④義務、責
⑤務　⑥責務
計算 ①(㋐と㋕)(㋑と㋗)(㋒と㋔)
②三角形CDB　③三角形OCD
④三角形ODA

28 **漢字** 読み ①き　②たがや
③べん　④こう　⑤せい
⑥べん
書き ①紀　②弁　③精、耕
④紀　⑤耕　⑥精
計算 ①頂点G　②辺FE　③角E
④80°　⑤5cm　⑥10cm

29 **漢字** 読み ①きゅう、おう
②こ、どう　③みちび　④まね
⑤しょう　⑥こ
書き ①往、往　②招、導　③導
④旧　⑤招　⑥個
計算 ①偶数　②奇数　③偶数
④奇数　⑤偶数　⑥偶数　⑦10
⑧99　⑨偶数　⑩奇数

30 **漢字** 読み ①ちょ、がく
②べん、りゃく　③し、みちび
④ぜい、ぎむ　⑤こう、し
⑥りょう、つと
書き ①久、耕　②均、額
③個、招　④故、責　⑤往　⑥精
計算　①2、4、6、8、10、12、14、16、18
②3、6、9、12、15、18、21、24、27
③6、12、18　④12　⑤36
⑥40　⑦30

31 **漢字** 読み ①えき、けんさ
②さん　③ふ　④ま　⑤ふ　⑥ぞう
書き ①増　②増　③液、増　④酸
⑤査、増　⑥検
計算 ①1、2、3、4、6、12
②1、2、3、6、9、18
③1、2、3、6　④15　⑤8
⑥12　⑦3

32 **漢字** 読み ①つま、い
②きょ、か　③さい　④てき、にん
⑤まか　⑥まか
書き ①適任　②任　③居
④妻、居　⑤妻、任　⑥貸
計算 ①$\frac{5}{7}$　②$\frac{3}{8}$　③$\frac{9}{5}\left(1\frac{4}{5}\right)$
④2÷5=0.4　⑤0.75　⑥4.2
⑦2.5　⑧$\frac{9}{10}$　⑨$\frac{43}{100}$
⑩$\frac{107}{100}\left(1\frac{7}{100}\right)$　⑪$\frac{3}{1}$　⑫$\frac{16}{1}$

33 **漢字** 読み ①じゅ　②く
③じゅ、はん　④じょう　⑤じゅ
⑥つね
書き ①版　②常　③授　④句
⑤常　⑥句、版
計算 ①$\frac{2}{6}$　②$\frac{1}{4}$　③$\frac{6}{8}$
④$\frac{2}{3}$　⑤$\frac{3}{5}$　⑥$\frac{2}{3}$　⑦$\frac{3}{4}$
⑧$\frac{4}{5}$　⑨$\frac{2}{3}$　⑩$\frac{1}{3}$　⑪$\frac{3}{5}$
⑫$\left(\frac{4}{12}、\frac{3}{12}\right)$　⑬$\left(\frac{12}{30}、\frac{25}{30}\right)$
⑭$\left(\frac{16}{36}、\frac{15}{36}\right)$

34 **漢字** 読み ①はか ②どう、し ③こう ④どう、そく ⑤さい ⑥と
書き ①資 ②鉱、測 ③測 ④鉱 ⑤採 ⑥銅、採

計算 ① $\frac{4}{12}+\frac{3}{12}=\frac{7}{12}$
② $\frac{5}{6}$ ③ $\frac{23}{20}\left(1\frac{3}{20}\right)$ ④ $\frac{5}{8}$ ⑤ $\frac{44}{45}$
⑥ $\frac{29}{24}\left(1\frac{5}{24}\right)$ ⑦ $\frac{37}{30}\left(1\frac{7}{30}\right)$
⑧ $\frac{31}{15}\left(2\frac{1}{15}\right)$ ⑨ $\frac{61}{42}\left(1\frac{19}{42}\right)$

35 **漢字** 読み ①わた ②しゃ、ふ ③こう ④かま ⑤めん、ぬの ⑥せき
書き ①綿、布 ②舎、構 ③構 ④綿 ⑤布 ⑥績、構

計算 ① $\frac{1}{10}$ ② $\frac{1}{12}$ ③ $\frac{1}{10}$
④ $\frac{11}{18}$ ⑤ $\frac{11}{24}$ ⑥ $\frac{7}{20}$ ⑦ $\frac{11}{45}$
⑧ $\frac{1}{2}$ ⑨ $\frac{1}{5}$ ⑩ $\frac{7}{20}$

36 **漢字** 読み ①しゃ、じゅ ②つま、めん ③てき、きょ ④し、まか ⑤こう、さい ⑥はん、こう
書き ①液、検査 ②酸、測 ③績 ④句、増 ⑤布 ⑥貸

計算 ① $\frac{35}{12}\left(2\frac{11}{12}\right)$ ② $\frac{53}{15}\left(3\frac{8}{15}\right)$
③ $\frac{31}{8}\left(3\frac{7}{8}\right)$ ④ $\frac{343}{60}\left(5\frac{43}{60}\right)$
⑤ $\frac{29}{12}\left(2\frac{5}{12}\right)$ ⑥ $\frac{21}{4}\left(5\frac{1}{4}\right)$
⑦ $\frac{9}{2}\left(4\frac{1}{2}\right)$ ⑧ $\frac{11}{6}\left(1\frac{5}{6}\right)$
⑨ $\frac{37}{12}\left(3\frac{1}{12}\right)$ ⑩ $\frac{19}{6}\left(3\frac{1}{6}\right)$

37 **漢字** 読み ①そん ②む ③ぶじゅつ ④こ、やぶ ⑤は ⑥やぶ、こな
書き ①武 ②術 ③粉 ④武 ⑤破損 ⑥破

計算 ① $\frac{7}{6}\left(1\frac{1}{6}\right)$ ② $\frac{13}{30}$ ③ $\frac{7}{8}$
④ $\frac{29}{30}$ ⑤ $\frac{11}{15}$ ⑥ $\frac{31}{24}\left(1\frac{7}{24}\right)$
⑦ $\frac{3}{2}\left(1\frac{1}{2}\right)$ ⑧ $\frac{2}{3}$ ⑨ $\frac{29}{24}\left(1\frac{5}{24}\right)$
⑩ $\frac{23}{12}\left(1\frac{11}{12}\right)$

38 **漢字** 読み ①そ、はか ②さくら、よ ③ぼ、きょう ④き ⑤よ ⑥さかい
書き ①祖、墓 ②境 ③寄 ④墓、桜 ⑤寄、境 ⑥寄

計算 ① $\frac{2}{3}$ ② $\frac{23}{20}\left(1\frac{3}{20}\right)$ ③ $\frac{2}{15}$
④ $\frac{7}{15}$ ⑤ $\frac{77}{12}\left(6\frac{5}{12}\right)$ ⑥ $\frac{5}{6}$ ⑦ $\frac{3}{4}$
⑧ $\frac{3}{2}\left(1\frac{1}{2}\right)$ ⑨ $\frac{1}{60}$ ⑩ $\frac{1}{2}$ ⑪ $\frac{7}{12}$
⑫ $\frac{14}{15}$

39 **漢字** 読み ①き、よろこ ②かい ③こころよ ④さん、た ⑤ぜっ ⑥た
書き ①快 ②快、賛 ③絶 ④絶 ⑤件、喜 ⑥絶賛

計算
①式 (42+38+35+37+43)÷5=39
答え 39g
②式 (5+2+0+1+4)÷5=2.4
答え 2.4人
③式 (15×26+20×24)÷50=17.4
答え 17.4個

40 **漢字** 読み ①ぼう、せい ②あば ③い ④かこ ⑤えい ⑥とう

書き ①政 ②暴 ③囲 ④暴
⑤衛 ⑥囲、統

計算 ①式 100÷20=5
答え 5本
②式 20÷100=0.2 答え 0.2㎡
③式 900÷15=60 答え 60円
④式 4.8×2.5=12 答え 12㎡
⑤式 60÷4.8=12.5 答え 12.5L

41 **漢字** 読み ①ふくざつ ②じょ
③えん ④ぞう、かん ⑤な ⑥な
書き ①慣 ②雑 ③複、演 ④慣
⑤序、雑 ⑥慣

計算 ①㋐240000 ㋑60
㋒4000
②㋓135000÷45 ㋔3000
③㋕多い ㋖A
④式 35000÷25=1400
答え 1400人
⑤式 48000÷32=1500
答え 1500人
⑥D町

42 **漢字** 読み ①えん、ぜっさん
②ぼう、はそん ③そ、とう、よろこ
④せい、き ⑤こころよ、ざつ
⑥えい
書き ①複、囲 ②墓、慣
③祖、桜 ④武術 ⑤境 ⑥件

計算 ① 180°−(60°+50°)=70°
答え 70° ② 60° ③ 30°
④ 90° ⑤ 60°

43 **漢字** 読み ①いとな ②えい
③えき、へ ④ゆ、げん ⑤か ⑥へ
書き ①営 ②減 ③輸、減 ④営
⑤益、価 ⑥減

計算 ① 80° ② 85° ③ 142°
④ 84° ⑤ 100° ⑥ 100°

44 **漢字** 読み ①しょう ②てい
③しめ ④じ ⑤さっ、どく ⑥ころ
書き ①証 ②毒 ③証、提示
④証 ⑤示 ⑥提

計算 ①式 10×8=80
答え 80㎠
②式 12×10÷2=60 答え 60㎠
③式 9×12=108 答え 108㎠
④式 8×5=40 答え 40㎠
⑤式 12×16÷2=96 答え 96㎠
⑥式 8×3÷2=12 答え 12㎠

45 **漢字** 読み ①ほりゅう ②ぎ、と
③る、そく ④のう ⑤と ⑥たも
書き ①保 ②留 ③留、留
④技能 ⑤保 ⑥保、則

計算 ①式 (3+6)×4÷2=18
答え 18㎠
②式 6×4÷2=12 答え 12㎠
③式 (10+30)×15÷2=300
答え 300㎠
④式 (12+16)×20÷2=280
答え 280㎠
⑤式 14×8÷2=56 答え 56㎠
⑥式 10×10÷2=50
答え 50㎠

46 **漢字** 読み ①きん ②てい
③ほとけ、こころざし ④し、ことわ
⑤だん ⑥ぶつ、こころざ
書き ①志 ②仏、禁 ③志
④断、断 ⑤停、志 ⑥仏

計算 ①式 $5 \div 3 = \frac{5}{3}$ 答え $\frac{5}{3}$倍
②式 $7 \div 6 = \frac{7}{6}$ 答え $\frac{7}{6}$倍
③式 $8 \div 11 = \frac{8}{11}$ 答え $\frac{8}{11}$倍
④式 $10 \div 15 = \frac{10}{15} = \frac{2}{3}$ 答え $\frac{2}{3}$倍

47 **漢字** 読み ①しょう ②ざいだん
③ひ ④ひき ⑤こ ⑥りつ

書き ①賞　②肥　③肥　④団、率
⑤財　⑥団、率

計算 ①式　18÷30＝0.6
答え　0.6
②式　4÷10＝0.4　答え　0.4
③式　10÷8＝1.25　答え　1.25
④式　1500÷2000＝0.75
答え　0.75

48 漢字 読み ①えき、ざい
②だん、へ　③しょう、か、しめ
④えい、し　⑤ぎのう
⑥ぶっ、りゅう
書き ①率　②輸、禁
③証、保　④則　⑤殺、毒　⑥肥

計算 ① 72　② 20　③ 280
④ 300　⑤ 270　⑥ 80　⑦ 54
⑧ 50　⑨ 99　⑩ 490

49 漢字 読み ①か　②き、しゃ
③す　④か　⑤ひ　⑥す
書き ①謝　②過　③規　④過、非
⑤規　⑥過

計算 ① 7%　② 35%　③ 128%
④ 20%　⑤ 140%　⑥ 68.4%
⑦ 0.54　⑧ 1.2　⑨ 0.009　⑩ 25
⑪ 32　⑫ 300　⑬ 2000

50 漢字 読み ①じょう　②ちょう
③あつ、みゃく　④は　⑤えい　⑥なが
書き ①厚　②張　③永　④張、状
⑤永　⑥脈、状

計算 ①式　380×(1－0.1)＝342
答え　342円
②式　280×(1＋0.2)＝336
答え　336g
③式 1000×0.15＝150
150×0.04＝6　答え　6人
④式　147÷(1＋0.05)＝140
答え　140人

51 漢字 読み ①はん、ざい　②ふせ
③つみ　④ぼう　⑤けん、しき
⑥けわ
書き ①犯罪、防　②識、険、防
③罪　④識　⑤険　⑥識

計算 ①本町　② 25%　③ 1.5倍
④ 0.8倍
⑤

町別の児童数

町名	本町	南町	西町	北町	東町	その他	合計
人数(人)	90	75	45	30	24	36	300

52 漢字 読み ①よ　②こう、きょう
③さい　④あま　⑤せい
⑥がん、あま
書き ①余　②興　③制、災
④余興　⑤災　⑥眼

計算 ①式　1500÷6＝250
答え　分速250m
②式　300÷5＝60
答え　時速60km
③式　72÷12＝6　答え　秒速6m
④式　3000÷15＝200
答え　分速200m

53 漢字 読み ①しき　②ひん
③ふ、お　④まず　⑤せい　⑥ひ
書き ①織　②織　③貧
④婦、製　⑤製、費　⑥貧

計算 ① 10　② 36　③ 9
④ 9　⑤ 420　⑥ 400　⑦ 20
⑧ 45　⑨ 140　⑩ 135

54 漢字 読み ①か、さい
②がん、しき　③ぼう、せい
④はんざい、けわ　⑤ふ、せい　⑥よ
書き ①厚、謝　②張　③織、興
④貧　⑤脈、状　⑥永

［　月　日］

合格点 70点

得点　　点

2 木材の特徴 ①

1 次の表の(　)にあてはまる言葉を，あとの語群から選び，表を完成させなさい。(5点×6)

	重さ	加工のしやすさ	木の種類
針葉樹材	(①　　)	(②　　)	(③　　)
広葉樹材	(④　　)	(⑤　　)	(⑥　　)

〈語群〉比較的軽い　重い　加工しやすい　加工しにくい　スギ　シラカシ

2 次の文章の(　)にあてはまる言葉を，ア～カから選び，記号で答えなさい。(4点×5)

木材の組織は，多くの管状の繊維《せんい》がストローを束ねたように並んでいる。幹の断面には，同心円状の(①　　)がある。(①)は，(②　　)(春材《しゅんざい》)と(③　　)(夏材《かざい》)に分けられる。また，幹の中心部の色の濃《こ》い部分は(④　　)，周辺部の色の薄《うす》い部分を(⑤　　)という。

ア 心材　イ 早材《そうざい》　ウ 年輪　エ 維管束《いかんそく》　オ 辺材　カ 晩材《ばんざい》

3 右の図は，木材の断面図です。次の各問いに答えなさい。(5点×10)

(1) A，Bのように切り出した板を何といいますか。

A(　　　)　B(　　　)

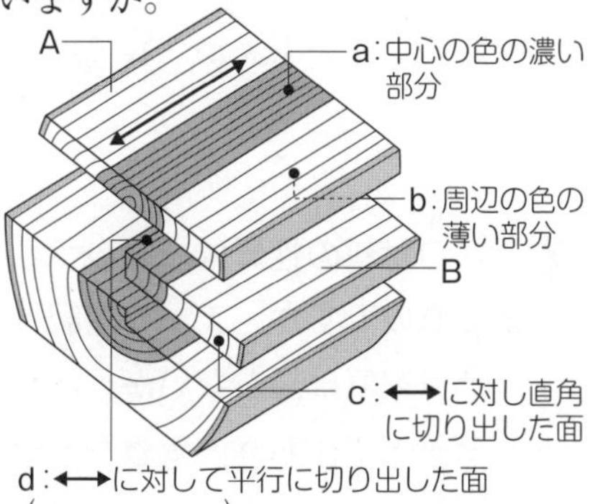

(2) a，b，c，dは何といいますか。

a(　　　)

b(　　　)

c(　　　)　d(　　　)

(3) 次の文章の(　)にあてはまる言葉を答えなさい。

木材には，乾燥《かんそう》すると水分を放出して(①　　)し，水分を吸収すると(②　　)する性質がある。

(4) AとBで変形が少ないのはどちらですか。　(　　)

(5) 図の⟷は，何を表していますか。　(　　　)

[　　月　　日]

合格点　70点

得点　　　点

3　木材の特徴 ②

①　木材の特徴《とくちょう》について，次の問いに答えなさい。（10点×6）

図1

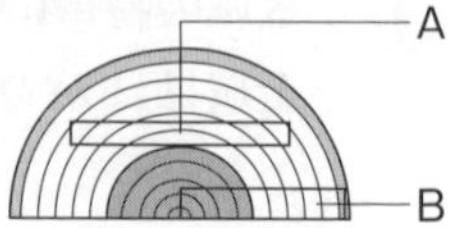

図2

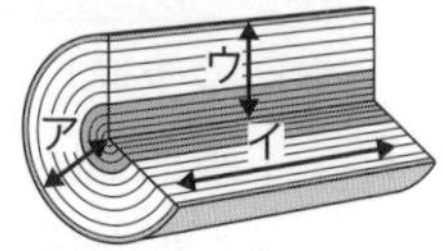

図3

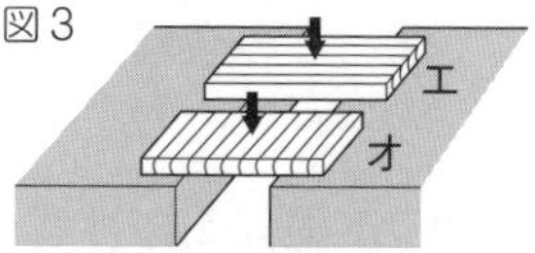

(1)　図１は木材の収縮による変形を表しています。次の文章の(　)にあてはまる言葉を答えなさい。

図のAは(①　　　　)板(材)で，乾燥《かんそう》すると(②　　　　)側にそる。図のBは(③　　　　)板(材)で，変形が少ない。

(2)　木材の強さに大きく影響《えいきょう》するのは何の方向ですか。

(　　　　　　)

(3)　図２で繊維《せんい》方向はア～ウのどれですか。(　　)

(4)　図３で矢印の方向から力を加えた場合，割れにくいのは，エ，オのどちらの方ですか。(　　)

②　木質材料について，次の各問いに答えなさい。（10点×4）

(1)　次の木質材料の特徴について，あてはまるものをあとから１つ選び，その記号を答えなさい。

①　合　板　(　　)　　②　集成材　(　　)

③　パーティクルボード　(　　)

ア　小さな板材の節《ふし》や割れを取り除いて繊維方向に合わせてはり合わせ，変形を少なくした板材。

イ　木材の小片を接着剤《ざい》で高温圧着した板材。

ウ　薄《うす》い単板を繊維方向が直交するように，奇数《きすう》枚はり合わせ，どの方向からの力にも同じ強さを持つ板材。

(2)　木質材料が開発された目的の１つとして正しいものを，ア～ウから１つ選び，記号で答えなさい。(　　)

ア　小さな木片から大きな材料を作るなど，資源の有効利用のため。

イ　木材の利用のしにくさから，加工しやすくするため。

ウ　木材のよさと建築技術をアピールするため。

[　　月　　日]

合格点 70点

得点　　点

4 金属の特徴

1 金属の特徴《とくちょう》についての次の文章を読み，あとの問いに答えなさい。(64点)

金属はほかの金属や元素を加えて①元の金属と異なる性質を持つ金属を作ることができる。大きな特徴として，外からの力が小さい場合，力を除くと②元の形に戻《もど》り，大きな力を加えると③変形したままになる性質がある。また，金属の変形した部分の組織が変化して硬《かた》くなることを(④　　)という。

(1) 下線部①について，次の①，②の問いに答えなさい。

① この金属を何といいますか。(9点)　(　　　)

② この金属を作る目的は何ですか。(10点)

(　　　　　　　　　　　　)

(2) 下線部②の性質を何といいますか。(9点)　(　　　)

(3) 下線部③の性質を何といいますか。(9点)　(　　　)

(4) ④にあてはまる言葉を答えなさい。(9点)　(　　　)

(5) 右の図A，Bの金属の性質を何といいますか。

ア～エから選び，記号で答えなさい。(9点×2)

ア 硬《こう》 性《せい》　イ 延《えん》 性《せい》　ウ 展《てん》 性《せい》　エ 磁 性

A(　　)　B(　　)

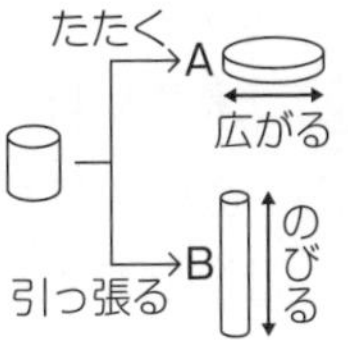

2 鉄について，次の問いに答えなさい。(9点×4)

(1) 鉄は何の量によって，鋼《はがね》と鋳鉄《ちゅうてつ》に分類されますか。　(　　　)

(2) 鋼を，加熱，冷却《れいきゃく》して性質を変えることについて，次の問いに答えなさい。

① これについてあてはまる言葉を，ア～エから1つ選び，記号で答えなさい。

ア 金属処理　イ 熱処理　ウ 還元処理　エ 表面処理　(　　)

② ①のなかで，高温に加熱したあと水や油の中で急冷させた結果，鋼が硬く，もろくなる処理を何といいますか。　(　　　)

(3) 鉄の性質で，ア～エからあてはまらないものを1つ選び，記号で答えなさい。　(　　)

ア さびにくい　イ 加工がしやすい　ウ 硬 い　エ 強 い

［　月　日］

合格点 70点

得点　　点

5 プラスチックの特徴

1 次の文章を読み，あとの問いに答えなさい。(60点)

プラスチックは，(①　　　)などを原料にして化学的に作られる。熱や(②　　　)を通しにくい。軽くて耐久《たいきゅう》性がある。プラスチックは，a 溶かして流し込むだけで，簡単《かんたん》に形をつくることができるので，製品や部品を大量に生産できる。プラスチックには，熱を加えると軟《やわ》らかくなる(③　　　)プラスチックと，一度固めると熱を加えても軟らかくならない(④　　　)プラスチックがある。そのほかにも，いろいろな特徴をもったb 新素材が開発されている。

(1)　(　)①～④にあてはまる言葉を書きなさい。(7点×4)

(2)　下線部aについて，右の図ア・イで，③のプラスチックの作り方を表しているのはどちらですか。記号で答えなさい。(6点)　(　　)

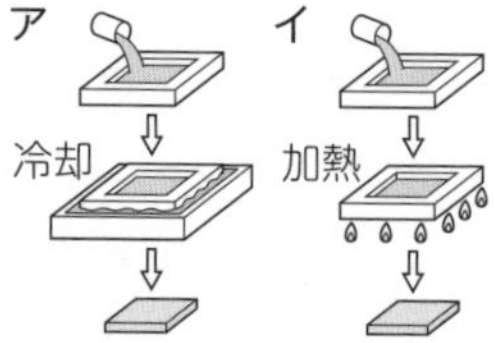

(3)　下線部bで，土中や水中のバクテリアによって分解されるプラスチックを何といいますか。(8点)　(　　　)プラスチック

(4)　生分解性プラスチックは，微生物などによって何と何に分解されますか。(9点×2)

(　　　)(　　　)

2 熱可塑《ねつかそ》性プラスチックの製造過程になるように，ア～オを正しい順番に並べ替えなさい。(8点×5)

ア　シートに形成する。

イ　プラスチックをペレットにする。

ウ　化学反応でプラスチックを製造する。

エ　再び加熱して，型を使って成形する。

オ　原油からナフサ(軽質油)を分流する。

(1)(　　)　(2)(　　)　(3)(　　)　(4)(　　)　(5)(　　)

[　　月　　日]

合格点 70点

得点　　　　点

6 製品の構造

1 次の文章を読み，あとの問いに答えなさい。(100点)

製品を作るとき，丈夫《じょうぶ》な構造にすることが大切である。そのためには，力のかかる方向を調べ，a材料の使い方やb補強構造，c組み合わせ方を工夫する。

(1) 下線部aについて，次の①～④の問いに答えなさい。

図1

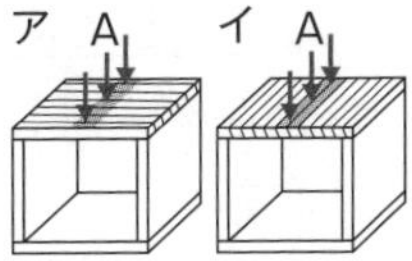

① 図1で，上の板に見られる線は何を表していますか。(8点)　(　　　　　)

② 図1のアとイでは，Aの力に対してどちらが丈夫ですか。(8点)(　　　)

③ 図2は同じ部品ですが，使い方で強さが違います。ア，イのどちらが強いですか。また，その強さは何倍になりますか。(10点×2)

(　　　)の方が強い(　　　)倍

図2

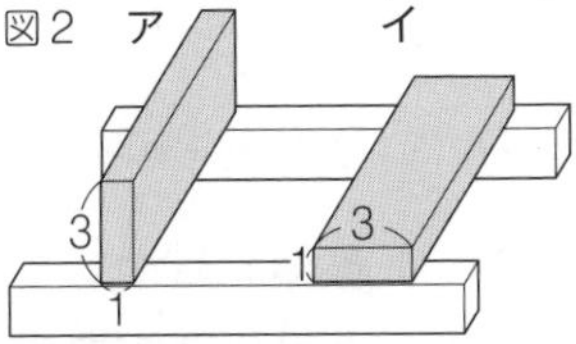

④ 薄《うす》い金属板，プラスチック板は，丈夫にするために断面の形を工夫しています。次のA～Cの形状の名称《めいしょう》をあとから選び，記号で答えなさい。

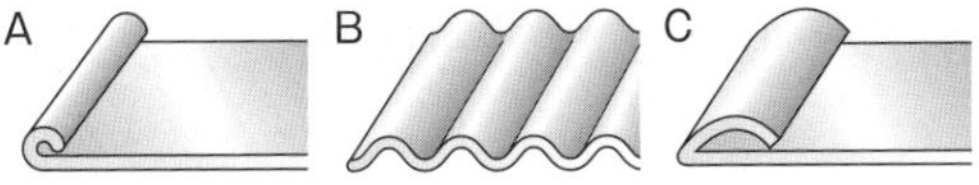

A(　　　)　B(　　　)

C(　　　)　(8点×3)

ア 折り返し　イ ふちまき　ウ 波 形

(2) 下線部bについて，次の①，②の問いに答えなさい。

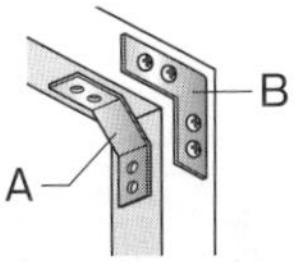

① 材料の接合部を右の図のように補強しました。AやBの金具を何といいますか。(10点)

(　　　　　)

② くぎで接合する場合，何を合わせて用いることでより丈夫になりますか。

(　　　　　)(10点)

(3) 下線部cで，右の図の四角形の構造を丈夫なものにするための板を図に右の1枚かき入れ，どのように強くするか簡単《かんたん》に説明しなさい。板はどのような形でもよいです。(10点×2)

(　　　　　　　　　　　　　　　　　　　　　)

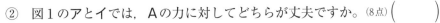

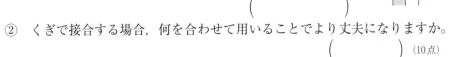

[　　月　　日]

合格点 70点

得点

点

7 けがき ① 木　材

① 次の文章を読み，あとの問いに答えなさい。(100点)

けがきとは，材料を切断するときや，切断した部品を削《けず》ったり，組み立てるときに，必要な(①　　　)やしるしを材料に鉛筆《えんぴつ》でかくことである。けがきの工具としては，寸法をはかったり，材面の形状検査にも使うさしがねやこばに線をかくときや直角度の検査をするとき使う(②　　　　　)，基準面に平行な線をかくときに使う(③　　　　　)がある。

(1) (　)①～③にあてはまる言葉を答えなさい。(8点×3)

(2) 右の図で，上にあげた3つの工具はどれですか。(7点×3)

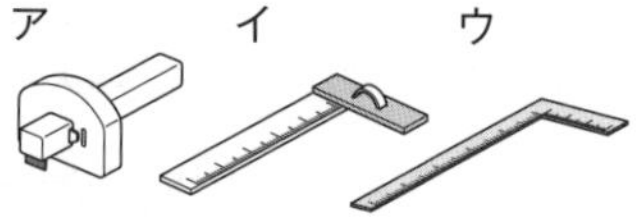

さしがね(　　　)　②(　　　)　③(　　　)

(3) けがきの方法について，次の文章の(　)にあてはまる言葉をあとから選び，記号で答えなさい。(8点×5)

1．さしがねの(A　　　)で部品の長さ方向の寸法をとる。

2．次に，さしがねのAの内側を(B　　　　)にしっかりあて，Bと直角な線を引く。

3．そして，さしがねのAで，(C　　　　)に平行な線を引き，幅《はば》を決める。

4．3で引いた線は，(D　　　　)線で，これに切りしろとけずりしろを足したものが(E　　　)線になる。

ア 長《なが》手《て》　イ 妻《つま》手《て》　ウ 基準面　エ 切断面　オ こぐち

カ こば　キ 仕上がり寸法　ク 材料取り寸法(切断)

(4) 右の図で，③の工具を使って角材へけがきをする場合の順序を，記号で答えなさい。(8点)

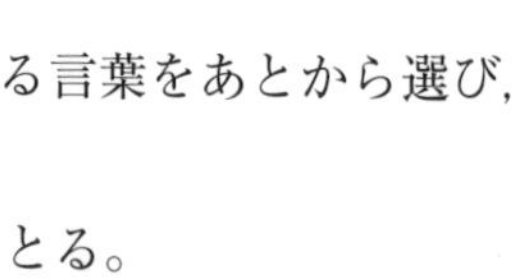

(　　　→　　　→　　　)

(5) けがきをするときに注意することで，あてはまるものをア～ウから1つ選び，記号で答えなさい。(7点)　(　　)

ア　部品の幅方向と木材の繊維《せんい》方向を合わせる。

イ　繊維方向を考え，小さな部品からけがく。

ウ　平らで直角に交わる面を基準面にする。

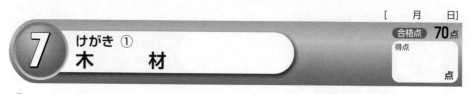

［　　月　　日］

合格点 70点

得点　　　　点

8 けがき ②
金　属

① 次の文章を読み，あとの問いに答えなさい。（100点）

A．金属の板材をけがくときには，（①　　　　）や a 直定規を使う。鉛筆《えんぴつ》では線をかけないので，（②　　　　　）を使い，（ ② ）の先を（ ① ）や直定規の端《はし》に当てて b 寸法をとる。

B．（ ② ）を持ち運ぶときには，（③　　　　　）を下に向ける。

C．穴や円の中心をけがくときには，穴や円の中心に（④　　　　　　　　）の先を合わせ，（⑤　　　　　）で c たたく。

(1)（　）①～⑤にあてはまる言葉を答えなさい。（9点×5）

(2) 下線部 a のとき，直定規をあてる前に決めることは何ですか。（9点）

（　　　　　　　　　　）を決める

(3) 下線部 b について，次の①，②の問いに答えなさい。

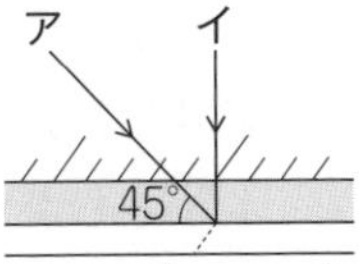

1．直定規などで目盛りを読むとき，右の図のア，イのどちらから読むとよいですか。（8点）

（　　　）

2．A の②を使ってけがくとき，どのようにすればよいですか。次のア～ウから１つ選び，記号で答えなさい。また，そのとき図１の道具をどのように使うのが正しいか。右の図に示しなさい。（10点×2）

（　　　）

ア　直定規などの縁の下側に②の先端《せんたん》を密着させ，けがく方向に少し傾《かたむ》けて線を引く。

イ　直定規などの縁の下側に②の先端を密着させ，けがく方向とは反対方向に少し傾けて線を引く。

ウ　直定規などの縁の下側に②の先端を密着させ，②を垂直に立てたままにして線を引く。

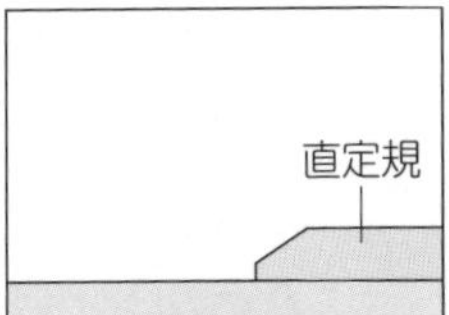

図１

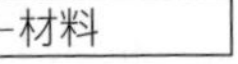

(4) けがき線が見えにくいときは，けがく位置に何をぬっておくとよいですか。

（　　　　　　）（9点）

(5) 下線部 c では，どのようにたたくとよいですか。

（　　　　　　　　　　）たたく。（9点）

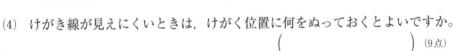

[　　月　　日]

合格点 70点

得点　　　　点

9 切断① 木材

① 次の両刃《りょうば》のこぎりの図で，各部の名称《めいしょう》にあてはまるものをア～カから選び，記号で答えなさい。(8点×6)

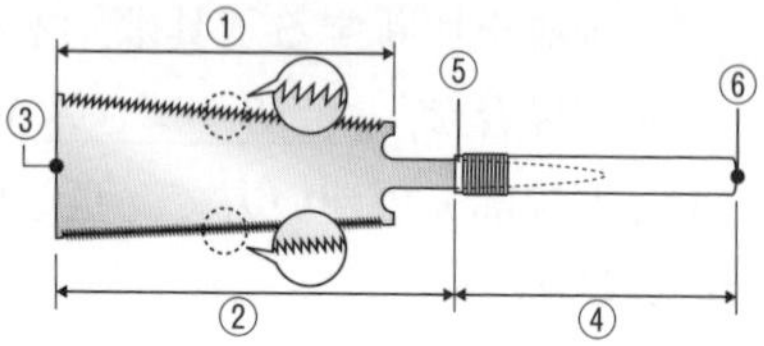

①（　　　）　②（　　　）

③（　　　）　④（　　　）

⑤（　　　）　⑥（　　　）

ア　柄《え》　イ　刃わたり　ウ　先　エ　柄《え》がしら　オ　柄じり

カ　のこ身

② 右の図を見て，次の問いに答えなさい。

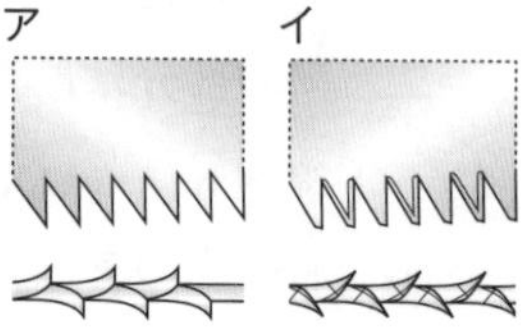

(1) 縦びき用の刃は，ア，イのどちらですか。(7点)

（　　　）

(2) 両刃のこぎりの横びき用の刃は，どのような場合に使いますか。次の文の(　)にあてはまる言葉を答えなさい。(7点×2)

木材を，繊維《せんい》方向に対して（①　　　　）や（②　　　　）に切る場合。

(3) のこ身と木材の摩擦《まさつ》を小さくし，のこ身の動きを軽くしたり，切りくずを出しやすくするはたらきをする，のこぎりの刃の形を何といいますか。(7点)

（　　　　　）

(4) のこぎりで切断する順序を正しく並べなさい。(10点)

ア　当て木や指の関節を使って，のこ身のもとのほうで，ひき溝《みぞ》をつくる。

イ　手前にひくときに強く力を入れて，刃わたり全体を使って切る。

ウ　材料をクランプで固定する。

エ　のこ身と顔の中心が一直線になる位置に立つ。

オ　切り終わりは，のこぎりを持たない方の手で支える。

（　　　→　　　→　　　→　　　）→ オ

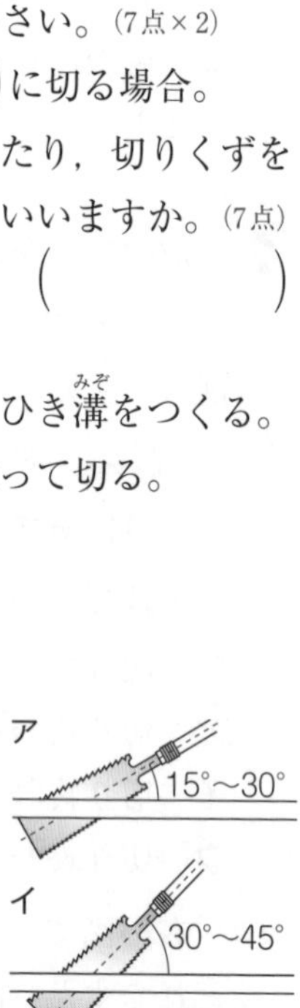

(5) 右の図で，硬《かた》い板材や厚い板材を切る場合の角度としてあてはまるのは，ア，イのどちらですか。(7点)（　　　）

(6) 曲線に切るときに使うのこぎりの種類を答えなさい。

（　　　　　　　）(7点)

[　　月　　日]

合格点 70点

得点　　点

10 切断② 金属・プラスチック

1 次の文章を読んで，あとの問いに答えなさい。(50点)

金属を切断する工具は，木材を切断する工具と違《ちが》う。薄《うす》い金属板材を切断する場合は，ₐ<u>金切りばさみ</u>を使い，棒材や厚い板材の場合はь<u>弓のこ</u>を使う。

(1) 下線部aの使い方で，正しいものをア～エから1つ選び，記号で答えなさい。(15点)　(　　　)

ア　割れ目が入らないように，刃先を使う。

イ　切断するときは，刃を完全に閉じる。

ウ　切り進んだ材料は，横に引きながら切る。

エ　隅《すみ》の部分は最後にねじって切り離《はな》す。

(2) 下線部bについて，次の①，②の問いに答えなさい。

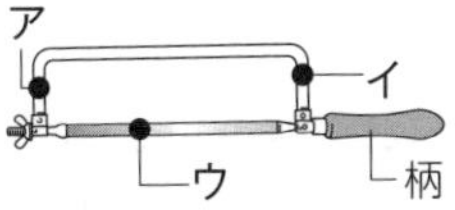

① 右の図のア～ウで，のこ刃はどれですか。記号で答えなさい。(15点)　(　　　)

② 弓のこを使って切断する場合，力を入れるのは，押《お》すときですか，引くときですか。(20点)　(　　　)とき

2 次の文章を読んで，あとの問いに答えなさい。(50点)

プラスチックは，けがき線に沿って(　　　　　　　)で少しずつ削《けず》る。溝《みぞ》の深さが材料の厚みの$\frac{1}{3}$ぐらいになったら，作業台の端《はし》に溝を当ててₐ<u>割る</u>。曲線を切る場合は，ь<u>糸のこ盤《ばん》</u>を使う。

(1) (　)にあてはまる工具の名称を答えなさい。(20点)

(2) 下線部aの後，仕上げに行うことはどんなことですか。ア～ウから1つ選び，記号で答えなさい。(15点)　(　　　)

ア　切り終わったら，(1)の工具の刃を使って切断面を平らに削る。

イ　切り終わったら，(1)の工具の背を使って切断面を平らに削る。

ウ　切り終わったら，(1)の工具の柄を使って切断面を平らに削る。

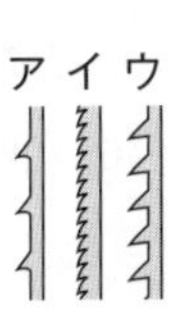

(3) 右の図で，下線部bに取り付けるプラスチック用の糸のこ刃はどれですか。記号で答えなさい。(15点)　(　　　)

[　　月　　日]

合格点 70点

得点

点

11 切　削 ①

1 次の図のかんなの各部の名称《めいしょう》にあてはまるものをア～カから選び，記号で答えなさい。(7点×6)

① (　　　)　② (　　　)

③ (　　　)　④ (　　　)

⑤ (　　　)　⑥ (　　　)

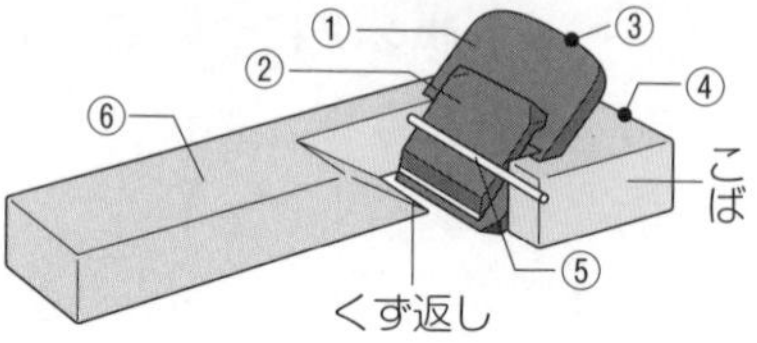

ア　裏　金　　イ　押《お》さえ棒　　ウ　台がしら　　エ　うわば

オ　かしら　　カ　かんな身

2 かんなについて，次の問いに答えなさい。(58点)

(1)　次のかんなの調整では，かんなの各部をどのようにすればよいですか。あてはまるものをあとから選び，記号で答えなさい。(8点×3)

①　かんな身を出す。　(　　　)

②　かんな身を抜《ぬ》く。　(　　　)

③　裏金を調整する。　(　　　)

ア　裏金のかしらを軽くたたく。

イ　かんな身のかしらをたたく。

ウ　台がしらの角をかんな身と平行に左右交互《こうご》にたたく。

(2)　かんな削《けず》りについての，次の文の(　)にあてはまる言葉を書き，①～②の問いに答えなさい。

こぐち削りは，初めに板幅の(A　　　)ほど削り，(B　　　)に返してから残りの(C　　　)を削るようにする。(7点×3)

①　こば削りの仕方で正しいものをア～ウから選び，記号で答えなさい。(6点)

(　　　)

ア　工作台の上を，かんなのこば面を滑《すべ》らせながら一気に削る。

イ　工作台の上を，板材を滑らせながら削る。

ウ　工作台の上を，かんなのこば面を，なるべくゆっくり滑らせる。

②　裏金は，刃《は》先から何mmくらい引き込《こ》むように調整するか答えなさい。(7点)

(　　　)mmから0.2mm

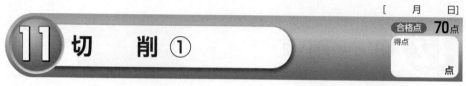

[　月　日]

合格点 70点

得点　　点

12 切　削 ②

1 次の問いに答えなさい。(4点×4)

(1) ベルトサンダについて，①～③の名称《めいしょう》にあてはまるものをア～ウから選び，記号で答えなさい。

①（　　　　　）

②（　　　　　）

③（　　　　　）

ア 支持台　　イ 研磨《けんま》ベルト

ウ 研磨台

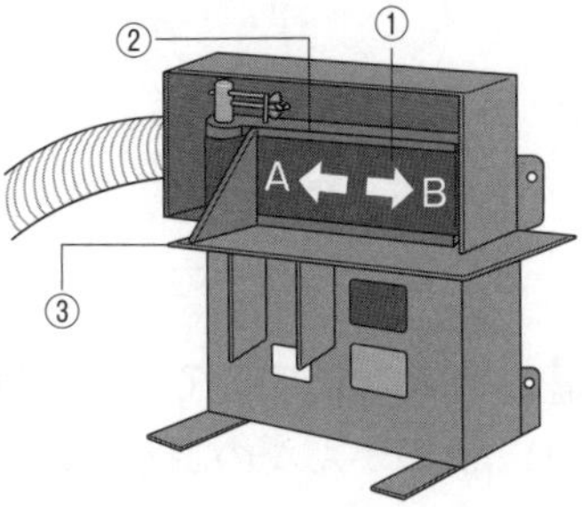

(2) 図の①の走行方向はA，Bのどちらですか。記号を書きなさい。（　　）

2 次の問いに答えなさい。(7点×12)

(1) 右の図のやすりの各部の名称にあてはまるものを，ア～オから選び，記号で答えなさい。

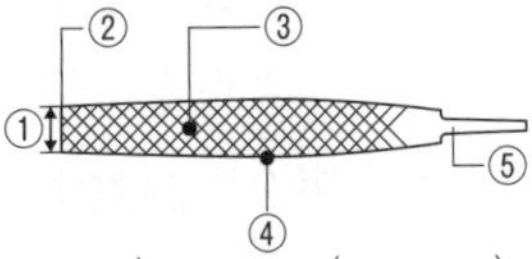

①（　　）　②（　　）　③（　　）　④（　　）　⑤（　　）

ア こ み　　イ 穂 先　　ウ 幅　　エ 面　　オ こ ば

(2) やすりの目の種類で，金属に適したものの名称を2つ答えなさい。

（　　　　）（　　　　）

(3) やすりがけの仕方について，次の文章の(　)にあてはまる言葉を，あとから選んで，答えなさい。

金属のうす板にやすりをかける場合は，工作台の(①　　　　)に材料を固定し，(②　　　　)に向けてこする。切り粉は口で吹かず，(③　　　　)で払《はら》う。

〔 斜《なな》め下　　は け　　端《はし》 〕

(4) やすりがけの方法として，広い面を能率よく削《けず》るのに適しているやすりのかけ方を何といいますか。（　　　　）

(5) やすりがけの方法として，仕上がりがきれいになるやすりのかけ方を何と言いますか。（　　　　）

[　　月　　日]

合格点 70点

得点　　　点

13 穴あけ

1 次の文章を読んで，あとの問いに答えなさい。(10点×10)

材料に丸い穴をあける場合は，a卓上《たくじょう》ボール盤《ばん》やハンドドリル，電気ドリルを使用する。また，木材やプラスチックに穴をあける場合は，(①　　　　　)で中心に小さな穴をあける。穴の深さを調節すれば，c通し穴や(②　　　　　)をあけることができる。

(1) (　)①，②にあてはまる言葉を答えなさい。

(2) 下線部aを使って材料に穴をあける順番を正しく並べなさい。

ア　材料をテーブルにクランプや万力などで固定し，ドリルの先端《せんたん》を穴あけの中心に合わせる。

イ　テーブル上下ハンドルを回して，高さを調節し，テーブルを固定する。

ウ　スイッチを入れて，ゆっくり送りハンドルを下げて，ドリルを材料におろしていく。

エ　ドリルをドリルチャックに固定する。

(　　→　　→　　→　　)

(3) 卓上ボール盤を使うときの注意点について，次の文章の(　　)にあてはまる言葉を，あとの語群から選びなさい。

作業を行う際は，切りくずが入らないよう，必ず(①　　　　)や(②　　　　)を使用する。また，機械に巻き込まれる危険があるので，(③　　　　)は絶対に着用しない。回転部分には(④　　　　)を近づけない。袖《そで》や髪《かみ》が巻き込まれないように十分に注意する。切りくずは口で吹《ふ》かず，はけを使ってとりのぞく。

〔 手《て》袋《ぶくろ》　保護眼鏡　顔　防塵《ぼうじん》マスク 〕

(4) 下線部cをあけるとき，穴の周囲が欠け落ちたり，割れたりすることを防ぐために材料の下にしく板を何といいますか。(　　　　　)

(5) 金属に穴をあけたあと，材料の裏に出たギザギザのものを何といいますか。また，これを除くには，どうすればよいですか。

名称(　　　　　)

方法(　　　　　　　　　　　　　　　　)

［　　月　　日］

合格点 70点

得点　　　点

14 接着剤による接合

① 次の各問いに答えなさい。（10点×10）

(1) 接着剤《ざい》の種類と特徴《とくちょう》について，表の（　　）にあてはまる言葉を，ア～カから選び，記号で答えなさい。

種類	対象の部材	特徴
酢酸《さくさん》ビニル樹脂《じゅし》系エマルション形	（②　　　）	接着剤の中の（④　　）が乾燥《かんそう》することでかたまる。乾《かわ》くと無色透明《とうめい》になる。
エポキシ樹脂系	木材，金属，プラスチック	（⑤　　）によってかたまる。接着力は強く，水に対しても強い。
（①　　　　　）	木材，金属，プラスチック	接着剤の中の溶剤《ようざい》が揮発《きはつ》することでかたまる。粘液《ねんえき》状で，硬化《こうか》後も柔軟《じゅうなん》性がある。
シアノアクリレート系	（③　　　）	短時間でかたまるので，（⑥　　）ともいわれる。接着力は強い。

ア　木材，金属，プラスチック　　イ　木　材　　ウ　合成ゴム系

エ　化学反応　　オ　瞬間《しゅんかん》接着剤　　カ　水　分

(2) 接着剤を使うと，有害な物質が放散されることがある。この物質名を書きなさい。（　　　　　　）

(3) 接着剤の使い方について，正しいものには○，正しくないものには×を書きなさい。

① （　　）接着剤は接着面に多めにつける。

② （　　）接着剤が硬化するまで，圧締《あってい》を続ける。圧締をやめた後も接着剤が完全にかたまるまで，そのままにする。

③ （　　）風が入ってこないように，接着剤を使うときは窓《まど》を開けないようにする。

[　　月　　日]

合格点 70点

得点　　　点

15 組み立て ①

1 次の文章を読んで，あとの各問いに答えなさい。(10点×10)

くぎ接合では，まず打ち付ける側の板材に下穴をあける。a下穴あけには，きりや卓上ボール盤《ばん》を使う。使うきりは，くぎや木ねじで異なる。大きさは，くぎの太さよりやや細めにする。次に，下穴にbくぎを差し込み，cげんのうを使ってくぎ打ちを行う。

(1) 下線部aについて，次の①，②の問いに答えなさい。

① 下穴の深さはどのくらいが適していますか。

くぎや木ねじの(　　　　)程度の深さ。

② 右のきりの図で，くぎの下穴あけに適したきりの記号を選び，その名称《めいしょう》も合わせて答えなさい。

記号(　　　)　名称(　　　　　　　)

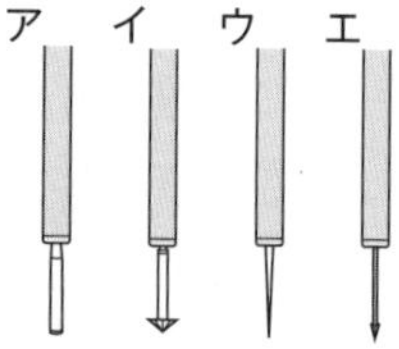

(2) 下線部bのくぎの長さについて説明した次の文で，あてはまらないものをア～ウから選び，記号で答えなさい。(　　　)

ア 打ち付ける板の厚さの2倍の長さが適切である。

イ 打ち付ける板がこばの場合は，繊維《せんい》方向に直角に入るので2.5倍にする。

ウ 打ち付ける板がこぐちの場合は，抜けやすいので3倍にする。

(3) くぎ打ちをするときの下線部cの使い方や動作について，次の文章の(　)の中に，あてはまる言葉をア～オから選び，記号で答えなさい。

まず，げんのうの(①　　　)を使ってくぎ打ちを行う。打ち方は(②　　　)を支点にし，(③　　　)を使って，くぎ頭部を打つ。最後は，最初と反対の面である(④　　　)を使ってくぎ頭部を打ち沈《しず》める。

ア 曲 面　　イ 平らな面　　ウ ひ じ　　エ 手 首　　オ 手 足

(4) (3)で，げんのうを最初と最後で使う面を変えるのはなぜですか。

(　　　　　　　　　　　　　　　　　　　　　　　　)

(5) 右の図のくぎを打つ順番を，記号を使って並べなさい。

ア→(　　　→　　　→　　　)

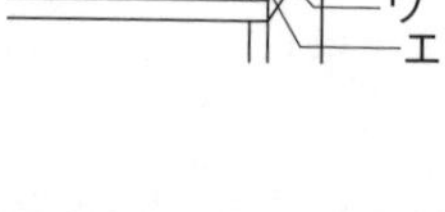

[　　月　　日]

合格点 70点

得点　　　点

16 組み立て ②

① 次の文章を読んで，あとの問いに答えなさい。(10点×6)

木ねじでねじ接合する場合，a<u>ねじの下穴</u>を，(　　　)や卓上《たくじょう》ボール盤《ばん》であける。ねじは，b<u>ねじ回し(ドライバ)</u>でねじ込《こ》む。

(1) 下線部 a の適切な長さを，ア，イから選び，記号で答えなさい。

木ねじの長さの(ア $\frac{1}{3}$　　イ $\frac{2}{3}$)くらい。

(2) (　)にあてはまる，きりの名称《めいしょう》を答えなさい。

(　　　　　　　　)

(3) 下線部 b は，どのようにねじ込《こ》めばよいですか。次の文の(　)にあてはまる言葉を答えなさい。

ねじ回しを(①　　　　　　　)に保ち，上から(②　　　　　　　)ながら，(③　　　　　)方向に回す。

(4) 右の図のねじ回しとねじの組み合わせで，適切なのはどれですか。ア～ウの記号で答えなさい。

(　　　)

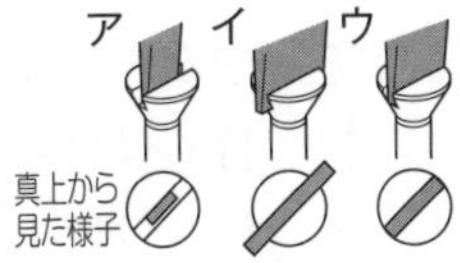

② 次の各問いに答えなさい。(10点×4)

(1) 右の図のA，Bの工具の名称を答えなさい。

A(　　　　　)

B(　　　　　)

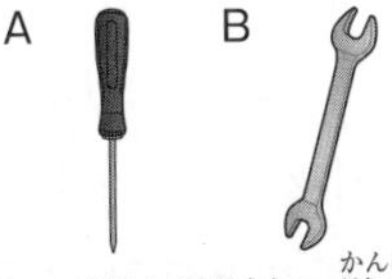

(2) 部材とボルトやナットとの間に入れて，ボルトやナットの頭が部材に陥没《かんぼつ》するのを防ぐものを何といいますか。

(　　　　　)

(3) ねじ接合で使う工具の説明について，次の文の(　)にあてはまる言葉を書きなさい。

十字穴付きなべ小ねじを取り付ける際，六角ナットを使った。六角ナットは(　　　　　)という工具で締《し》めた。

［　　月　　日］

合格点 70点

得点　　点

17 仕上げ

① 次の各問いに答えなさい。(100点)

(1) 下地つくりについて，次の①～③の問いに答えなさい。

① 木材だけに行う，角ばったところを紙やすりで削って角《かど》を取り除くことを何といいますか。(15点)　(　　　　)

② 木材を素地研磨《けんま》(磨《みが》き)をする方法として正しいものを，ア～ウから選び，記号で答えなさい。(10点)　(　　　)

ア　研磨紙を手に巻いて，木材の繊維《せんい》方向に沿って磨く。

イ　研磨紙を木片に巻いて，木材の繊維方向に沿って磨く。

ウ　研磨紙を木片に巻いて，木材の繊維方向とは逆の方向に磨く。

③ 金属の素地研磨紙は，目の粗《あら》いものか，細かいもののどちらを使いますか。(10点)　(　　　　)

(2) 表面処理の目的は何ですか。20字程度で答えなさい。(15点)

(　　　　　　　　　　　　　　　　　　　　)

(3) はけ塗《ぬ》りについて，次の①～②の問いに答えなさい。

① 次の説明は下塗り，研磨，上塗りのうちのどれですか。(　　)に書きなさい。(7点×3)

ア　320番の研磨紙を使って表面をなでる程度にみがく。　(　　　　)

イ　320番の研磨紙で研磨したあとに塗料をぬる。　(　　　　)

ウ　240番の研磨紙で研磨したあとに塗料をぬる。　(　　　　)

② 次の塗る手順について，正しくないものを1つ選び，記号で答えなさい。

(　　　)(15点)

ア　下塗りと上塗りをする。外側面は最後に塗る。

イ　はけの幅で1列ずつ塗り，5～10mmほど塗り重ねていく。

ウ　はけは塗る方向に少し傾け，繊維方向に塗る。

エ　下塗り後，塗料《とりょう》が十分乾《かわ》かないうちに上塗りをする。

(4) 目止めが必要なのは，針葉樹と広葉樹のどちらですか。また，目止め後は何番の研磨紙で磨くと良いですか。(7点×2)

種類(　　　　　)　番号(　　　　)

[　　月　　日]

合格点 70点

得点

点

18 製 図 法

① 次の各問いに答えなさい。(100点)

(1)　1つの立方体の1辺が1cmで作られた立体をキャビネット図で書きましたが，かき方が正しくありませんでした。これを，正しくキャビネット図でかきなさい。また，等角図にもなおしなさい。なお，下がき線や角度は消さずにおき，外形線は太くはっきりかきなさい。(20点×2)

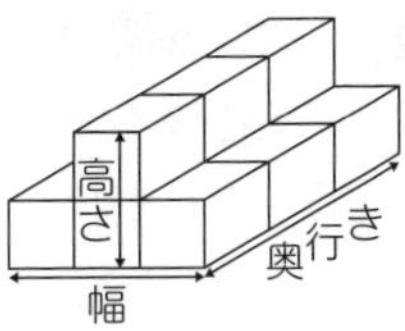

キャビネット図

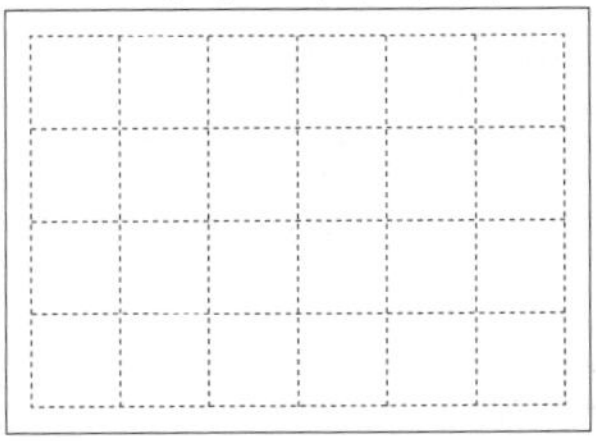

等角図

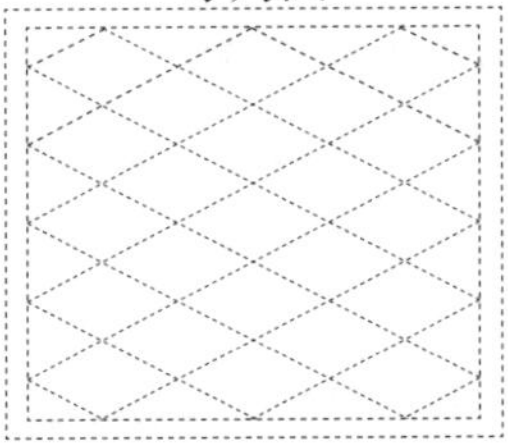

(2)　右の図Aの立体を等三角法による正投影図でかきました。①～③は，それぞれどの面をかいたものですか。あとから選んで答えなさい。(10点×3)

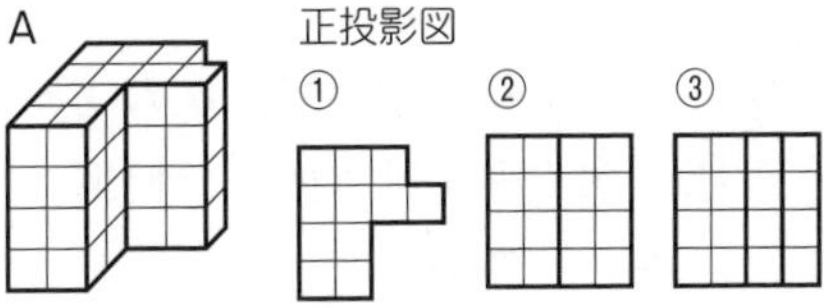

①(　　　　　)　②(　　　　　)　③(　　　　　)

〔　右側面図　　平面図　　奥行き　　正面図　〕

(3)　次の構想図や製作図で，あとの特徴《とくちょう》があてはまるものをすべて選び，記号で答えなさい。(10点×3)

①　キャビネット図　(　　　　　)　　②　等角図　(　　　　　)

③　等三角法による正投影図　(　　　　　)

ア　部品の正確な形や接合方法などを表現できる。

イ　立体の全体の形を表す。　　　　**ウ**　立体の正面の形を正確に表す。

エ　すべての線が実物と同じ割合の長さでかかれている。

オ　奥行きを示す線を，45°傾け，実際の$\frac{1}{2}$の長さでかく。

カ　工業製品の製図に利用されている。

合格点 70点
得点　　　点

19 製図のきまり

1 次の各問いに答えなさい。(100点)

(1) 次の線についてまとめた表の(　)にあてはまる言葉を，あとから選び，記号で答えなさい。(10点×5)

用途別の名称	線の形		線の太さ
外形線	実　線		(①　　)
隠《かく》れ線	(②　　)		細線または太線
中心線	一点鎖線		細　線
(③　　)	二点鎖線		細　線
寸法線	実　線		(④　　)
(⑤　　)	実　線		細　線

ア 細　線　　イ 太　線　　ウ 破　線　　エ 想像線　　オ 寸法補助線

(2) 次の図Aを寸法補助記号などを使って表すと下の図のようになります。①～③のそれぞれの記号は何を表すか，ア，イから選び，記号で答えなさい。

(10点×3)

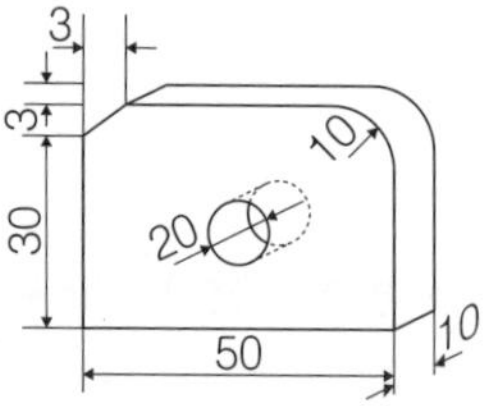

A

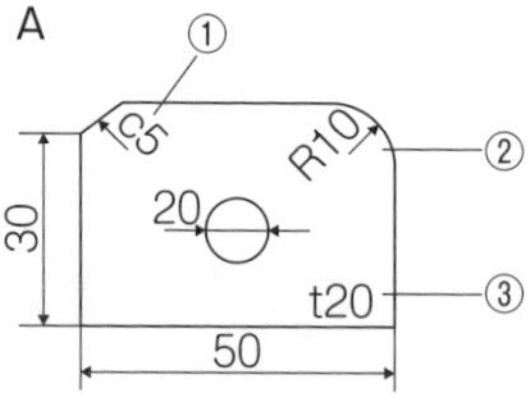

① (ア 30°　　イ 45°)で3mmの深さの面取りを行う。　(　　)

② (ア 半径　　イ 直径) 10mmの円弧。　(　　)

③ 板(ア の厚さ　　イ にあける穴の深さ)が20mm。　(　　)

(3) 右の立体に寸法記入の仕方にしたがって奥行き，高さ，幅がそれぞれ40mm，筒《つつ》の直径20mmの寸法数値をかき入れなさい。(20点)

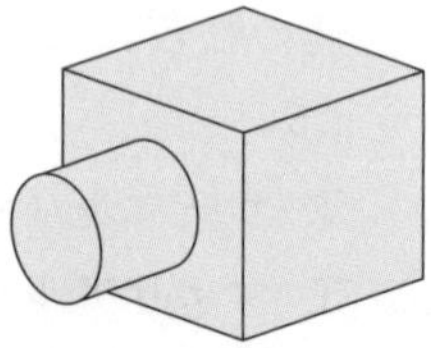

[　　月　　日]

合格点 70点

得点　　点

20 社会の発展と加工の技術

1 次の文章を読んで，あとの問いに答えなさい。(10点×5)

材料や加工技術を用いて問題の解決に取り組むには，技術の(①　　　　)が求められる。社会では，製品の(②　　　　)や省エネルギー化，(③　　　　)の削減《さくげん》，健康への配慮《はいりょ》など，a幅《はば》広い問題への解決がなされている。時代や環境《かんきょう》の変化とともに変化し続ける社会の要望に応じて，最適な解を求め続けることが必要である。

(1) (　)①～③にあてはまる言葉を答えなさい。

(2) 下線部aについて，次のうち経済性の問題に対する解決方法となる取り組みを選び，記号で答えなさい。(　　　)

ア　接合部に補強金具を取り付ける。

イ　同じ形の部品を機械で大量生産する。

ウ　木材は間伐《かんばつ》材を利用する。

エ　使用用途に応じて製品のサイズを変えられるようにする。

(3) 熊本城天守閣《てんしゅかく》の復旧で生かされた最適な技術のうち，構造を丈夫にする取り組みの例を書きない。

(　　　　　　　　　　　　　　　　　　　　)

2 次の文章の(　　)にあてはまる言葉をア～オから選び，記号で答えなさい。

(10点×5)

これからの材料や技術には，世代を超えて，社会，(①　　　　)，経済の三要素のバランスがとれた(②　　　　)社会のあり方が求められる。

こうした社会への取り組みのひとつに資源のリサイクルがある。製品を原料にまで戻《もど》して別の製品に利用する(③　　　　)や，化学変化で資源を別の物質にして利用する(④　　　　)，製品を燃やした時の熱を利用する(⑤　　　　)などがその例である。

ア サーマルリサイクル　　イ ケミカルリサイクル　　ウ 持続可能な

エ マテリアルリサイクル　　オ 環　境

［　　月　　日］

合格点 70点

得点　　　点

21 エネルギー資源の種類・さまざまな発電方法

① 次の文章を読んで，あとの問いに答えなさい。(10点×5)

日本での発電電力は複数のエネルギーにたよっている。2019年のエネルギー供給構成は右の図のようになっていた。

日本のエネルギーの供給構成

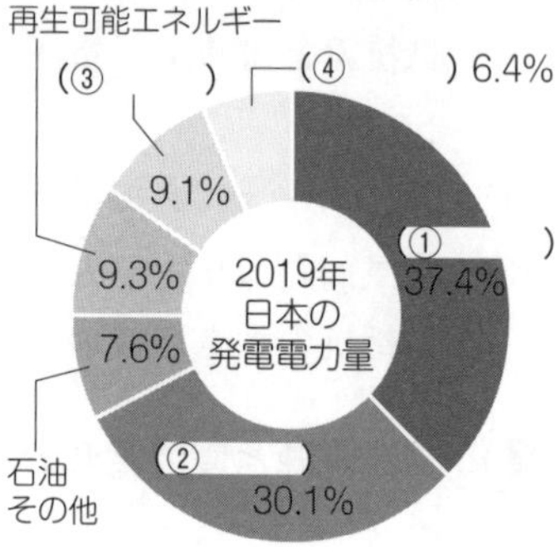

資源エネルギー庁「エネルギー白書」

(1) (　)①～④にあてはまる言葉をア～エから選んで記号で答えなさい。

①(　　　　)　②(　　　　)

③(　　　　)　④(　　　　)

ア 水　力　　イ 天然ガス

ウ 原子力　　エ 石　炭

(2) 再生可能エネルギーとはどのようなエネルギーのことか30字以内で書きなさい。

(　　　　　　　　　　　　　　　　　　　　)

② 次の文章を読んで，あとの問いに答えなさい。(10点×5)

日本は，エネルギー資源の多くを海外から(①　　　　)している。そこで，発電方法を組み合わせる(②　　　　　　　)を考える必要がある。そのためには，さまざまな発電方法のプラス面とマイナス面をよく考える必要がある。

(1) (　)①～②にあてはまる言葉を答えなさい。

(2) 発電方法のプラス面とマイナス面について，正しい文章をすべて選んで記号で答えなさい。

(　　　　)

ア　石油による火力発電は，安定して電気を供給できるが埋蔵《まいぞう》量が少ない。

イ　風力発電は燃料の供給にコストがかかるが，発電量が安定している。

ウ　水力発電は二酸化炭素の排出《はいしゅつ》量が多く，環境《かんきょう》を破壊《はかい》する要因にもなる。

エ　バイオマス発電はエネルギー変換《へんかん》効率がとても低いが，新たな二酸化炭素の排出は少ない。

オ　原子力発電は発電によって二酸化炭素を排出することはないが，事故が起きた際の安全性に問題がある。

[　　月　　日]

22 電気の基礎知識

合格点 70点
得点　　　点

1 次の文章を読んで，あとの問いに答えなさい。(9点×4)

・電流を流そうとする力を(①　　　　　)といい，単位はVを使う。

・電流の流れにくさを電気抵抗《ていこう》または抵抗といい，単位は(②　　　　)を使う。

・抵抗Rと電流I，電圧Vの間にある$V = R \times I$の関係を(③　　　　　　　)という。

(1) (　)①～③にあてはまる言葉を答えなさい。

(2) 電気回路に9Vの電圧をかけたら，電流計は0.75Aを示しました。このときの抵抗の大きさはいくらですか。(　　　)

2 交流電源と直流電源の特徴《とくちょう》をあとからすべて選び，記号で答えなさい。(9点×2)

① 交流電源 (　　　　　　)　② 直流電源 (　　　　　　)

ア 貯蔵が可能で，電池などの形で持ち運びができる。

イ 貯蔵できない。

ウ 電圧や周波数の変更ができる。

エ 電子機器の電源に利用できる。

オ 大量に発電が可能である。

カ 電池や太陽光で発電される電気エネルギーがこれにあたり，電圧や電流の向きが変化しない。

3 次の電気用図記号の名称《めいしょう》をあとから選び，記号で答えなさい。(9点×4)

① 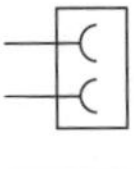 名称	②  名称	③ 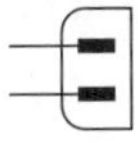 名称	④  名称

ア 発光ダイオード　イ 電源プラグ　ウ コンセント　エ モータ

4 次の図を電気用図記号を使って，電気回路を表しなさい。(10点)

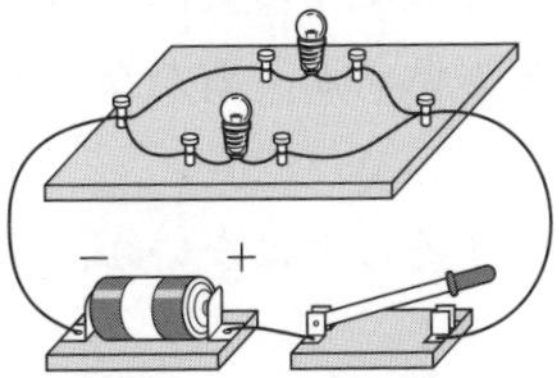

[　　月　　日]

合格点 70点

得点　　　　点

23 エネルギー変換

① 次の文章を読んで，あとの問いに答えなさい。(100点)

　エネルギーをほかのエネルギーに変えることを(①　　　　　　　)という。電気エネルギーはアイロンなどの熱エネルギー，モータなどの(②　　　　　)エネルギー，蛍光灯《けいこうとう》などの(③　　　　)エネルギーに変換《へんかん》して利用している。

(1) (　)①～③にあてはまる言葉を答えなさい。(10×3点)

(2) モータはコイルと磁石からつくられている。磁石を動かして電流が流れることを何といいますか。(20点)　(　　　　　　)

(3) 使用目的に利用されるエネルギーと，供給されるエネルギーの比のことを何といいますか。(10点)　(　　　　　　　　)

(4) エネルギー資源についての文章があります。正しくないものをすべて選び，記号で答えなさい。(20点)　(　　　　　　)

ア　石油は，海底に沈《しず》んだ大昔の生き物の死がいなどからできた物質が，長い年月をかけて変化してきたもの。

イ　石油は毎年大量に生産されているため，資源が枯渇《こかつ》する心配がない。

ウ　悪天候の日に利用できない太陽光は，再生可能エネルギーではない。

エ　再生可能エネルギーには水力や風力，地熱などがある。

(5) 次の電気回路図に，あてはまる機器の組み合わせで，正しいものをア～エから選び，記号で答えなさい。(20点)　(　　)

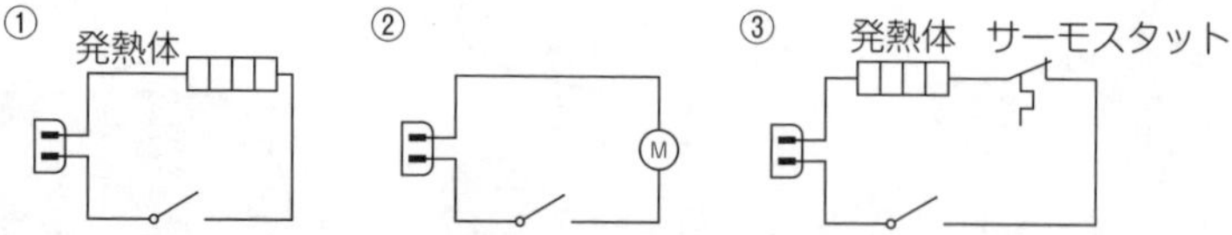

A アイロン　　B 電気ストーブ　　C 扇風機

ア　①―B　②―A　③―C

イ　①―A　②―C　③―B

ウ　①―C　②―A　③―B

エ　①―B　②―C　③―A

[　　月　　日]

合格点 70点

得点

点

24 運動エネルギーへの変換

1 次の文章を読んで，あとの問いに答えなさい。(10点×5)

ほかのエネルギーを運動エネルギーに変換《へんかん》する方法は昔から複数考えられてきた。重い物体を小さな力で動かす(①　　　　)などがその例である。古くは牛や馬などの(②　　　　)の力や，a 自然エネルギーを回転運動にかえるしくみ，熱エネルギーを変換する(③　　　　)などがある。

(1) (　)①～③にあてはまる言葉を答えなさい。

(2) 下線部aについて，自然エネルギーを運動エネルギーに変えるしくみの例を2つ書きなさい。

(　　　　　　　　) (　　　　　　　　)

2 次の文章を読んで，あとの問いに答えなさい。(10点×5)

機械は外部からエネルギーを供給することで(①　　　　)を行う。大きく3種類に分けることができる。ほかのエネルギーを運動エネルギーに変換する動力源となる(②　　　　)，実際に仕事を行う(③　　　　)，動力を伝える働きをする(④　　　　)である。

(1) (　)①～④にあてはまる言葉を，ア～エから選んで記号で答えなさい。

ア 伝動機　　イ 仕　事　　ウ 原動機　　エ 作業機

(2) 直線運動，回転運動，揺動《ようどう》運動の例の組み合わせとして，正しいものをア～ウから選び記号で答えなさい。

(　　)

①

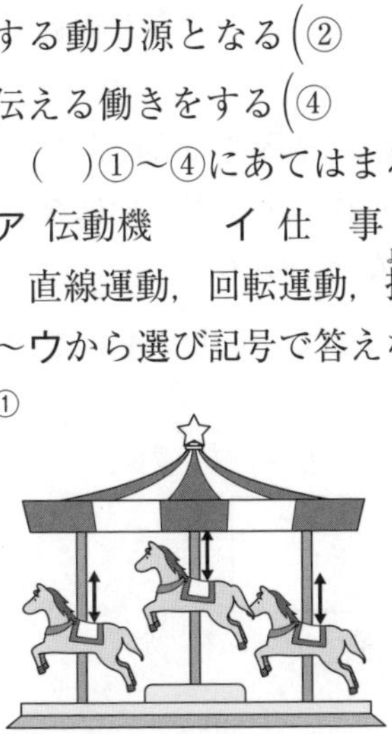

②

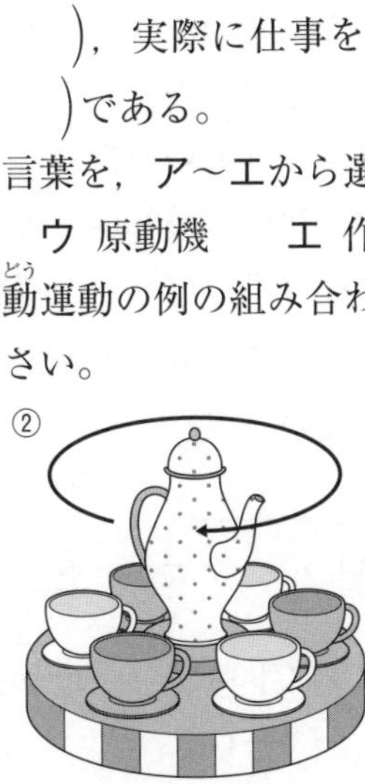

③

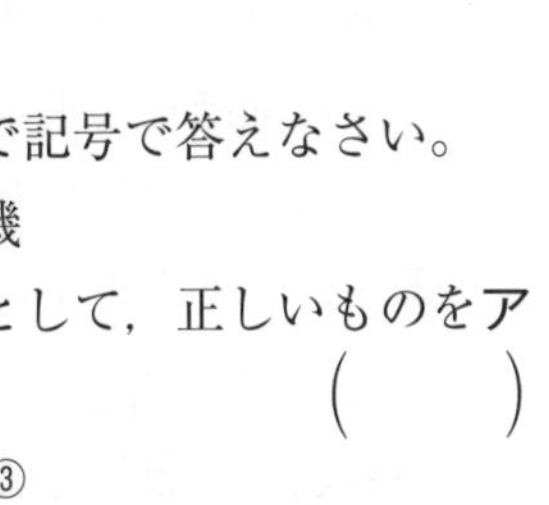

ア ①回転運動，②揺動運動，③直線運動

イ ①直線運動，②回転運動，③揺動運動

ウ ①揺動運動，②回転運動，③直線運動

［　　月　　日］

合格点 70点

得点　　　点

25 機械の部品・保守点検

① 次の文章を読んで，あとの問いに答えなさい。(8点×5)

多くの機械に共通して使用することができるねじやばねなどは，規格を定めて（①　　　　）とすると効率が良い。一般《いっぱん》には，日本産業規格である（②　　　　）や，国際化標準機構である（③　　　　）の規格に適していることが望まれる。（ ② ）は（④　　　　）という法律に基づいている。

(1) （　）①〜④にあてはまる言葉を答えなさい。

(2) ねじ，ばね，軸《じく》と軸受の説明について，正しいものを選び，記号で答えなさい。（　　）

ア　台形ねじは，移動部分に使うのは適していない。

イ　ねじは回転させたい構造で使う。

ウ　引っ張りコイルばねは，ばねを引っ張ると元にもどる力を利用している。

エ　軸と軸受は部品の回転運動をおさえ，固定するために使う。

② 次の文章を読んで，あとの問いに答えなさい。(10点×6)

機械を安全に使用するためには，定期的な（①　　　　）が必要である。また，事故が起こることもあるため，責任の所在を明確にすることも求められる。飛行機の場合，製造に関する責任は（②　　　　）が，（ ① ）の責任は（③　　　　）が負う。また，自転車の場合，製造責任は（④　　　　）が，（ ① ）の責任は（⑤　　　　）が負う。

(1) （　）①〜④にあてはまる言葉をア〜オから選び，記号で答えなさい。

ア　メーカー　　イ　航空機メーカー　　ウ　保守点検

エ　利用者　　オ　航空会社

(2) 自転車の注油のポイントについて正しくないものを選び，記号で答えなさい。（　　）

ア　注油後はそのままにして，油が乾《かわ》くのをまつ。

イ　ブレーキとリムの接触《せっしょく》部分には注油しない。

ウ　可動部分に油がにじむ程度に適度に注油する。

[　月　日]

合格点 70点

得点　　点

26 動力伝達のしくみ

1 次の文章を読んで，あとの問いに答えなさい。(100点)

機械は，モータなどのa回転運動を効率よく伝えたり，離《はな》れた部分に動きを伝える，運動の方向や力の大きさを変える，b回転運動の速さ・力を変えるといった目的のために，いろいろな装置やしくみを組み合わせて使われている。

(1) 下線部aには，歯車やチェーンがあります。次の歯車やチェーンの名称《めいしょう》をあとから選び，記号で答えなさい。(8点×4)

①

(　　)

②

(　　)

③
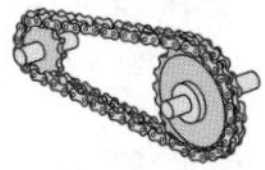
(　　)

④

(　　)

〔名称〕 **ア** かさ歯車　**イ** 平歯車　**ウ** スプロケットとチェーン

エ 歯付きベルトと歯付きプーリ　**オ** ウォームギア

(2) 摩擦で動力を伝達する機械の特徴《とくちょう》として，正しいものをすべて選び，記号で答えなさい。(9点)　(　　　)

ア 摩擦車の2軸《じく》の回転は同じである。

イ 大きな力が加わると滑《すべ》るが，それによって破損《はそん》を防ぐ。

ウ プーリとベルトは，2軸が近いときに用いられる。

エ プーリとベルトの回転方向は同じである。

オ 摩擦車では，正確な回転の伝達には向かない。

(3) 下線部bで，駆動軸《くどうじく》(原動車)と被《ひ》動軸(従動車)の回転速度の比を何というか答えなさい。(9点)　(　　　)

(4) 歯車の歯数を変えると，回転速度と何が得られるか。(10点)

(　　　)

(5) 歯車Aを駆動軸とした次のような歯車の組み合わせの場合，それぞれの速度伝達比とギア比を答えなさい。(10点×4)

①歯車A（歯数20）と歯車B（歯数20）の

速度伝達比(　　　)　ギア比(　　　)

②歯車A（歯数36）と歯車B（歯数24）の

速度伝達比(　　　)　ギア比(　　　)

合格点 70点

得点　　点

27 運動を変化させるしくみ

1 次の文章を読んで，あとの問いに答えなさい。（10点×10）

ミシンの動力源は，モータであるが，ミシンの針の動きや布の送りなどに使われているしくみは$_a$<u>リンク機構（装置）</u>や$_b$<u>カム機構（装置）</u>である。

(1) 下線部ａについて，次の文章の①～③にあてはまる数字や言葉を，答えなさい。

リンク機構（装置）の基本は，（①　　　）本のリンク（棒）で成り立っている。リンクの組み合わせや長さを変えることで，回転運動を（②　　　　　）や揺動《ようどう》運動などに変えたり，逆に（ ② ）を回転運動に変えることができる。回転運動をするものを（③　　　　　）といい，揺動運動をするものを，てこという。

(2) 次のリンク機構の名称《めいしょう》と，得られる運動をあとから１つずつ選び，記号で答えなさい。

①
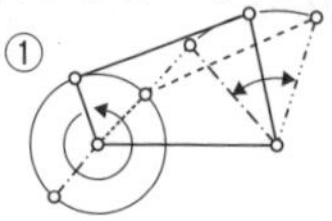

②
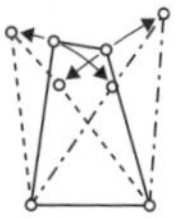

③
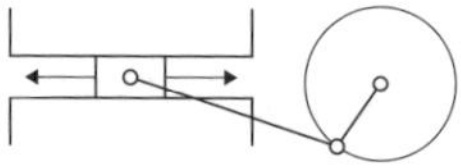

①（　　　）（　　　）　②（　　　）（　　　）　③（　　　）（　　　）

〔名称〕 ア 両てこ機構　　イ 往復スライダクランク機構
　　　　ウ 平行クランク機構　　エ てこクランク機構

〔運動〕 Ａ 回転運動→揺動運動　　Ｂ 揺動運動→揺動運動
　　　　Ｃ 回転運動→往復（直線）運動　　Ｄ 回転運動→回転運動

(3) 下線部ｂについて正しいものをア～エから選び，記号で答えなさい。（　　　）

ア 固定軸に特殊な形のカムを取り付けることで，回転運動を揺動運動などに変える。

イ カム機構（装置）を利用した内燃機関では，カムによる往復直線運動を利用している。

ウ カム機構（装置）はリンク機構（装置）と同様，原動節となるカムから直接従動節に運動を伝える。

エ カム機構でばねのついた従動節では，回転運動が往復直線運動に変化する。

[　　月　　日]

合格点 70点

得点　　　　点

28 安全に電気機器を利用する

1 次の文章を読んで，あとの問いに答えなさい。(60点)

電気機器が安全に使用できる電流の限界値を(①　　　　　　)，安全に使用できる電圧の限界値を(②　　　　　　)，時間の限界値を定格時間という。定格電流をこえる大きな電流が流れ続けると，回路を自動的に遮断《しゃだん》する(③　　　　　　)がはたらく。

(1) (　)①～③にあてはまる言葉を答えなさい。(15点×3)

(2) 消費電力が640Wの電気ストーブと，1200Wのホットプレートをテーブルタップにつなぎました。テーブルタップの定格電流が15A，定格電圧が125Vの場合では，安全ですか，危険ですか。流れる電流の数値を示して，答えなさい。(15点)

(　　　　　　　　　　　　　　　　　　　　　　　　)

2 電気機器の事故や故障を防ぐしくみについて，次の問いに答えなさい。(40点)

(1) 次の文章で，正しくないものをア～ウから選び，記号で答えなさい。(10点)

(　　)

ア　漏電《ろうでん》の場合，アース(接地)線を設置すれば漏電遮断《しゃだん》器《き》のはたらきで感電や火災などを防ぐことができる。

イ　ブレーカの一種の配線用遮断器は，許容量以上の電流が流れると，回路を遮断する役目をする。

ウ　定められた温度より周囲の温度がオーバーすると溶《と》けて回路を遮断する器具を電流ヒューズという。

(2) 電源プラグとコンセントの間にたまったほこりと湿気《しっけ》が原因で電流が流れ，プラグやコンセントの表面が焦《こ》げる現象を何といいますか。(15点)

(　　　　　　　　)

(3) ドライヤーのコードが長いので，束ねたままコンセントに差し込《こ》みました。すると，家の人に危険だと注意されました。その理由と予防法を「…から…する」という形で答えなさい。(15点)

(　　　　　　　　　　　　　　　　　　　　　　　　)

[　　月　　日]

合格点 70点

得点　　　点

29 これからのエネルギー交換技術

1 次の文章を読んで，あとの問いに答えなさい。(10点×5)

エネルギー変換《へんかん》の技術は，利用する人たちの求めに応じて最適化されてきた。多くの条件と折り合いをつけながら，電気，(①　　　)，(②　　　)，熱などの特性を利用して開発されている。

しかし，技術の最適化にはプラス面とマイナス面とがある。石油などの(③　　　)は，(④　　　)という問題のほか，a地球温暖化への影響《えいきょう》も心配されている。

(1) (　)①～④にあてはまる言葉をア～エから選び記号で答えなさい。

ア　流　体　　イ　資源の枯渇《こかつ》

ウ　運　動　　エ　化石燃料

(2) 下線部aについて，地球温暖化の原因となる物質の総称《そうしょう》を何といいますか。

(　　　　　　)

2 次の文章を読んで，あとの問いに答えなさい。(10点×5)

これからのエネルギー変換の技術開発は，環境《かんきょう》面，a社会面，(①　　　)，などのさまざまな面から評価をすることが大切である。また，製品をつくる資源採取から廃棄《はいき》までの全ての段階を通して，環境への影響を評価する(②　　　)という手法も取り入れられている。こうした点も考慮《こうりょ》したb新しいエネルギー変換の技術が開発されている。水素と空気中の酸素から電気を発生させる(③　　　)などがその例である。

(1) (　)①～③にあてはまる言葉をア～ウから選び記号で答えなさい。

ア　ライフサイクルアセスメント　　イ　経済面

ウ　燃料電池

(2) 下線部aについて，適切な視点はどれか，記号で答えなさい。　(　　)

ア　新しい産業の創出　　イ　自然環境や生物多様性を考慮する

ウ　子育て，教育　　エ　安全対策のための費用

(3) 下線部cについて，潮の満ち引きの力を利用した発電方法を何といいますか。

(　　　　　　)

[　月　日]

合格点 70点

得点　　点

30 生物を育てる

① 次の各問いに答えなさい。(10点×10)

人間が安心して生活するために，作物や家畜《かちく》などの生物の世話をし，生活に役立てることをa生物育成という。生物育成の技術にはb(①　　　　)を調節する技術，(②　　　　)を管理する技術，c(③　　　　)を改良する技術がある。さらに保存や輸送の技術が加わることで，私たちは安定的に安全な食料を得ることができている。生産者はさまざまな技術を用いてコスト削減《さくげん》などにも取り組んでいる。

(1) 下線部aの目的は，ア 食料の生産，イ 材料・燃料の生産，ウ 自然環境の保全などに分けられます。次の例は，ア～ウのどれに，あてはまりますか。記号で答えなさい。(10点×4)

A．タイの養殖《ようしょく》 (　　)　　B．地域の花壇の整備 (　　)

C．乳牛の飼育 (　　)　　D．ヒノキ材の育成・保全 (　　)

(2) 下線部aは，健康・医療《いりょう》への利用もある。ワクチンをつくるために利用されているのは何の卵か答えなさい。(　　　　)

(3) (　)①～③にあてはまる言葉を答えなさい。

(4) 下線部bの技術として適切なものをア～エから選び，記号で答えなさい。(　　)

ア　ウシのえさを成長段階によって変え，その成長段階で必要な栄養を与えるようにする。

イ　暑さに強い能力を備えたウシに改良する。

ウ　夏の畜舎で，大型の送風機などで風を送り，温度を管理する。

エ　人工授精の技術を進歩させる。

(5) 下線部cの技術として適切なものをア～エから選び，記号で答えなさい。(　　)

ア　支柱にそわせてトマトを育成する。

イ　原種のトマトを食用に品種改良する。

ウ　植物工場でトマトを栽培する。

エ　黒いフィルムで土をおおう。

合格点 70点

得点　　　点

31 土づくりと肥料

1 次の各問いに答えなさい。(46点)

(1) 栽培《さいばい》に適した土について，①～③の問いに答えなさい。

① 植物の生育に適した，右の図1のような土の構造を何といいますか。(9点)　(　　　　　)

図1

② ①に対して，小さな粒子《りゅうし》だけで，塊《かたまり》にならない図2のような土の構造を何といいますか。(9点)　(　　　　　)

図2

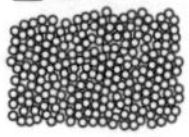

③ ①の土には，どのような特徴がありますか。5字以上15字以内で2つ答えなさい。(10点×2)

(　　　　　　　　　　　　　　　　)

(　　　　　　　　　　　　　　　　)

(2) ひる石を焼成加工した土のことを何といいますか。ア～ウから選び，記号で答えなさい。(8点)　(　　　)

ア　バーミキュライト　　イ　腐葉土

ウ　赤玉土

2 肥料について，次の各問いに答えなさい。(54点)

(1) 肥料の三要素を答えなさい。また，そのはたらきについて，適するものをア～ウから選び，記号で答えなさい。(10点×3)

①(　　　　　)(　　　)　②(　　　　　)(　　　)

③(　　　　　)(　　　)

ア　成長の盛んな部分の発育に必要。欠乏すると下葉が青紫《あおむらさき》色になる。

イ　葉や茎，根の成長に必要。欠乏すると葉が黄緑色になり，成長が止まる。

ウ　光合成を盛んにし，果実や根の発育を助ける。欠乏すると葉の周囲が黄色になる。

(2) 動植物や動物の排泄物《はいせつぶつ》などを原料にし，微生物やミミズによって分解される肥料を無機質肥料に対して何といいますか。(8点)　(　　　　　)

(3) ①作物を植える前に土に施《ほどこ》しておく肥料，②生育状態に応じて施す肥料をそれぞれ何といいますか。(8点×2)　①(　　　　)　②(　　　　)

[　月　日]

合格点 70点

得点

点

32 種まき〜定植

① 次の各問いに答えなさい。(68点)

(1) 次の種に適したまき方をあとから選び，記号で答えなさい。(8点×4)

① 一般《いっぱん》的な大きさの種に適している。 (　　)

② ペチュニアなど細かい種をまく。 (　　)

③ 種の大きいものや移植に適さないものを直接畑などにまく。 (　　)

④ 大きい種や高価な種や，間引きを行いたくないときにまく。 (　　)

〔ア 点まき　　イ ばらまき　　ウ じかまき　　エ すじまき〕

(2) 種の発芽に必要なものを，ア〜ウから選び，記号で答えなさい。(9点)

ア 光・温度・水　　イ 光・水・酸素　　ウ 水・温度・酸素 (　　)

(3) 良い苗《なえ》を見分けるポイントを3つ答えなさい。(9点×3)

(　　　　　　　　)

(　　　　　　　　)

(　　　　　　　　)

② 次の文章を読んで，あとの問いに答えなさい。(8点×4)

苗が育ったら，移植や定植を行う。植物を植える場所を変えることを(①　　　)といい，その後は植える場所を変えない場合は特に(②　　　)という。(②)するときはプランターの底に(③　　　)を入れて水はけを良くする。さらにその上から培養《ばいよう》土《ど》を入れておく。

(1) (　)①〜③にあてはまる言葉を答えなさい。

(2) 移植後定植をする場合，注意することは何ですか。あてはまるものをア〜エからすべて選びなさい。 (　　)

ア 株の間や植えつけの深さに注意する。

イ 根はいためないようにする。

ウ 根と土の間に空気が入るように空間をつくる。

エ 株元を押さえ，動かないようにする。

[　　月　　日]

合格点 70点

得点　　　　点

33 定植後の管理

1 次の文章を読んで，あとの問いに答えなさい。(10点×10)

作物を丈夫《じょうぶ》に育てるためには，適切な管理と育成環境《かんきょう》を整えることが大切である。育成環境は大きく3つに分けることができる。1つは大気や雨，温度，光といった気象環境。2つめは水分や養分，土壌粒子《どじょうりゅうし》などの（a　　　　）。3つめは微《び》生物や昆虫，鳥などの（b　　　　）である。育成する植物に適した管理を行う。

(1) (　) a，b にあてはまる言葉を答えなさい。

(2) 上記の下線部について，①～⑤の各問いに答えなさい。

① 定植後のかん水(水やり)のとき，気をつけることで，あてはまらないものをア～エから選び，記号で答えなさい。　（　　）

ア 鉢《はち》やプランターでは，底から水が出るまで行ってはいけない。

イ 根元にていねいに与《あた》え，水が作物にかからないように注意する。

ウ 土の表面が乾《かわ》き始めたときに行う。

エ 朝，作物がしおれていたら行う。

② 次の(　)にあてはまる言葉を**ア**～**オ**から選び，記号で答えなさい。

余分なえき芽《が》(わき芽)を取ることを摘芽《てきが》というのに対し，茎の先端部の芽を取ることを（A　　　）という。こうすることで（B　　　）や（C　　　）の成長を促す。

ア 摘しん　　**イ** 挿《さ》し芽　　**ウ** 茎　　**エ** わき芽　　**オ** 結　実

③ 茎が倒《たお》れたり折れたりするのを防ぐために支柱を立てますが，支柱立ての後，茎が風や実などの重さで倒《たお》れるのを防ぐために，茎と支柱をひもなどで結ぶことを何といいますか。　（　　　）

④ 右の図で，③の正しい方法はどちらですか。記号で答えなさい。　（　　）

ア　　　　イ

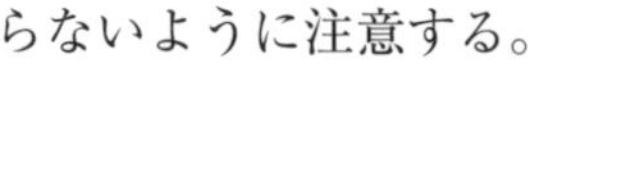

⑤ 乾燥《かんそう》気味のとき，葉や茎が白っぽくなる病気は，どのような病害虫が発生したと考えられますか。また，防除法としては，どのようなことが適していますか。1つ答えなさい。

病害虫の　名称（　　　　　　　　）　防除法（　　　　　　　　　）

［　　月　　日］

合格点　70点

得点　　　点

34 動物を育てる・水産生物の栽培

① 次の文章を読んで，あとの問いに答えなさい。（10点×3）

人間に飼い慣《な》らされ，保護されて繁殖《はんしょく》し，労力や食用になって人間の生活に役立つ動物を（①　　　　）という。動物には，食習慣や外敵，環境《かんきょう》の変化から身を守るのに適した能力があり，さらに人の要求に合わせて（②　　　　）されてきた。また，動物を健康に育てるための管理技術も必要である。

(1)（　）①，②にあてはまる言葉を答えなさい。

(2) 下線部について，正しいものをすべて選び，記号で答えなさい。（　　　　）

ア　管理技術には，給餌《きゅうじ》，環境・衛生，繁殖の３つがある。

イ　環境・衛生の管理の中で，日常行われる環境の管理として重要なことは畜舎《ちくしゃ》内の清掃《せいそう》と換気《かんき》である。

ウ　トウモロコシなどの濃厚《のうこう》飼料は栄養価が高いので草食動物にはたくさんやったほうがよい。

エ　ウシの餌の量は，年齢にかかわらず一定である。

オ　ウシの搾乳は朝，夕の２回行う。

② 次の各問いに答えなさい。（10点×7）

(1) 次の文章を読んで，（　）にあてはまる言葉を書きなさい。

水産資源は漁業で得るだけでなく，育てる漁業（①　　　　）もさかんに行われている。（①）には，人工生産した稚魚《ちぎょ》を育てる（②　　　　）と，天然産の稚魚を育てる（③　　　　）とがある。（①）が行われる場所や形態はさまざまで，海にいけすを設けて魚を育てる海面いけすや，海面で巻貝などを育てる（④　　　　），陸上の環境で行う（⑤　　　　）などがある。また，ため池や休耕田などで淡水魚を育てる形態もある。飼育のためには水質管理や給餌など，適切な監理技術が求められる。

(2) 完全養殖の魚を１種答えなさい。（　　　　）

(3) 不完全養殖の魚を１種答えなさい。（　　　　）

[　　月　　日]

合格点 70点

得点

点

35 コンピュータの基本的なしくみ

① 次の各問いに答えなさい。(100点)

(1) 次の文章を読んで，①～④の問いに答えなさい。(12点×5)

コンピュータの本体や a周辺機器を(　　　　　　　)というのに対して，これを動作させ，データを処理する手順を定めたプログラムを bソフトウェアという。

① (　)にあてはまる言葉を答えなさい。

② 下線部aにはどのような機器がありますか。2つ答えなさい。

(　　　　　　)(　　　　　　)

③ コンピュータの本体で処理されたデータを画面や印刷物などの形に出力する機能を何といいますか。(　　　　　　)

④ 下線部bを大きく分けると周辺機器などを動かす基本ソフトウェアと目的に応じた作業をするもう1つのソフトウェアがありますが，何といいますか。(　　　　　　)ソフトウェア

(2) コンピュータには，入力機能と出力機能以外に，3つの機能があります。

次の機能の名称《めいしょう》とその機能を果たす装置をあとから選んで，記号で答えなさい。ただし，同じ記号を2度使ってもよい。(5点×6)

① 情報を処理したり，記憶《きおく》した問題を判断したりする機能。

(　　　)機能(　　　)

② 命令や計算の結果を覚えておくための機能。(　　　)機能(　　　)

③ ①，②の機能などを順序正しく実行するための機能。

(　　　)機能(　　　)

〔機能〕 ア 演　算　　イ 制《せい》　御《ぎょ》　　ウ 記　憶

〔装置〕 A 入力装置　　B 記憶装置　　C 中央処理装置

(3) 次の機器の中で，コンピュータが使われているものをすべて選び，記号で答えなさい。(10点)(　　　　　　)

ア 携帯《けいたい》電話　　イ 換気扇《かんきせん》　　ウ 電子式卓上計算機(電卓)

エ 家庭用ゲーム機　　オ エアコン　　カ 石油ファンヒータ

[　　月　　日]

合格点 70点

得点　　　点

36 情報処理のしくみ

1 次の各問いに答えなさい。(100点)

(1) コンピュータでは，情報をコンピュータが処理できるように電気信号に変えられるが，その前に，すべての情報を０と１の２種類の数字の並びに変換《へんかん》します。これを何といいますか。(10点)　(　　　　)

(2) (1)の変換された情報の特徴《とくちょう》として，あてはまらないものをア～オから選び，記号で答えなさい。(10点)　(　　)

ア　さまざまな情報をまとめて扱《あつか》うことができる。

イ　ＤＶＤなど１つの記憶媒体《ばいたい》にさまざまな種類のデータを保存できる。

ウ　コンピュータで扱いやすい。

エ　切れ目なく連続した変化を表現できる。

オ　正確に伝えやすい。

(3) 次の絵を，図１のように線がある格子《こうし》の中を塗《ぬ》りつぶし，白と黒の画像を表現しなさい。また，図２のように，中を塗りつぶしていない格子を０，塗りつぶした格子を１として，数値に置き換《か》えなさい。(15点×2)

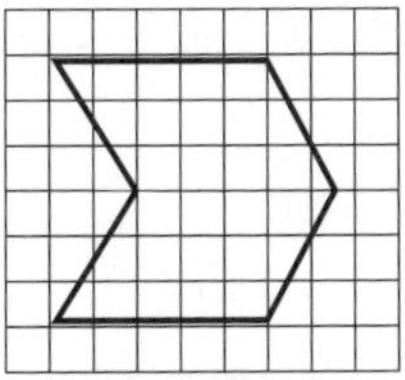

図１

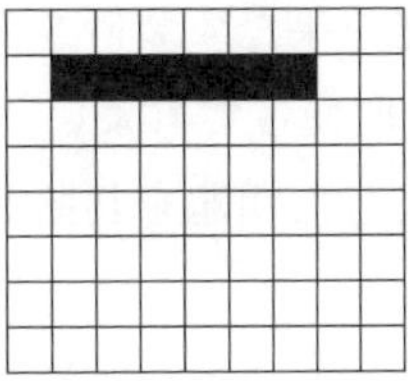

図２

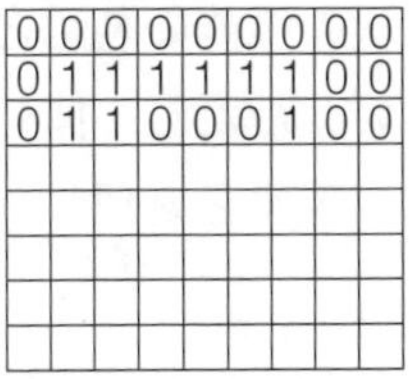

(4) 印刷された文書を画像データとして電子メールで送る場合，データ量に関して注意することは何ですか。(10点)

(　　　　　　　　)

(5) デジタル化された情報の量の基本単位をビット(bit，ｂ)といいますが，(3)のデジタル化した画像は，何ビットの情報の量になりますか。また，何バイトになりますか。(10点×2)　(　　　)ビット　(　　　)バイト

(6) ２ビットでは，何通りの情報を区別できますか。(10点)　(　　　)通り

(7) 情報は何進数で表されますか。(10点)　(　　　)進数

[　　月　　日]

合格点 70点

得点　　　点

37 通信ネットワークと利用

① 次の各問いに答えなさい。(100点)

(1) コンピュータ同士を接続して，互いに情報をやりとりできるようなしくみをネットワークというが，コンピュータのほかに電話やテレビなどの通信・放送機器などを接続したものを何といいますか。(10点)

(　　　　　　　　)

(2) ①学校や図書館など狭《せま》い範囲のネットワーク，②広い地域でのネットワークをそれぞれ何といいますか。(5点×2)　①(　　　　)　②(　　　　)

(3) (　)にあてはまる言葉をあとから選んで，記号で答えなさい。(10点×3)

インターネットに家庭から接続する場合は，(①　　　)という接続サービスを提供する会社を介《かい》して行う。ネットワーク上のほかのコンピュータにデータなどを提供するコンピュータは(②　　　)という。必要な情報を検《けん》索《さく》する場合は，Webページを利用するが，閲覧《えつらん》には，(③　　　)を使用する。

ア モバイル　　イ サーバ　　ウ ブラウザソフトウエア　　エ プロバイダ

(4) Webページを閲覧するときのしくみについて，A～Dを正しい順序に並べ，記号で答えなさい。(10点)　(　　→　　→　　→　　)

A．wwwサーバから届いたファイルが画面上でレイアウトされる。

B．ルータを経由してURLに示されたwwwサーバを探す。

C．コンピュータからURLに示されたwwwサーバに情報を送るように要求する。

D．URLに示されたwwwサーバにたどり着くと，Webページを構成するファイルが送られる。

(5) 次のURLの部分の名称《めいしょう》に，あてはまるものをあとから選び，記号で答えなさい。(10点×4)　①(　　　)　②(　　　)　③(　　　)　④(　　　)

http://www.abcd.ed.jp/index.html

①：http　②：www　③：abcd　④：www.abcd.ed.jp

ア ドメイン名　　イ プロトコル　　ウ サーバ名　　エ 組織名

［　　月　　日］

合格点 70点

得点　　点

38 情報セキュリティ

1 次の各問いに答えなさい。(100点)

(1) 情報が間違《まちが》って別のところに届いたり，別の人にのぞき見されないようにコンピュータを利用するときに，個人を特定するものはIDと何ですか。(10点)

(　　　　　　)

(2) (1)について，正しくないものをア～エから選び，記号で答えなさい。(10点)

ア 自分が覚えやすいものを使う。　**イ** 定期的に変更する。

ウ 入力するときは，人に見られないようにする。　(　　)

エ (1)を書いたメモを他の人の目につきやすいところに置かないようにする。

(3) 次の文章は，コンピュータのセキュリティについてまとめたものです。(　)①～④の中にあてはまる言葉を答えなさい。(10点×4)

コンピュータの不正侵入《しんにゅう》防止については，通過させる情報と通過させない情報を区別するしくみである(①　　　　　　　)がある。また，改ざんを防ぐためにデータを(②　　　　　)して送ることもできる。さらに，データの破壊《はかい》や情報の流出などを引き起こすプログラムであるコンピュータ(③　　　　　)については，これを発見し駆除《くじょ》する(④　　　　　　　)を利用して，チェックを行うことが大切である。

(4) コンピュータの故障や障害，情報の信頼性についての対策についてまとめた，次の文章の(　)の中から正しいものを選び○をつけなさい。(10点×2)

コンピュータは不正侵入や機器の老朽《ろうきゅう》化《か》などで故障することがあるので，データをあらかじめ保存しておく。このことを①(**ア** フィードバック　**イ** バックアップ　**ウ** バックヤード)という。また，悪質なWebページの閲《えつ》覧《らん》や迷惑《めいわく》メールを制限・遮断《しゃだん》するソフトウェアである②(**ア** モニタリング　**イ** スキミング　**ウ** フィルタリング)を利用することも必要である。

(5) Webページの情報は，信頼性のない内容であることがあります。その情報が正しいかどうかについて，どのように検討するとよいですか。20字程度で答えなさい。(20点)

(　　　　　　　　　　　　　　　　　　　　　　)

[　　月　　日]

合格点 70点

得点　　　点

39 情報モラルと知的財産権

① 次の各問いに答えなさい。(10点×10)

(1) 著作権者が自分の作品を公共の財産としてほかの人と共有するために，クリエイティブ・コモンズ・ライセンスを用いることがあります。次のような意思を示すマークはどれか，あとから選び，記号で答えなさい。

① 元の作品を改変しないで使うこと。(　　)

② 作品を利用する際，著作者を表示すること。(　　)

③ 営利目的での使用をしないこと。(　　)

ア

イ

ウ

(2) インターネットの情報を安全に利用するために気をつけることで，正しくないものをア～ウから選び，記号で答えなさい。(　　)

ア 他人を傷《きず》つけたり，他人のプライバシーを侵害するような情報は発信しない。

イ インターネットに接続するときは，必ずセキュリティー対策のソフトウエアを導入する。

ウ 住所や電話番号など個人がはっきりわかるものは入力しないが，顔の写真は入力してもよい。

(3) 知的財産の保護についてまとめた次の文章の(　)に，あてはまる言葉を答えなさい。

小説や絵画，発明など人間の知的な創作活動によって作り出された知的財産を保護する権利は(①　　　　)という。(①)には，大きく分けて文章，写真などの著作物に対する(②　　　)権，発明などに関する(③　　　)権がある。新技術やアイディアを守る(④　　　)権は(③)に含《ふく》まれる。著作物を勝手に使用することは(⑤　　　　)で禁止されている。

(4) 他人の著作物をコピーしたり，配布するときには，どのようにすればよいですか。(　　　　　　　　　　)

[　　月　　日]

合格点 70点

得点　　　　点

40 コンテンツ

1 次の文章を読んで，あとの問いに答えなさい。(100点)

わたしたちが得る情報は，文字や音声，静止画，動画などの(①　　　　)の組み合わせでできている。この情報をコンピュータに取り込《こ》み，デジタル化した情報をそれぞれの情報用のソフトウェアによって1つの作品に組み合わせたものを(②　　　　)という。(②)には，学校行事の開催案内など広く一般《いっぱん》に公開する(③　　　　)や校内の発表用には(④　　　　)がある。

(1) (　)①～④にあてはまる言葉をア～キから選び，記号で答えなさい。(8点×4)

ア コンテンツ　**イ** Webページ　**ウ** プレゼンテーション

エ マスコミ　**オ** メディア　**カ** レポート　**キ** バーチャル作品

(2) コンテンツを制作する場合，情報の受け手がいろいろな世代であることを考えると，どのような工夫が必要ですか。(10点)

(　　　　　　　　　　　　　　　　　　　　)

(3) コンテンツを制作する場合の手順を，記号で答えなさい。(8点)

(　　→　　→　　→　　→　　→　　)

ア 設計をする　**イ** 素材を統合する　**ウ** 素材を準備し加工する

エ コンテンツの実行　**オ** 構想を立てる　**カ** コンテンツの見直し

(4) 下線部について，(　)にあてはまる言葉を，ア～オから選んで記号で答えなさい。(8点×5)

文字は，(①　　　　)などの機器を使って入力し，(②　　　　)を使ってフォントなどを設定する。(③　　　　)を使うとデザイン化された文字が作成できる。音声は(④　　　　)の機器を使って入力し，(⑤　　　　)で編集する。

ア マイクロホン　**イ** キーボード　**ウ** サウンド処理ソフトウェア

エ 図形処理ソフトウェア　**オ** 文書処理(ワードプロセッサ)ソフトウェア

(5) 素材を収集する方法は，Webページや書籍，資料，インタビューなどいろいろありますが，収集するときに注意することは何ですか。15字以上25字以内で答えなさい。(10点)

(　　　　　　　　　　　　　　　　　　　　)

[　　月　　日]

合格点 70点

得点　　　点

41 コンテンツの設計・制作

① 次の文章を読んで，あとの問いに答えなさい。（10点×8）

Webや SNSのように（①　　　　）された文字や音声，動画などを組み合わせて，目的に応じて表現されたものを（②　　　　）という。使用者の働きかけに応じて応答する（③　　　　）をそなえたものも多い。さらにネットワークにつなぐと，コンピュータ同士でやりとりしたり，インターネットで情報を得たりすることができる。ネットワーク上で（ ③ ）を実現するためには，コミュニケーションツールと（④　　　　）が必要である。

(1)　（　）①～④にあてはまる言葉を答えなさい。

(2)　次の文章は，どのコンテンツのことを示しているか。記号で答えなさい。

①　文字では説明しにくい状況を，デジタルカメラなどで撮影《さつえい》した映像で簡単に伝えることができる　（　　）

②　音楽で作品の印象を変えることができる。　（　　）

③　簡単に作成し，修正もできる。データ量が少ない。　（　　）

④　状況の変化を時間経過とともに伝えることができるが，データ量が多い。　（　　）

ア 静止画　　イ 文字　　ウ 動画　　エ 音声

② 次の文章の（　　）にあてはまる言葉をア～オから選び，記号で答えなさい。

（4点×5）

コンテンツを作成する場合は，他者の著作権を侵害《しんがい》していないか，（①　　　）の仕方は正しいか，（②　　　）が特定できる情報が入っていないかなどを確認する。また，使用した（③　　　）は適切か，わかりやすく情報が伝わるかを検討する。年齢《ねんれい》や性別，障がいの有無に関係なく誰にでも使いやすいデザインのことを（④　　　）という。利用者を制限したい時には，ユーザーIDと（⑤　　　）を設定すると，より安全に情報を伝えることができる。

ア　パスワード　　イ　ユニバーサルデザイン　　ウ　メディア

エ　引用　　オ　個人

[　　月　　日]

合格点 70点

得点　　　　点

42 システム制御

① 次の文章を読んで，あとの問いに答えなさい。(36点)

エアコンや炊飯《すいはん》器などコンピュータで制御《せいぎょ》される機器は周囲の状況《じょうきょう》の変化などを計測する部分(①　　　)とその情報を判断・処理して命令を出す部分(②　　　)，その命令に基づいて動作する部分(③　　　)で構成される。

(1)　(　)①～③にあてはまる言葉をア～クから選び，記号で答えなさい。(8点×3)

ア ヒータ　**イ** センサ　**ウ** ラジエータ　**エ** インタフェース

オ コンピュータ　**カ** アクチュエータ　**キ** モータ　**ク** リモコン

(2)　計測・制御の流れを下の図のように表しました。(　)に入る言葉を，(1)のア～クから選び，記号で答えなさい。(12点)

状況を計測		信号の変換・伝達		判断・命令		信号の変換・伝達		動作
(　　)	⇨	(　　)	⇨	(　　)	⇨	(　　)	⇨	(　　)

② 次の文章を読んで，あとの問いに答えなさい。(64点)

コンピュータの仕事(処理)の手順を一定の規則に従い命令の形で記述したものを(①　　　　)という。(①)は(②　　　　)という言語で記述されている。コンピュータに目的の仕事を達成させるまでの情報処理の手順を示した流れ図を(③　　　　)という。

(1)　(　)①～③にあてはまる言葉を答えなさい。(10点×3)

(2)　情報処理の手順には，3つの基本的な流れがあります。次の図は，それぞれ何型でしょうか。ア～ウから選び，記号で答えなさい。(8点×3)

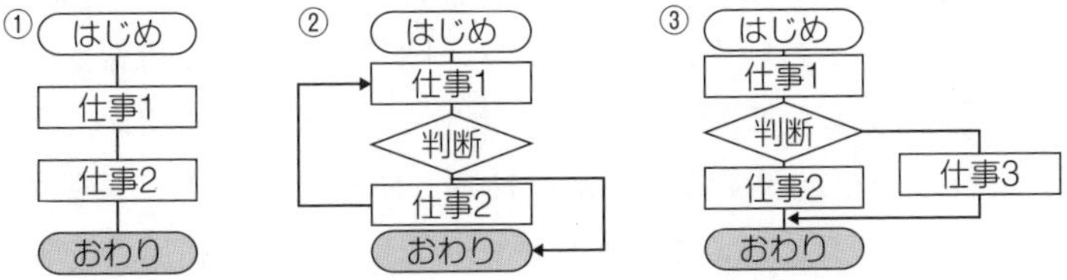

①(　　　)

②(　　　)

③(　　　)

ア 条件くり返し(反復)型　**イ** 順次処理(順次)型　**ウ** 条件分岐(分岐)型

(3)　モーターカーが壁《かべ》にぶつかったことをセンサで感知したとき，センサが反応したことを尋《たず》ねる言葉を，プログラム言語で表しなさい。(10点)

(　　　　　　)

[　月　日]

合格点 70点

得点　　点

43 食の役割と食習慣

1 食の役割についてまとめた次の文の(　)にあてはまる語句を書きなさい。

(7点×5)

(1) 規則正しい食事は，生活の(①　　　　)をつくる。

(2) 活動の(②　　　　)になる。

(3) (③　　　)をつくり，成長する。

(4) 伝統的な料理などの(④　　　　)を受け継《つ》ぐ。

(5) 人と人とが交流する(⑤　　　　)となる。

2 次の(　)にあてはまる語句を書きなさい。(7点×3)

健康的な生活を送るためには，

・栄養のバランスがとれた(①　　　　)を1日3食とること

・適度な(②　　　　)をすること

・十分な(③　　　　)をとること

が必要である。どれか1つが足りないと，体に不調が出ることがある。自分の食生活を振《ふ》り返り，この3つの調和がとれているか確認する。

3 次の各問いに答えなさい。(7点×4)

(1) 生命を維持《いじ》するためにとることが望ましい栄養素とエネルギーの量の基準を示したものを何といいますか。(　　　　)

(2) かたよった食事や，運動不足などが原因の1つである病気のことを何といいますか。(　　　　)

(3) 日頃《ひごろ》の食事の仕方のことを何といいますか。(　　　　)

(4) 好き嫌いをすることを何といいますか。(　　　　)

4 次のような食事のとり方を何といいますか。それぞれ漢字で書きなさい。

(8点×2)

(1) 家族とではなく，一人で食事をとること。(　　　　)

(2) 家族や友達とともに食事をすること。(　　　　)

[　　月　　日]

合格点 70点

得点　　　点

44 栄養素のはたらき

1 次の図の①～⑤にはあてはまる栄養素を，A～Cの(　)にはあてはまる語句を書きなさい。(5点×8)

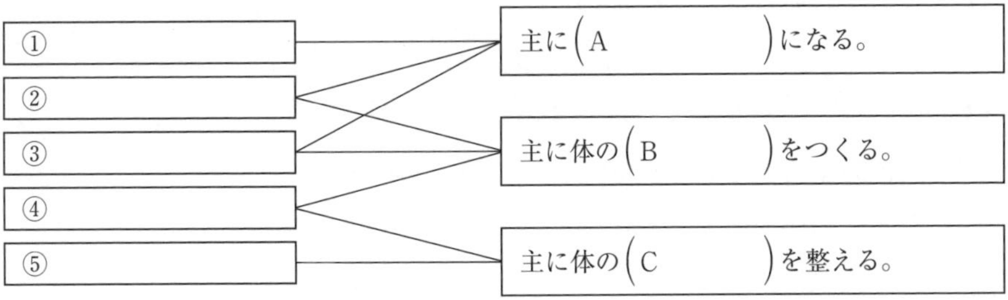

2 次の(　)にあてはまる語句をア～シから選び，記号で書きなさい。

(4点×12)

(1) 炭水化物には，(①　　　)と(②　　　)がある。(①)は，体内で分解され(③　　　)となり，1gあたり(④　　　)kcalのエネルギーを発生する。

(2) 食品に含まれる脂質《ししつ》のほとんどは(⑤　　　)で，分解されると1gあたり(⑥　　　)kcalのエネルギーを発生する。

(3) たんぱく質は，主に(⑦　　　)や臓器《ぞうき》，血液をつくるもとになる。

(4) (⑧　　　)は主に骨や歯をつくるもとになり，(⑨　　　)は，主に血液をつくるもとになる。

(5) ビタミン(⑩　　　)は，目のはたらきを助け，ビタミン(⑪　　　)は骨や歯を丈夫にする。ビタミン(⑫　　　)は血管を丈夫《じょうぶ》にし，傷の回復を早める。

［ア 脂 肪　イ ぶどう糖　ウ D　エ 4　オ 9
カ 糖 質　キ 筋 肉　ク 鉄　ケ 食物繊維《せんい》　コ カルシウム
サ C　シ A］

3 次の文の(　)にあてはまる語句を書きなさい。(4点×3)

水分は，人の体の成分の約(①　　　　)%を占《し》め，(②　　　)の運搬《うんぱん》，(③　　　)の運搬排出《はいしゅつ》，(④　　　　)などの重要な働きをする。

[　　月　　日]

合格点 70点

得点　　　点

45 食品に含まれる栄養素 6つの食品群

1 次の食品群についてまとめた表で，①～⑤にはそれぞれの食品群に含《ふく》まれる成分を，A～Gの(　)にはその成分を多く含む食品を書きなさい。(4点×12)

食品群	おもな成分	多く含む食品
1群	①	肉，卵，(A　　　　)，(B　　　　)
2群	②	牛乳，小魚，(C　　　　)，(D　　　　)
3群	③	(E　　　　)
4群	ビタミンC	E以外の野菜，きのこ，(F　　　　)
5群	④	米，パン，めん類，砂糖，(G　　　　)
6群	⑤	油脂，種実

2 次のア～エの食品の中で，食品群の異なるものが1つずつあります。その食品を選び，記号で書きなさい。(5点×4)

(1) ア レタス　イ パセリ　ウ トマト　エ ピーマン (　　)

(2) ア じゃがいも　イ 大　根　ウ いちご　エ バナナ (　　)

(3) ア 豚《ぶた》　肉《にく》　イ 牛　乳　ウ 卵　エ 豆《とう》　腐《ふ》 (　　)

(4) ア サラダ油　イ マヨネーズ　ウ 砂《さ》　糖《とう》　エ ご　ま (　　)

3 次の各問いに答えなさい。(4点×2)

(1) 食事摂取基準を満たすために，どのような食事をどれだけ食べたらよいかを示したものを何といいますか。(　　　　　　)

(2) 実際に食べる食品のおよその量を示したものを何といいますか。

(　　　　　　)

4 次の文の(　)にあてはまる語句を書きなさい。(4点×6)

中学生は，(①　　　　)や(②　　　　)の増加が著《いちじる》しく，(③　　　　)な生活をしているため，成人に比べて(④　　　　)や(⑤　　　　)，(⑥　　　　)などの栄養素を十分にとる必要がある。

[　　月　　日]

合格点 70点

得点　　　点

46 食品の選び方

1 次の文の(　)にあてはまる語句を書きなさい。(5点×8)

(1) 野菜や魚などのとれたままの食品を(①　　　　)といい，(①)のとれる量が多い時期のことを(②　　　)または，(③　　　)という。この時期の食品は(④　　　)もよく，(⑤　　　)が多く，一般《いっぱん》的に価格も(⑥　　　)なる。

(2) 食品に手を加えて(⑦　　　　)を高めたり，品質をよくしたりしたものを，(⑧　　　　)という。

2 次の食品の説明として適当なものをア～オから選び，記号で書きなさい。なお，記号は何度使用してもよい。(4点×9)

① 干　物　(　　)　② 冷凍《れいとう》食品　(　　)
③ ジャム　(　　)　④ レトルト食品　(　　)
⑤ 梅干し　(　　)　⑥ 干ししいたけ　(　　)
⑦ 缶《かん》　詰《づめ》　(　　)　⑧ ソーセージ　(　　)
⑨ 乾めん　(　　)

ア 食品を－30℃以下で急速凍結《とうけつ》した。
イ 天日や乾燥《かんそう》機で乾燥して水分を取り除いた。
ウ 食品を密封し，加熱殺菌《さっきん》した。
エ 塩や砂糖，酢《す》に漬《つ》けた。
オ くん製にした。

3 次の食品の保存方法を選び，記号で書きなさい。(4点×6)

① 野菜，果物　(　　)　② 乾物《かんぶつ》など　(　　)
③ 冷凍食品　(　　)　④ いも，加工食品　(　　)
⑤ 魚，肉　(　　)　⑥ 牛乳，一般《いっぱん》の食品　(　　)

ア 冷蔵室(3～5℃)　イ 冷凍室(－20～－18℃)　ウ 冷暗所
エ チルド室(0℃前後)　オ 野菜室(5～10℃)
カ 袋《ふくろ》や，密閉容器に入れる

[　　月　　日]

合格点 70点

得点　　　点

47 加工食品の表示

1 次の文の（　）にあてはまる語句を書きなさい。（5点×9）

(1) 加工食品には，品名（名称《めいしょう》）・（①　　　　）・内容量・期限・（②　　　　）・（③　　　　）方法・製造業者または販売業者の表示が義務づけられており，①については，使用量の（④　　　　）ものから順に表示されている。

(2) 期限については，品質のよい状態が保たれる期間として（⑤　　　　）期限と（⑥　　　　）期限で表示されている。（ ⑤ ）期限は比較的《ひかくてき》長く保存が可能な食品に表示される。（ ⑥ ）期限は，およそ（⑦　　　　）日以内に劣化《れっか》しやすい食品に表示されている。

(3) その他にも（⑧　　　　）物質を含《ふく》む食品や，（⑨　　　　）組み換《か》え食品なども表示されている。

2 次のマークの名称を書きなさい。（6点×3）

(1)

（　　　　　　）

(2)

（　　　　　　）

(3)

（　　　　　　）

3 食品添加物《てんかぶつ》の使用目的を書きなさい。（7点）

（　　　　　　　　　　　　　　　　）

4 次の食品添加物の用途にあてはまる使用目的をア～カから選び，記号で書きなさい。（5点×6）

① 保存料　（　　）　② 発色料　（　　）

③ 甘味《かんみ》料　（　　）　④ 酸化防止剤　（　　）

⑤ 着色料　（　　）　⑥ 調味料　（　　）

ア あまみをつける　イ 食品にうま味などをつける

ウ 色を鮮やかにする　エ 油脂《ゆし》などの酸化を防ぐ

オ 微生物《びせいぶつ》の繁殖《はんしょく》を防ぐ　カ 色をつける

［　　月　　日］

合格点 70点

得点　　　点

48 調理の基本

1 次の文の(　)にあてはまる語句を書きなさい。(5点×10)

(1) 調理の目的は，食品をおいしく，食べやすく，(①　　　　)しやすくする。また，(②　　　　)に安全に食べられるようにすることが目的である。

(2) 調理実習では，食品の(③　　　　)や(④　　　　)を理解し，材料の準備の仕方，(⑤　　　　)や熱源の正しい扱《あつか》い方を知る。

(3) 材料の購入の際には，地域のものや(⑥　　　　)の食材を選び，買い物袋《ふくろ》を持っていき余分な(⑦　　　　)を断る。

(4) 食中毒を予防するために，まな板は水にぬらしてから使い，肉・魚と(⑧　　　　)を同じ面で使わない。ふきんや調理器具は清潔《せいけつ》なものを使い，使用後はよく洗い(⑨　　　　)消毒や(⑩　　　　)などで殺菌《さっきん》する。

2 次の図と表の(　)にあてはまる量を書きなさい。(5点×3)

大さじ1ぱい　(①　　　)mL

小さじ1ぱい　(②　　　)mL

計量カップ1ぱい　(③　　　)mL

3 次の図の野菜の切り方の名称《めいしょう》を書きなさい。(6点×5)

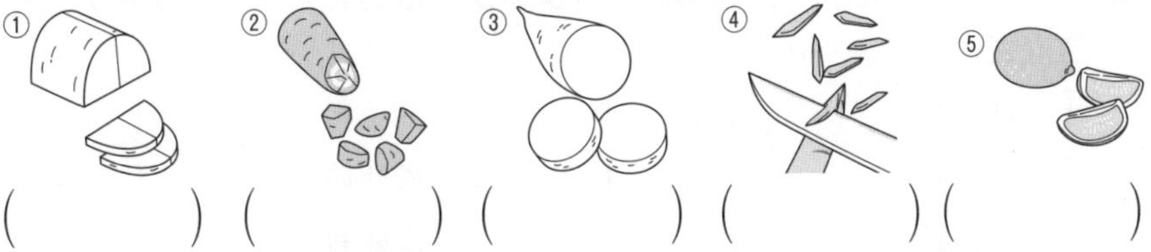

(　　　　)(　　　　)(　　　　)(　　　　)(　　　　)

4 日本の伝統的な和食の形として，主食である米と汁物《しるもの》に，おかずを組み合わせたものを何といいますか。漢字4字で書きなさい。(5点)

(　　　　　　)

[　　月　　日]

合格点 70点

得点　　　点

49 食品の特徴・食文化

1 次の(　)にあてはまる語句をア～タから選び，記号で書きなさい。(5点×14)

(1) 肉は(①　　　)を多く含《ふく》む食品で，豚《ぶた》肉や牛肉，とり肉などの種類や(②　　　)によって味に違いがあるので調理によって使い分ける。

また，肉の(①)は，(③　　　)すると固まるので，はじめに(④　　　)で炒めて表面を固めると，(⑤　　　)の流出を防ぐことができる。

(2) 魚の(⑥　　　)は，血液中のコレステロール値を下げ，脳卒中などの病気を予防するといわれている。(⑥)の量は季節によって変化し，魚にはそれぞれ(⑦　　　)がある。

(3) 野菜は(⑧　　　)や無機質，(⑨　　　)を多く含んでいる。野菜は，(⑩　　　)で食べるほうが栄養は失われないが，加熱するとやわらかくなり，(⑪　　　)が減るため量を多く食べることができる。

(4) 青菜をゆでる時は，(⑫　　　)をきれいに仕上げるために，湯はたっぷりと使い，すぐに水につけて冷やす。

(5) 野菜や果物を切ったまま空気中に放置すると，色が黒っぽく変化する。これは(⑬　　　)とよばれ，(⑭　　　)につけて防ぐことができる。

〔ア ビタミン　イ 炭水化物　ウ 加熱　エ 褐変　オ かさ
カ 脂質　キ 旬　ク うまみ　ケ たんぱく質　コ 食物繊維
サ 生　シ 部位　ス 水　セ 色　ソ 弱火　タ 強火〕

2 次の問いに答えなさい。(6点×5)

(1) 地域で生産された食材をその地域で消費することを何といいますか。

(　　　　　　)

(2) その土地ならではの食材や調理方法で作られ，受け継《つ》がれてきた料理を何といいますか。

(　　　　　　)

(3) 人生や生活の節目に用意する特別な食事のことを何といいますか。

(　　　　　　)

(4) お正月に食べる料理を2つ書きなさい。(　　　　　　)(　　　　　　)

[　　月　　日]

合格点 70点

得点　　　点

50 日常着の活用

1 次の表の(　)①～⑥にあてはまる語句を書きなさい。また，(　)⑦～⑫にはその説明文にふさわしい服装をア～カから選び，記号で書きなさい。(5点×12)

衣服のはたらき	服　装
(①　　　　　　)から体を保護する	(⑦　　　)
汚《よご》れや(②　　　　)から体を保護する	(⑧　　　)
体を(③　　　　)に保つ	(⑨　　　)
(④　　　　)や所属集団を表す	(⑩　　　)
(⑤　　　　)を表現する	(⑪　　　)
(⑥　　　　)な慣習を表す	(⑫　　　)

ア 学校の制服　　イ 日常着　　ウ 肌《はだ》着《ぎ》　　エ 体操服

オ コートやマフラー　　カ 礼服(フォーマルウエア)

2 服装はT.P.O.に合っていることも必要である。T.P.O.とは何か，日本語でそれぞれ意味を書きなさい。(5点×3)

T(①　　　　)　P(②　　　　)　O(③　　　　)

3 次の文の(　)にあてはまる語句を書きなさい。(5点×5)

(1) 右の和服の構成図で，①～③の示す部分の名称《めいしょう》を書きなさい。

(①　　　　　)

(②　　　　　)

(③　　　　　)

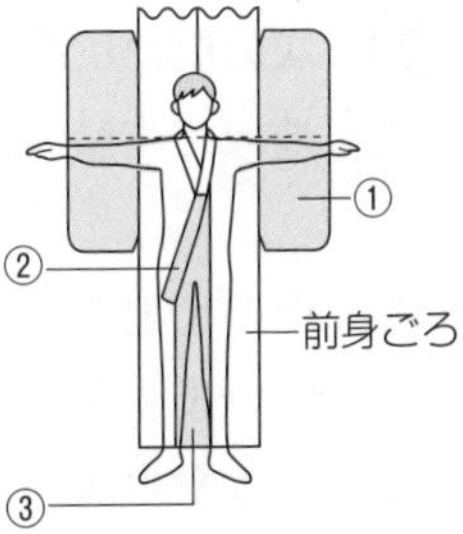

(2) 洋服は，体に合わせて布を裁断《さいだん》し，(④　　　　)的に作ったもので，和服は布を直線的に裁《た》った布を縫《ぬ》い合わせて(⑤　　　　)的な構成になっている。

[　　月　　日]

合格点 70点

得点　　点

51 衣服の選び方

1 次の文の(　)にあてはまる語句を書きなさい。(4点×10)

(1) 既製《きせい》服を選ぶときは，(①　　　　)や課題をはっきりさせる。

(2) (②　　　　　　　　)との組み合わせを考える。

(3) (③　　　　　)や品質を確かめる。(④　　　　　　　)やファスナーなどの縫製《ほうせい》がしっかりしているか。

(4) (⑤　　　　　)して，(⑥　　　　　　)や形が合っているか，(⑦　　　　　　　)や色が自分に合っているか，動きやすく(⑧　　　　　　)しやすいか，(⑨　　　　　)がよいかを確認する。

(5) 購入後は(⑩　　　　　)や交換《こうかん》ができるか確認する。

2 次の図の(　)にあてはまる語句を書きなさい。また，問いにも答えなさい。(5点×12)

(1)

身長　160
胴囲　80
160A

(①　　　　　　)表示

日本では，(②　　　　　)で定められている。

(③　　　　　)・少年・少女・成人男性・成人女性の5つに分かれている。

身長と胸囲(④　　　　　　／バスト)，胴囲《どうい》(ウエスト)を基に区分が決められている。

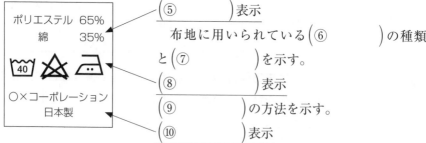

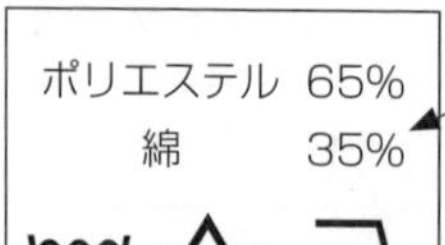

(⑤　　　　　)表示

布地に用いられている(⑥　　　　　)の種類と(⑦　　　　　)を示す。

(⑧　　　　　　)表示

(⑨　　　　　)の方法を示す。

(⑩　　　　　)表示

衣服が裁断《さいだん》，縫製された国を示す。

(2) 綿とポリエステルのそれぞれの長所と短所を考えた場合，この布地の性質は，どのようなものになると考えられるか。2つ書きなさい。

(　　　　　　　　　　　　　　　　)(　　　　　　　　　　　　　　　　)

[　月　日]

合格点 70点

得点　　点

52 日常着の手入れ・繊維

1 次の文の(　)にあてはまる語句を書きなさい。(4点×5)

衣服は着ているうちに(①　　　)がついたり，いたみが生じたりする。これらは布や繊維《せんい》の性能を低下させ，放置すると(②　　　)の原因となる。また，(③　　　)が繊維を食べて穴が開いたり，細菌《さいきん》や(④　　　)が繁殖《はんしょく》したりすると，布の(⑤　　　)を低下させる。

2 次の表示の意味を書きなさい。(5点×4)

①  (　　　)

②  (　　　)

③  (　　　)

④  (　　　)

3 次の繊維の種類の表の(　)にあてはまる語句を書きなさい。(5点×7)

<table>
<tr><td rowspan="2">(①　　　)繊維</td><td>(③　　　)繊維</td><td>(⑤　　　)</td></tr>
<tr><td>動物繊維</td><td>(⑥　　　)</td></tr>
<tr><td rowspan="2">(②　　　)繊維</td><td rowspan="2">(④　　　)繊維</td><td>ポリエステル</td></tr>
<tr><td>(⑦　　　)</td></tr>
</table>

4 次の説明文にあてはまる繊維の種類を選び，記号で書きなさい。(5点×5)

① 温かく，蒸れ感が少ない。虫の害を受ける。 (　　)

② しなやかで光沢がある。 (　　)

③ ぬれても縮まない。乾《かわ》きがはやい。 (　　)

④ 水をよく吸《す》い，しわになりやすい。 (　　)

⑤ 乾きがはやい。アイロンは110℃までかける。 (　　)

ア 綿　イ ポリエステル　ウ 絹　エ 毛　オ アクリル

[　月　日]
合格点 70点
得点　　点

53 洗濯・ほころび直し・アイロン

1 次の文の(　)にあてはまる語句を書きなさい。(6点×6)

(1) 洗濯機《せんたくき》による洗濯の手順は，(①　　　　)表示や(②　　　　　　)表示，よごれの程度や箇所《かしょ》を調べて，洗濯物を分ける。

(2) よごれのひどい箇所は，(③　　　　)洗いをしておく。

(3) 洗剤は(④　　　　)の種類によって適するものを適量入れる。(⑤　　　　)以上の洗剤《せんざい》を入れても，よく落ちるわけではない。

(4) 衣服に部分的についたしみを落とすことを(⑥　　　　)という。

2 次の問いに答えなさい。(8点×5)

(1) 毛糸のセーターを洗うのに適した洗剤を選び，記号で書きなさい。

ア 石けん　　イ 中性洗剤　　ウ 弱アルカリ性合成洗剤　　(　　)

(2) 水と油をなじませて汚れを繊維からはなす働きのある，洗剤の主成分を何といいますか。　　(　　　　)

(3) 右の表示の衣服にアイロンをかけるときの適当な温度を選び，記号で書きなさい。　　(　　)

ア 110℃以下　　イ 150℃以下　　ウ 200℃以下

(4) 衣服を傷めないよう，洗濯するときにできる工夫を書きなさい。

(　　　　　　　　)

(5) すそ上げするときの手縫《てぬ》いの方法を書きなさい。　　(　　　　　　)

3 次の問いに答えなさい。(8点×3)

(1) 洗濯の際に，水の節約のためにできる工夫を書きなさい。

(　　　　　　　　)

(2) 夏の節電に合わせて，背広《せびろ》を脱ぎ，ネクタイを取って涼しく仕事をする服装を何といいますか。　　(　　　　　　　　)

(3) 服の再利用の方法の1つであるリユース(再使用)という観点から，具体的にどんなことができるかを書きなさい。

(　　　　　　　　　　　　　　　　)

［　　月　　日］

合格点 70点

得点　　　　点

54 ミシン縫い

1 次の用具の名称《めいしょう》を書きなさい。(7点×4)

① 　② 　③ 　④ 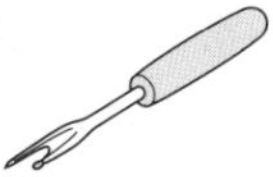

(　　　　　)　(　　　　　)　(　　　　　)　(　　　　　)

2 次の問いに答えなさい。(6点×5)

(1) 布にはたて・よこの方向があり，たて方向に対して，はしになる部分を(　　　　　)という。

(2) 2枚の布を正確に合わせるための位置を示すしるしを(　　　　　)という。

(3) 布を裁断《さいだん》するときは，はさみの(　　　　　)を台につけて裁《た》ち切り線にそって布を裁つ。

(4) まち針をとめるときは，しるしとしるしを合わせ，縫《ぬ》う方向に対して(　　　　　)にとめる。

(5) 下の図にまち針をとめる順番を書きなさい。

(　　)(　　)(　　)(　　)(　　)

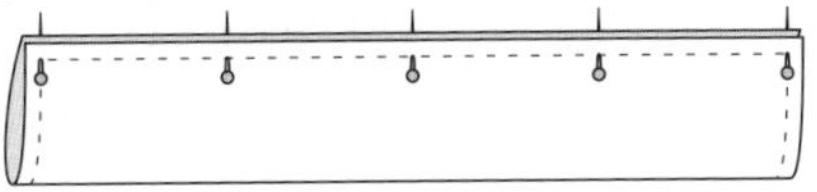

3 次の問いに答えなさい。(7点×6)

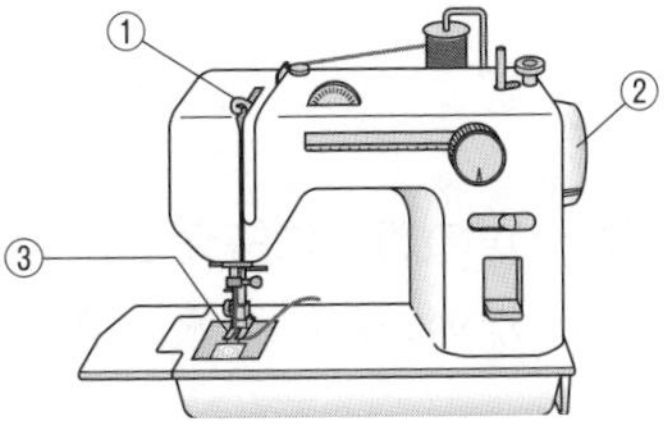

(1) ミシンの各部の名称《めいしょう》を答えなさい。

①(　　　　　)

②(　　　　　)

③(　　　　　)

(2) 送り調節ダイヤルは何を決めるものか書きなさい。

(　　　　　　　　)

(3) 次の縫い方の種類を書きなさい。

① 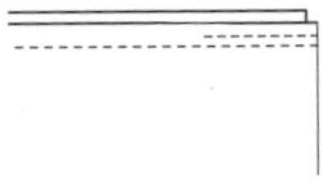　(　　　　　)　② 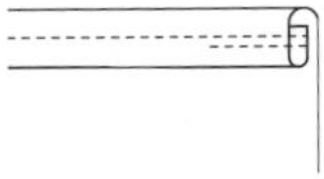　(　　　　　)

合格点 70点

得点　　点

55 住まいと生活

1 住まいの役割を書きなさい。(4点×5)

(1) (①　　　　)と(②　　　　)を守る。

(2) (③　　　　)と(④　　　　)をもたらす。

(3) 子どもが(⑤　　　　)，家族が支え合う場。

2 次の生活行為(場所)が主に行われている空間を選び，記号で書きなさい。なお，記号は何度使用してもよい。(3点×10)

① 食　事 (　　　　)　② 洗《せん》　濯《たく》 (　　　　)

③ 入　浴 (　　　　)　④ 勉　強 (　　　　)

⑤ 収　納 (　　　　)　⑥ 睡《すい》　眠《みん》 (　　　　)

⑦ 廊　下 (　　　　)　⑧ 団らん (　　　　)

⑨ 調　理 (　　　　)　⑩ トイレ (　　　　)

ア 家族生活の空間　イ 家事作業の空間　ウ 個人生活の空間

エ 生理・衛生の空間　オ 移動と収納の空間

3 次の文の(　)にあてはまる語句を書きなさい。(5点×8)

日本列島は(①　　　　)に長く，太平洋側と日本海側で(②　　　　)が異なるため，各地で特徴《とくちょう》のある住まいが作られてきた。

(③　　　　)では，雪や寒さに備え，窓や玄関を(④　　　　)にして冷気の進入を防ぐ工夫をしている。

(⑤　　　　)では，(⑥　　　　)に備えて屋根瓦《かわら》を塗《ぬ》り固め，周りを石垣で囲んだ平屋建てが多い。開口部を広くして(⑦　　　　)をよくしたつくりになっている。

日本の住まいの特徴である畳《たたみ》は，(⑧　　　　)や保温性があり，冬は暖かく，夏はさらりとしているので，日本の気候に適している。

4 和室と洋室の特徴を，それぞれ書きなさい。(5点×2)

① 和　室　② 洋　室

(　　　　　　　　)　(　　　　　　　　)

[　月　日]

合格点 70点

得点　　点

56 安全で快適に住まう

1 次の問いに答えなさい。(5点×6)

(1) 家庭内事故による死亡率が高いのはどのような人(世代)か。2つ書きなさい。　(　　　　)(　　　　)

(2) 家庭内事故によるおもな死因は何か。3つ書きなさい。　(　　　　)(　　　　)(　　　　)

(3) 体の不自由な人や高齢者が生活を営むうえで，段差や支障をなくすことを何といいますか。　(　　　　)

2 次の文の(　)にあてはまる語句を書きなさい。(5点×6)

(1) 転倒を防ぐために，浴室やトイレ，(①　　　　)や廊下《ろうか》には(②　　　　)をつける。また，幼児の安全のために，危険物は幼児の(③　　　　)の届かないところに置くようにする。

(2) 災害への備えとして，家の中の(④　　　　)や家電製品を固定し，特に出入り口付近には，物を置かないようにし，(⑤　　　　)を確保する。

また，家族で，(⑥　　　　)を話し合っておくことも大切である。

3 次の文の(　)にあてはまる語句を書きなさい。(4点×10)

(1) 湿度が高いと(①　　　　)やダニの発生につながる。また，窓の内側などに水滴《すいてき》がつくことを(②　　　　)という。

(2) 最近の住宅は(③　　　　)が高いので，新しい空気を入れるために，(④　　　　)をする必要がある。

(3) 新築の住宅などで，建材や家具などに含《ふく》まれる(⑤　　　　)が室内にこもり体調不良を引き起こす症状《しょうじょう》を(⑥　　　　)という。

(4) ガスコンロやガス湯沸《ゆわ》かし器，(⑦　　　　)などの(⑧　　　　)が原因で(⑨　　　　)が発生すると，命を落とすなど重大な健康被害《ひがい》につながることがある。換気扇《かんきせん》を利用するなどして空気を入れ替える。学校では(⑨)の空気中の濃度《のうど》は(⑩　　　　)%以下に定められている。

[　　月　　日]
合格点 70点
得点
点

57 消費者としての私たち

① 次にあげたア～クの商品を，物資はA，サービスはBに分類しなさい。

A(　　　　　　　　)　B(　　　　　　　　)(5点×8)

ア 電化製品　イ 郵　便　ウ 電　話　エ 食料品
オ 交　通　カ 衣料品　キ 医　療　ク 文　具

② 次のマークの名称《めいしょう》を書きなさい。また，それぞれのマークの説明としてあてはまるものを選んで，記号で書きなさい。(5点×8)

①

②

③

④

	名称	記号
①	(　　　　　　)	(　　　)
②	(　　　　　　)	(　　　)
③	(　　　　　　)	(　　　)
④	(　　　　　　)	(　　　)

ア　日本工業規格に適合した生活用品につけられる。
イ　環境《かんきょう》への負担が少ない製品につけられる。
ウ　おもちゃの安全基準に適合した製品につけられる。
エ　古紙を使った製品につけられる。

③ 次の(　)にあてはまる語句を書きなさい。(4点×5)

〈商品を選ぶときのポイント〉

・品質や(①　　　　　　)がよいか。
・品質や使用目的からみて(②　　　　　)が適切か。
・(③　　　　　)や取り扱《あつか》い説明書があり，(④　　　　　　　　　)がしっかりしているか。
・資源やエネルギーの節約など(⑤　　　　　)に配慮《はいりょ》されているか。

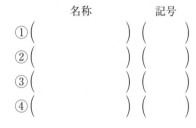

[　　月　　日]

合格点 70点

得点　　　点

58 販売方法と支払い方法

1 次の文は，販売方法の特徴《とくちょう》について説明したものです。あてはまるものを下から選び，記号で書きなさい。(4点×5)

(1) 品ぞろえは必要最小限で，24時間営業している。(　　)

(2) カタログなどを見て，電話，インターネットなどで注文する。(　　)

(3) 家庭や職場に出向いて販売する。他の商品との比較《ひかく》が難しい。(　　)

(4) 大量販売で，低価格の商品も多い。(　　)

(5) 低価格で小型の商品を扱《あつか》う。(　　)

〔ア 自動販売機　　イ 訪問販売　　ウ コンビニエンスストア
エ 通信販売　　オ スーパーマーケット〕

2 次の問いに答えなさい。

(1) 支払い方法の種類と特徴について，(　)にあてはまる語句を書きなさい。(5点×8)

(①　　　　)	(②　　　　)	(③　　　　)
前もって(④　　　)カードや券を買っておき(⑤　　　)のかわりに使う。	買った商品と引きかえに，その場で(⑥　　　)を支払う。	商品を先に手に入れ，支払い(⑦　　　)までに一括《いっかつ》や(⑧　　　)して支払う。

(2) 次のカードは(1)の①～③のどれにあたるか，記号で書きなさい。(5点×4)

A. クレジットカード　(　　)　　B. 電子マネー　(　　)

C. 図書カード　(　　)　　D. デビットカード　(　　)

3 次の(　)にあてはまる語句を書きなさい。(4点×5)

売買契約が成立すると，消費者と販売者に次のような権利と責任が生じる。

消費者　(①　　　　　)権利　(②　　　　　)責任

販売者　(③　　　　　)権利　(④　　　　　)責任

［　月　日］

合格点 70点

得点　　点

59 消費者の権利と責任

1 次の文の(　)にあてはまる語句を書きなさい。(7点×6)

〈消費者の8つの権利〉

(1) 生活の基本的ニーズが保障される権利

(2) (①　　　)を求める権利

(3) 情報が与えられる(知る)権利

(4) (②　　　)権利

(5) (③　　　)が反映される権利

(2)～(5)：1962年にアメリカの(④　　　)大統領が提唱した4つの権利

(6) 救済(補償)を受ける権利　(7) 消費者(⑤　　　)を受ける権利

(8) 健全な(⑥　　　)を享受《きょうじゅ》する権利

2 次の文の(　)にあてはまる語句を書きなさい。(6点×8)

(1) 街頭で呼《よ》びとめ，喫茶《きっさ》店などに連れて行って商品などを買わせる商法を(①　　　)といい，はがきや電話で場所や日時を指定して呼び出し，商品等を買わせる商法を(②　　　)という。

(2) 消費者を守る法律として，消費者保護《ほご》基本法を2004年に改正した法律である(③　　　)や(④　　　)がある。

(3) 製品の欠陥《けっかん》に関する製造業者などの責任を定めた法律を製造物責任法または(⑤　　　)という。

(4) 訪問販売などで，不用意な契約《けいやく》をした場合でも，一定の条件を満たせば解約できる制度を(⑥　　　)という。

(5) 消費者からの相談を受けたり，問題解決を支援《しえん》する機関は，国が設けた(⑦　　　)や国民生活センター，自治体が設けた(⑧　　　)センターがある。

3 次の説明文にあてはまる語句を書きなさい。(5点×2)

(1) 環境《かんきょう》などの側面にも配慮《はいりょ》した倫理的な消費。(　　　)

(2) 開発途上国の原料などを適正な価格で継続《けいぞく》購入するしくみ。(　　　)

［　月　日］

合格点 70点

得点　点

60 乳幼児の心身の発達

1 次の(　)にあてはまる語句を書きなさい。(5点×12)

(1) 乳児期とは出生から(①　)歳《さい》まで，幼児期とは(②　)歳から(③　)入学までの子どものことをいう。

(2) 生まれたときの平均体重は約(④　)kgで1歳で約3倍になり，平均身長は約(⑤　)cmで4歳で約2倍になる。身長に対して，(⑥　)が大きいので転びやすい。

(3) 身体や運動機能は，(⑦　)部に近い部分が先に発達してから，しだいに(⑧　)の細かい部分へと発達する。

(4) 幼児期には(⑨　)が芽生え，人とかかわることが多くなり(⑩　)が発達するが，(⑪　)が大きい。

(5) 幼児は成人と比べて体温が高く，(⑫　)も多いので，汗《あせ》をかきやすい。

2 次の動作に関連のある機能はどれか，記号で書きなさい。(2点×5)

(1) 全身の運動機能──(　)

(2) 手先の運動機能──(　)

(3) 生理的機能───(　)

ア 脈拍《みゃくはく》数　　イ はさみを使う

ウ スキップする　　エ はいはいをする

オ クレヨンを使う

3 次の(　)にあてはまる語句を書きなさい。(6点×5)

(1) 児童憲章は，子どものもつ(①　)について定められており，1951年(②　)月(③　)日に制定された。

(2) 児童憲章の前文には次のように書かれている。

・児童は(④　)として尊《とうと》ばれる。

・児童は(⑤　)として重んぜられる。

・児童はよい(⑥　)の中で育てられる。

[　　月　　日]

合格点 70点

得点　　　点

61 子どもの成長と家族の役割

1 次の問いに答えなさい。(5点×8)

(1) 次のような生活習慣をそれぞれ何といいますか。

① 生きていくうえで毎日くり返されることを自分でする習慣

(　　　　　　　　)

② 家族やまわりの人との生活の中で身につけていく習慣

(　　　　　　　　)

(2) 次のア～カを(1)の①，②に分類して，記号で書きなさい。

ア あいさつをする　　イ 一人でぬぎ着する　　ウ はしを使って食べる

エ 歯みがきをする　　オ 公共の物を大切にする　　カ 交通ルールを守る

(①　　　　　　　　) (②　　　　　　　　)

2 次の文の(　)にあてはまる語句を下から選び，記号で書きなさい。

(5点×6)

(1) 子どもが(①　　　)の一員として自立するためには，家族との(②　　　)関係が欠かせない。家庭は，子どもにとって(③　　　)の場であり，(④　　　)して過ごせる場所でもある。

(2) 私達の家庭生活は，家族だけでなく(⑤　　　)の人とかかわり合って営まれている。地域にはさまざまな(⑥　　　)があり，子育てのサポート支援なども受けることができる。。

ア 地　域　　イ 生　活　　ウ 施　設

エ 社　会　　オ 安　心　　カ 信　頼

3 次の施設《しせつ》を，役割によって分類して記号で書きなさい。(5点×6)

① 子どもの保育や教育を行う。　(　　　　)

② 子どもの健康を支える。　(　　　　)

③ 子育て相談したり，子どもの遊びを支えたりする。　(　　　　)

ア 児童館　　イ 子育て支援センター　　ウ 幼稚園

エ 保健所　　オ 保育園　　カ 児童相談所

[　　月　　日]

合格点 70点

得点　　　点

62 子どもの生活と遊び

1 次の文の(　)にあてはまる語句を書きなさい。(6点×6)

(1) 幼児《ようじ》のうちでも，1歳児は睡眠《すいみん》時間が(①　　　　　)，1日の生活の中心は(②　　　　　)が中心である。

(2) 幼児は遊びの中で(③　　　　　)機能や言語，情緒《じょうちょ》が発達する。また，人とかかわることで(④　　　　　)性が育つ。

(3) 幼児の食生活の特徴《とくちょう》として，幼児は胃が(⑤　　　　　)ので，3回の食事以外に(⑥　　　　　)を食べることも大切です。

2 次の行動と関連する機能を選び，記号で書きなさい。(6点×4)

① 鉛筆を使う　(　　　)

② 脈拍数　(　　　)

③ はいはいをする　(　　　)

④ はさみを使う　(　　　)

ア 全身の運動機能　　イ 手先の運動機能

ウ 生理的機能

3 次の文の(　)にあてはまる語句を書きなさい。(5点×8)

(1) おもちゃを選ぶときは,安全でつくりが(①　　　　　)なもので，右のような(②　　　　　)安全マークがついているものが望ましい。また，心身の(③　　　　　)に合っていて，扱いやすい(④　　　　　)のものを選ぶ。

ST

(2) 市販のおもちゃ以外に石や木などの(⑤　　　　　)のものも，おもちゃになる。

(3) テレビやビデオ，(⑥　　　　　)などは，長時間見たり，使ったりしないように周りの人が注意する。

(4) 幼児が(⑦　　　　　)して遊べるように，環境《かんきょう》を整えることや，見守る(⑧　　　　　)がいることも大切である。

63 体の発育・発達 呼吸器・循環器の発育・発達

合格点 70点

得点　　　点

1 次の各問いに答えなさい。(6点×2)

(1) 体の大きさや重さが増すことを何といいますか。(　　　　　　)

(2) 体のはたらきが高まることを何といいますか。(　　　　　　)

2 次の文の(　)①～③にはあてはまる語句を，図の(　)A～Eにはあとのア～オから選んで記号で書きなさい。(4点×8)

身長や体重が急激に大きくなる時期を(①　　　　)といい，乳児期と思春期の(②　　　)回あるが，その時期や程度には(③　　　　)がある。

ア 神　経　　イ 生殖腺《せいしょくせん》　　ウ リンパ

エ 精巣《せいそう》・卵巣《らんそう》　　オ 胸腺《きょうせん》・へんとう

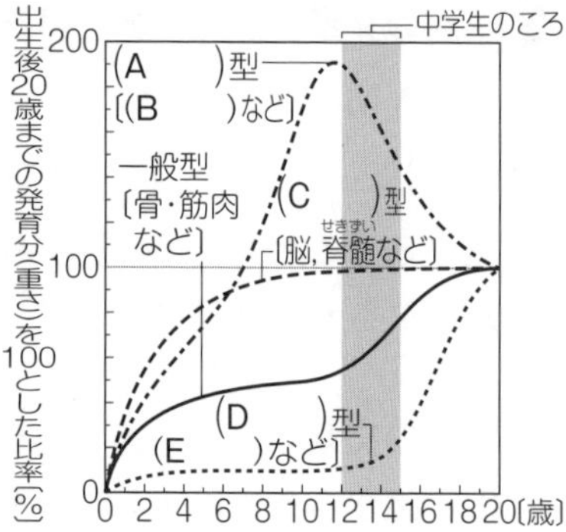

3 次の文章と図の(　)にあてはまる語句をそれぞれ書きなさい。(4点×12)

(1) 鼻・気管・肺など，体に酸素を取り入れ，二酸化炭素を出す働きをする器官が(①　　　　)である。

肺の発育・発達で(②　　　　)の数も増え，１回の呼吸で取り入れる空気の量・(③　　　　)が増えるため，呼吸数は(④　　　　)する。右図で，(②)と(⑤　　　　)の間ではAとBが交換《こうかん》される。

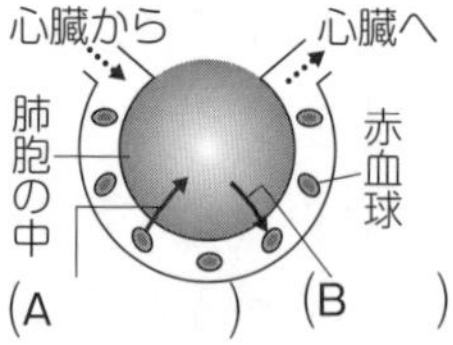

(2) 酸素や栄養素，二酸化炭素や老廃物を運ぶ器官を(⑥　　　　)といい，(⑦　　　　)や動脈・静脈などの(⑧　　　　)がある。

心臓から送り出される血液の量が(⑨　　　　)で，(⑦)が発育・発達して収縮力が増すと，１回の(⑨)が増え，心拍《しんぱく》数は(⑩　　　　)する。

4 中学生の時期に，呼吸器・循環《じゅんかん》器の発育・発達を促《うなが》すものは何ですか。

(　　　　　　　　) (8点)

[　　月　　日]
合格点 70点
得点 　　点

64 体の変化
性機能の発達

1 思春期の男女の体の変化について，それぞれ書きなさい。(3点×2)

男　子(　　　　　　　　　　　　　　　　　　　　　　　　)

女　子(　　　　　　　　　　　　　　　　　　　　　　　　)

2 次の文章の(　)にあてはまる語句を書きなさい。(4点×7)

思春期には脳の(①　　　　　)から(②　　　　　　　　)が分泌《ぶんぴつ》され，男子は(③　　　　　)，女子は(④　　　　　)といった(⑤　　　　　)器が発達するすると，(⑤)器から男子は(⑥　　　　　)，女子は(⑦　　　　　)が分泌されるようになる。

3 次の文章の(　)にあてはまる語句をア～コから選んで記号で書き，Ⅰ～Ⅴには図からあてはまるものをA～Eから選んで記号で書きなさい。(66点)

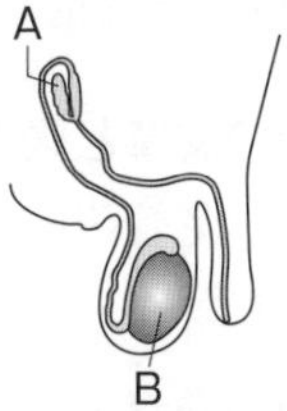

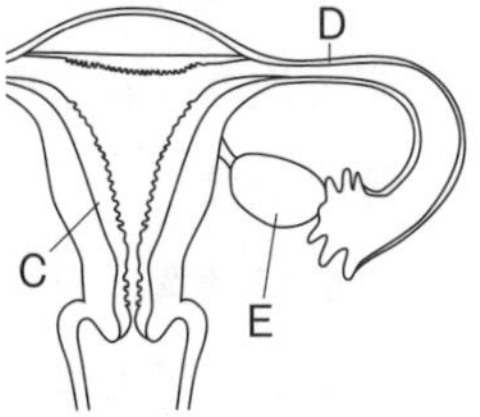

(1) 男子では，精巣《せいそう》・(Ⅰ　　)でつくられた(①　　)が(②　　)・(Ⅱ　　)などからの分泌液と混じり(③　　)となり，刺激《しげき》を受けると(④　　)から a 排出《はいしゅつ》される。

女子では，発達した卵巣《らんそう》(Ⅲ　　)で卵胞《らんぽう》から(⑤　　)が1個ずつ排出される。これを(⑥　　)といい，(⑤)は(⑦　　)・(Ⅳ　　)を通り(⑧　　)へ向かう。そこで子宮内膜《まく》・(Ⅴ　　)に(⑨　　)し妊娠《にんしん》となる。(⑦)で(①)と(⑤)が結合することを(⑩　　)というが，(⑩)しなければ子宮内膜とともに b 体外に排出される。(4点×15)

〔ア 子宮　イ 尿道　ウ 卵子　エ 精子　オ 精液
カ 受精　キ 着床　ク 排卵　ケ 卵管　コ 精のう〕

(2) 下線部a・bをそれぞれ何といいますか。またそれぞれの初回の名称《めいしょう》を書きなさい。(3点×2)

a(　　　　・　　　　)

b(　　　　・　　　　)

[　　月　　日]

合格点 70点

得点　　　点

65 心のはたらき・自己形成 欲求とストレス

1 次の①～③の(　)にはあてはまる語句を，④～⑥にはあとのア～ウから選んで記号で書きなさい。(6点×6)

・(①　　　　　)機能――(④　　)・理解・記憶・判断

・(②　　　　　)機能――意志・(⑤　　)

・(③　　　　　)性――他人をいたわる・自分の(⑥　　)を伝える

ア 言 葉　イ 考 え　ウ 感 情

2 心のはたらきを営む器官を何といいますか。(7点)　(　　　　)

3 次の図の(　)にあてはまる語句を右から選んで記号で書きなさい。(5点×4)

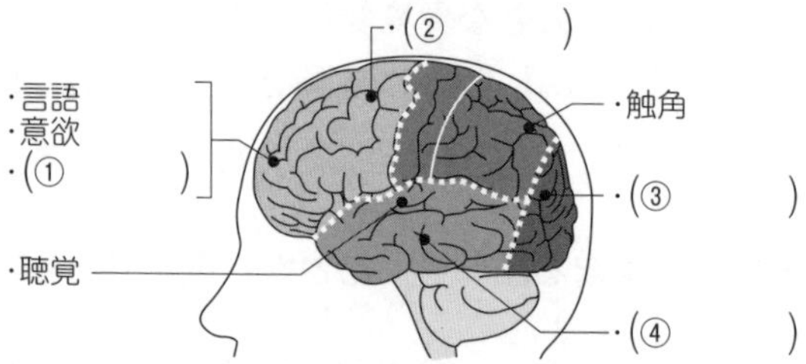

ア 運 動

イ 記 憶

ウ 意 志

エ 視 覚

4 次の各問いに答えなさい。(7点×2)

(1) 思春期に自分で判断し，自分なりの行動パターンができていくことを何といいますか。　(　　　　)

(2) 何かを欲する心のはたらきを何といいますか。　(　　　　)

5 次の(　)にあてはまる語句を書きなさい。(5点×3)

・(①　　　　)欲求――(③　　　　)・飲食

・(②　　　　)・心理的欲求――愛されたい・集団への所属

・自分自身についての欲求――人から認められたい

6 まわりからの刺激《しげき》で心身に負担《ふたん》がかかった状態を何といいますか。(8点)

(　　　　)

[　　月　　日]

合格点 70点

得点　　　点

66 環境への適応 快適な環境

1 次の暑いとき・寒いときの体の変化について，合っているものには○，まちがっているものには×を(　)に書きなさい。(5点×4)

① 寒いときには皮膚《ひふ》の血管が拡《ひろ》がる。 (　　)

② 暑いときには筋肉が緩《ゆる》む。 (　　)

③ 寒いときには熱をつくるために体が震《ふる》える。 (　　)

④ 暑いときには皮膚の血管が収縮する。 (　　)

2 次の文章の(　)にあてはまる語句を書きなさい。(5点×6)

周囲の環境《かんきょう》変化に対応して，体内環境を一定に保つはたらきを(①　　　　)といい，その能力を(②　　　　)という。

(②)には(③　　　　)がある。大きな環境変化には適応(④　　　　)。体温は上がりすぎても下がりすぎても生命に危険が及ぶ。高温下では(⑤　　　　)，低温下では(⑥　　　　)を起こし死亡することもある。

3 次の快適な温熱条件の表にあてはまる語句を，あとから選んで記号で書きなさい。(5点×7)

(①　　)	(④　　)～(⑤　　)℃
(②　　)	(⑥　　)%
(③　　)	毎秒(⑦　　)m以下

ア 気　温　　イ 気　流　　ウ 湿　度

エ 0.5　　オ 28　　カ 17　　キ 30～80

4 次の各問いに答えなさい。(5点×3)

(1) 快適に日常生活を送ることのできる温熱条件の範囲《はんい》を何といいますか。 (　　　　)

(2) 照度の単位を何といいますか。 (　　　　)

(3) 望ましい図書室の明るさはどれくらいですか。 (　　　　)以上

[　　月　　日]

合格点 70点

得点　　点

67 空気の汚れと換気

① 次の各問いに答えなさい。(80点)

(1) 次の表にあてはまる語句をあとから選んで記号で書きなさい。(5点×8)

二酸化炭素	一酸化炭素
• 呼吸や物質の(①　　)により酸素が使われて発生 • 空気中に(②　　)%含《ふく》まれる • 濃度《のうど》は空気の(③　　)を知る指標 • 許容《きょよう》濃度は(④　　)%以下	• 物質の(⑤　　)により発生 • 無色・(⑥　　)の有害な気体 • a(⑦　　)と結合し，体内の酸素不足を引き起こす • 許容濃度は(⑧　　)%以下

ア 0.0006　　イ 0.15　　ウ 0.04　　エ 汚《よご》れ

オ 無《む》臭《しゅう》　　カ ヘモグロビン　　キ 燃焼　　ク 不完全燃焼

(2) 二酸化炭素濃度はどのようなときに高くなりますか。(8点)

(　　　　　　　　)

(3) 生命が危険となる空気中の二酸化炭素濃度は，何%ですか。下から選んで記号で書きなさい。(7点)　(　　)

ア 3%　　イ 5〜6%　　ウ 7〜10%

(4) 一酸化炭素の発生源を2つ書きなさい。(9点)

(　　　　　　)・(　　　　　　)

(5) 表の下線部aの結果，頭痛《ずつう》やめまいを起こして死に至《いた》ることもある病気を何といいますか。(7点)　(　　　　)

(6) 表の下線部aのように酸素不足となるのは，一酸化炭素にどのような性質があるからですか。(9点)　(　　　　　　　　)

② 部屋の換気《かんき》方法を2つ書きなさい。。(10点×2)

・(　　　　　　　　)

・(　　　　　　　　)

[　　月　　日]

合格点 70点

得点　　　　点

68 環境の保全 水・生活排水・ごみ

1 次の(　)にあてはまる語句を書きなさい。(6点×4)

(1) 体の水分の役割……(　　　)や血液濃度《のうど》の調節，(　　　　)の排出《はいしゅつ》など

(2) 体の水分の出入り……１日あたり(　　　)L

(3) 体からの排出……１日あたり，尿《にょう》や便で約(　　　)L

2 次の文章の(　)にあてはまる語句をあとから選んで記号で書きなさい。

(4点×11)

水は，家庭で使われる(①　　)用水，学校など施設《しせつ》で使われる(②　　)用水，工業や農業で使われる(③　　)用水に分けられる。

飲料水は(④　　)で処理《しょり》され，水質検査によって(⑤　　)を満たしていることが確認された上で家庭へと供給されている。

家庭から排出《はいしゅつ》されるし尿《にょう》と(⑥　　)を合わせて(⑦　　)という。(⑦)は，下水道を通って(⑧　　)で，下水道のない地域では(⑨　　)で処理される。水洗化されていない地域では，し尿と(⑥)をいっしょに処理できる(⑩　　)の整備が進められている。これは未処理のまま川や海に排出された(⑦)が，(⑪　　)や土壌汚染《どじょうおせん》の原因となっているからである。

ア 公　共　　イ 浄水場　　ウ 浄化槽《じょうかそう》　　エ 合併《がっぺい》処理浄化槽

オ 生　活　　カ 生活排水　　キ 生活雑排水　　ク 水質汚濁《おだく》

ケ 下水処理場　　コ 水質基準　　サ 産　業

3 次の各問いに答えなさい。(8点×4)

(1) ごみの減量や資源の再利用・再生などを基本理念とする社会を何といいますか。また，この３つの取り組みを何といいますか。

基本理念(　　　　　　)　取り組み(　　　　　)

(2) 環境汚染対策として1993年に制定された法律を何といいますか。

(　　　　　)

(3) 大気汚染や水質汚濁などの環境被害《ひがい》を何といいますか。(　　　　)

69 傷害・交通事故・自然災害

合格点 70点
得点　　点

1 次の中学生の傷害《しょうがい》について，あっているものには○，まちがっているものは正しく書き直しなさい。(5点×3)

(1) 死亡原因の上位にくる病気は，がんである。　(　　　　　　)

(2) 事故死の中で第1位は交通事故死と水死である。　(　　　　　　)

(3) 交通事故の中で負傷の第1位は歩行中である。　(　　　　　　)

2 次の文の(　)にあてはまる語句を書きなさい。(5点×2)

傷害の発生には人の行動などの(①　　　　　)要因と，設備や気象条件などの(②　　　　　)要因がかかわりあって起こっている。

3 次の交通事故が起きる要因の表で，①～③の(　)にはあてはまる語句を，④～⑥にはあとから選んで記号で書きなさい。(5点×8)

(①　　　　　)要因	(②　　　　　)要因	(③　　　　　)要因
• 交通ルール違反 • (④　　)・(⑤　　)	• 見通しの悪い道路 • (⑥　　)・(⑦　　)	• ライトがつかない • (⑧　　)

ア いらいら　　イ 横断歩道などがない　　ウ ブレーキがきかない
エ 雨や雪で路面がすべる　　オ 睡眠不足

4 次の自動車の特性について答えなさい。(5点×4)

(1)

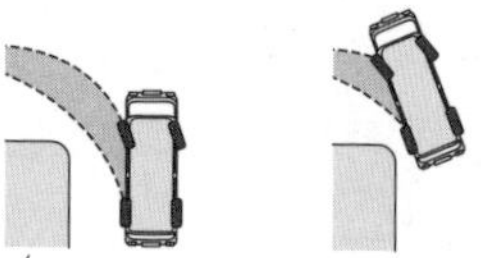

(　　　　　　)

(2)

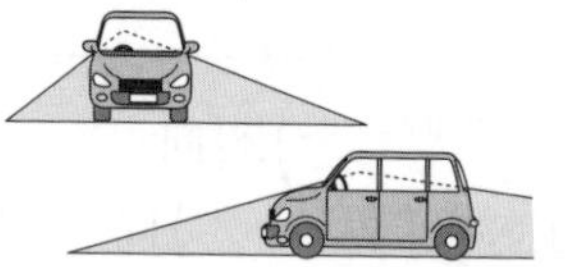

(　　　　　　)

(3) 車両の停止距離《きょり》＝(①　　　　　)距離＋(②　　　　　)距離

5 次の各問いに答えなさい。(5点×3)

(1) 交通事故による傷害を防ぐために必要なことを2つ書きなさい。

(　　　　　　　　　)　(　　　　　　　　　)

(2) 地震《じしん》のあとの火災や津波などの災害を何といいますか。　(　　　　　)

［　　月　　日］

合格点 70点

得点　　　　点

70 応急手当・けがの手当

1 次の文章の(　)にあてはまる語句をあとから選んで記号で書きなさい。(5点×10)

傷病《しょうびょう》者に行う一時的な手当を(①　　)といい，その目的は，(②　　)を救う，症状《しょうじょう》の(③　　)を防ぐ，(④　　)をやわらげる，治療《ちりょう》後の(⑤　　)を助けるなどである。

応急手当では，周囲の(⑥　　)や，傷病者の(⑦　　)を確かめ，他の人々と協力して適切な手当を行うことが必要である。傷病者に(⑧　　)が見られない場合は，ただちに(⑨　　)を行う必要がある。(⑨)には心臓を圧《あっ》迫《ぱく》する(⑩　　)と，肺に空気を送り込《こ》む人工呼吸がある。

ア 胸骨圧迫　イ 呼吸　ウ 心肺蘇生　エ 安全　オ 悪化
カ 回復　キ 生命　ク 反応　ケ 応急手当　コ 苦痛

2 次の応急手当の手順について，(　)にあてはまる語句を書きなさい。(6点×7)

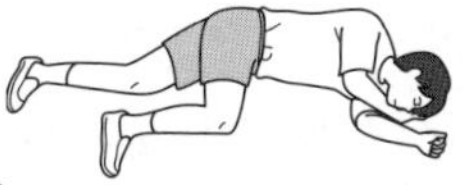

・周囲の安全確認
・反応の有無の確認→反応あり⟶(①　　　)
　→反応なし⟶(②　　)番通報・(③　　)手配

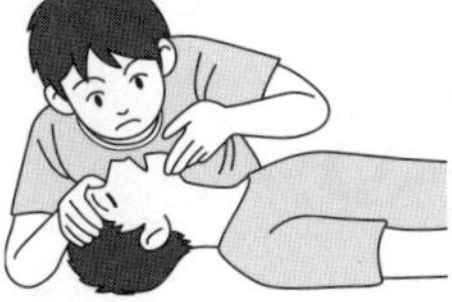

(⑤　　　)

(④　　　)⟵

・(⑥　　　)30回
・人工呼吸(⑦　　)回

⟶(③)装着

3 次の傷害の手当に関し，正しいものを選んで記号で書きなさい。(8点)

ア　直接圧迫止血《あっぱくしけつ》法では，手足の傷口《きずぐち》は心臓より低くする。
イ　包帯は体の中心部から外側へ巻いていく。
ウ　ねんざをした場合はすぐに冷やす。
エ　脱きゅうした場合の患部《かんぶ》は固定する。　(　　)

合格点 70点

得点　　点

71 健康の成り立ち・食生活と健康

1 次の健康の成り立ちの図の(　)にあてはまる語句をあとから選んで記号で書きなさい。(5点×9)

(①　　)・化学的環境
・温度・(②　　)
・(③　　)物質

(④　　)(自分自身)
・(⑤　　)・年齢・遺伝条件・免疫
・生活習慣・行動様式

(⑥　　)環境
・細菌・(⑦　　)
・動植物

(⑧　　)環境
・人間関係・保健・医療機関
・(⑨　　)

ア 社会的　イ 物理的　ウ 生物学的　エ 主　体　オ 性
カ ウイルス　キ 有　害　ク 経済状態　ケ 湿　度

2 次の文章の(　)にあてはまる語句を書きなさい。(7点×4)

食事から摂取《せっしゅ》されるさまざまな(①　　)は，体の調子を整え，活動するための(②　　)となる。(②)は安静時にも消費されており，生きる上で必要最小限の(②)の量を(③　　)という。

中学生の時期は，多様な食品を(④　　)よく摂取する必要がある。

3 12〜14歳《さい》で1日に必要なエネルギー量は男女それぞれ何kcalですか。(9点)

男子(　　)kcal　女子(　　)kcal

4 次の栄養素の摂取不足よる障害例をあとから選んで記号で書きなさい。(6点×3)

① ビタミンA　(　　)

② たんぱく質　(　　)

③ カルシウム　(　　)

ア 視力・抵抗《ていこう》力低下，皮膚《ひふ》病　イ 貧血・体力低下
ウ 骨・歯の発育不良

［　　月　　日］

合格点 70点　得点　　点

72 運動・休養と健康

1 次の文章の（　）にあてはまる語句をあとから選んで記号で書きなさい。

（5点×6）

運動することにより体の（①　　）が刺激《しげき》され，発達が促進《そくしん》される。また，（②　　）やストレス解消になるなど（③　　）的にもよい効果がある。

このように運動は体力向上につながるが，運動不足は体の（④　　）を低下させ，病気にかかりやすくなる。

一方，過度な運動は疲労骨折《ひろうこっせつ》や（⑤　　）などの（⑥　　）を引き起こすので注意が必要である。

ア 抵抗《ていこう》力　　イ スポーツ障害《しょうがい》　　ウ 気分転換《てんかん》　　エ 精　神

オ 各器官　　カ 野球肘《ひじ》

2 運動が体の各器官に与える影響《えいきょう》について，（　）にあてはまる語句を書きなさい。（8点×4）

肺―（①　　　　）の増加

骨―（②　　　　）の増加

心臓―（③　　　　）の増加

筋肉―太く，強くなる

（④　　　　）の予防，肥満の防止

3 疲労《ひろう》の現れ方を2つ書きなさい。（6点×2）

（　　　　　　），（　　　　　　）

4 次の文の（　）にあてはまる語句を書きなさい。（6点×3）

疲労が蓄積《ちくせき》すると体の（①　　　　）が低下して病気にかかりやすくなるため，（②　　　　）や入浴，栄養補給，気分転換《てんかん》など適切な（③　　　　）をとる必要がある。

5 コンピュータなどの使い方で気をつけるとよい点を書きなさい。（8点）

（　　　　　　　　　　　　　　　　）

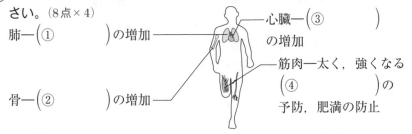

[　　月　　日]

合格点 70点

得点　　点

73 生活習慣病

1 次の各問いに答えなさい。(31点)

(1) 日本人の死亡原因の上位2つは何ですか。順に書きなさい。(10点)

第1位(　　　　　)　第2位(　　　　　)

(2) 生活習慣病にかかわるよくない生活習慣を3つ書きなさい。(7点×3)

(　　　　　)

(　　　　　)

(　　　　　)

2 次の各問いに答えなさい。(5点×9)

(1) 次の文にあてはまる病名をあとから選んで記号で書きなさい。

① 正常な細胞が異常な細胞に変わり，それが増殖する。(　　)

② 脳梗塞《こうそく》と脳出血がある。(　　)

③ 血管が詰まって心筋の細胞《さいぼう》が死ぬ。(　　)

④ 血管が狭《せま》くなって血液が流れにくくなり，心筋《しんきん》が酸素不足になる。(　　)

ア がん　イ 心筋梗塞　ウ 脳卒中《そっちゅう》　エ 狭心症《きょうしんしょう》

(2) 次の文の(　)にあてはまる語句を書きなさい。

血管にコレステロールなどの(①　　　　)がたまると(②　　　　)を引き起こす。そして血管が硬《かた》く狭《せま》くなった状態が(③　　　　)である。また，(④　　　　)のとりすぎやストレスなどで動脈にかかる圧力が高くなった状態が(⑤　　　　)である。このように(③)や(⑤)は，心臓病や脳卒中を引き起こすもととなる。

3 生活習慣病を予防する6つの習慣にあてはまる語句を書きなさい。

(6点×4)

・十分な(①　　　　)をとる。

・毎日(②　　　　)をとる。

・定期的に(③　　　　)をする。

・間食をしない。

・喫煙《きつえん》をしない。

・(④　　　)を飲みすぎない。

[　　月　　日]

合格点 70点

得点　　点

74 飲酒と健康

1 次の各問いに答えなさい。(71点)

(1) 次の文章の(　)にあてはまる語句をあとから選んで記号で書きなさい。(5点×10)

飲酒により酒の主成分である(①　　)が血液中から全身へと運ばれる。(①)には麻酔《ますい》作用があり，(②　　)や(③　　)のはたらきを低下させて，思考力・(④　　)，(⑤　　)能力を低下させる。血液内のアルコール量のことを(⑥　　)といい，(⑦　　)%で判断力がにぶり，(⑧　　)%では死に至ることもある。

(①)は(⑨　　)で分解される。しかし，その能力には(⑩　　)差があり，a限界もある。

ア 0.5　イ 0.02　ウ 肝《かん》 臓《ぞう》　エ 脳　オ 個人　カ 自制力

キ 血中アルコール濃度《のうど》　ク エチルアルコール　ケ 神経　コ 運動

(2) ①の特徴《とくちょう》としてあげられる，過度の飲酒により飲むことがやめられなくなることを何といいますか。(7点)　(　　　　)

(3) 飲酒が禁止されているのは何歳《さい》未満ですか。(7点)　(　　　　)

(4) 下線部aを上回る大量の飲酒により意識障害《しょうがい》などを起こすことを何といいますか。(7点)　(　　　　)

2 飲酒により引き起こされる体への悪影響や病名を書きなさい。(8点×3)

(1) 肝臓　(　　　　)

(2) 生殖《せいしょく》器　(　　　　)

(3) 胃　(　　　　)

3 次の文の中から，正しいものを選んで記号で書きなさい。(5点)

ア 20歳未満の飲酒を禁止する法律では，親や販売業者も処罰《しょばつ》の対象である。

イ 未成年のうちから飲酒を始めれば，依存症《いぞんしょう》にはなりにくい。

ウ 未成年者は大人よりもアルコールの分解酵素《こうそ》のはたらきが強い。

エ 若ければ「一気飲み」をしても平気である。　(　　)

［　　月　　日］

合格点 70点

得点　　　点

75 喫煙と健康

1 次の各問いに答えなさい。(100点)

(1) 右の図のA・Bの名称を書きなさい。(7点×2)

A(　　　　　)

B(　　　　　)

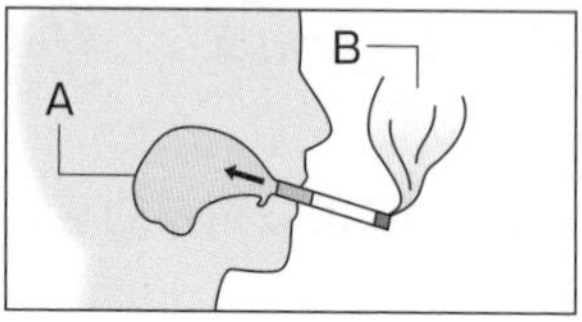

(2) 次のたばこの有害物質の表について，(　)にあてはまる語句を書きなさい。

(7点×5)

(①　　　　)	・血管を収縮させる。 ・(③　　　　)性がある。
(②　　　　)	・多くの(④　　　　　　)を含む。
一酸化炭素	・血液中のヘモグロビンと結合し(⑤　　　　)の運搬《うんぱん》能力を低下させる。

(3) (1)のうち，有害物質を多く含《ふく》むのはどちらですか。記号で書きなさい。

(　　)(7点)

(4) たばこの煙《けむり》を周囲の人が吸《す》ってしまうことを何といいますか。(7点)

(　　　　　)

(5) ④の影響《えいきょう》で，どのようながんにかかりやすくなりますか。(7点)

(　　　　　)

(6) 次の文章の(　)にあてはまる語句をあとから選んで記号で書きなさい。(6点×5)

心身の発育・発達期には，喫煙《きつえん》による悪影響《えいきょう》を受けやすく，(①　　)症《しょう》になりやすいため，(②　　)の喫煙は法律で禁止されている。

また，長期間の喫煙は肺の疾患《しっかん》である(③　　)のほか，(④　　)や脳卒中などの疾病にもかかりやすくなる。

喫煙を始める時期が(⑤　　)ほど，健康への影響が大きくなり，依存《いぞん》症にもなりやすい。

ア 早い　イ 遅《おそ》い　ウ 依存　エ COPD　オ 20歳《さい》未満

カ 心臓病

[　　月　　日]

合格点 70点

得点　　　点

76 薬物乱用の害と健康

1 次の各問いに答えなさい。(72点)

(1) 薬物を治《ち》療《りょう》などの医療目的以外に使用することを何といいますか。(8点)

(　　　　　　)

(2) (1)による精神的症状《しょうじょう》を２つ書きなさい。(16点)

(　　　　　　)・(　　　　　　)

(3) 薬物を不正に使用することにより，やめられなくなるのは薬物にどんな特性があるからですか。(8点)

(　　　　　　)

(4) 次の文にあてはまる薬物をあとから選んで記号で書きなさい。(6点×4)

① シンナーやトルエンなど。(　　)

② 幻覚《げんかく》，妄想《もうそう》，白血球の減少，性機能障害《しょうがい》を起こす。(　　)

③ 神経に異常が起きる。MDMAなどがある。(　　)

④ 薬がきれると疲労《ひろう》感・脱力《だつりょく》感が襲《おそ》う。一度の使用で死亡することもある。(　　)

ア 有機溶剤《ようざい》　イ 覚醒剤《かくせいざい》　ウ 大《たい》麻《ま》　エ 麻薬

(5) 乱用をやめた後，突然幻覚などの精神異常が起こることを何といいますか。

(　　　　　　)(8点)

(6) 次の文の中から，正しくないものを選んで記号で書きなさい。(8点)

ア 一度の乱用では依存《いぞん》症状は現れない。

イ 実際には聞こえない音が聞こえることを幻聴《げんちょう》という。

ウ 薬物を目的から外れて一度でも使用をすることを乱用という。

(　　)

2 次の文章の(　)にあてはまる語句をあとから選んで記号で書きなさい。

(7点×4)

薬物乱用は，自分を(①　　)する力をなくし，幻覚や(②　　)などから暴力行《ぼうりょくこう》為《い》や(③　　)を起こすこともある。このように社会にも悪影響をおよぼすため，さまざまな国で(④　　)によって禁止されている。

ア 犯《はん》罪《ざい》　イ 法律　ウ コントロール　エ 妄《もう》想《そう》

[　　月　　日]

合格点 70点

得点

点

77 感染症

① 次の各問いに答えなさい。(5点×12)

(1) 次の文章の(　)にあてはまる語句を書きなさい。

(①　　　　)や細菌《さいきん》などの微《び》生物が(②　　　　)であり,(②)が体内に侵入《しんにゅう》して増殖《ぞうしょく》することを(③　　　　)という。これによって起こる病気が(④　　　　)である。そして発熱など体に症状《しょうじょう》が出ることを(⑤　　　　)という。

また,(③)から(⑤)までの期間を(⑥　　　　)といい,(⑦　　　　)が高かったり,栄養状態がいいなどの(⑧　　　　)の条件やa環境《かんきょう》条件により(⑤)しなかったり,軽い症状ですんでしまうこともある。

(2) (1)のaの内容について,自然環境と社会環境に分けてそれぞれ2つ書きなさい。

- 自然環境(　　　　)(　　　　)
- 社会環境(　　　　)(　　　　)

② 次の各問いに答えなさい。(40点)

(1) 次の感染症《かんせんしょう》を予防するための対策について,(　)にあてはまる語句を書きなさい。(5点×3)

- (①　　　　)をなくす——消毒・殺菌《さっきん》など
- (②　　　　)を断つ——うがい・手洗い・マスクなど
- 体の(③　　　　)を高める——睡眠《すいみん》・休養・体力をつけるなど

(2) 次の文章の(　)にあてはまる語句をあとから選んで記号で書きなさい。(4点×5)

病原体から体を守るはたらきを抵抗《ていこう》力の中でも(①　　)といい,白血球の中の(②　　)が中心となって感染した細胞《さいぼう》を攻撃《こうげき》する。この(①)のしくみを利用し,(③　　)により病原体を体内に入れて(④　　)をつくるのが(⑤　　)である。

ア 抗《こう》体《たい》　イ ワクチン　ウ リンパ球　エ 免《めん》疫《えき》　オ 予防接種

(3) ワクチンが開発されている感染症の名前を1つ書きなさい。(5点)

(　　　　)

[　月　日]

合格点 70点

得点　　点

78 性感染症，保健・医療機関と医薬品

1 次の各問いに答えなさい。(41点)

(1) 性的接触《せっしょく》が原因で感染《かんせん》する病気を何といいますか。(5点)　(　　　　)

(2) (1)の病原体は感染者の体のどこに含《ふく》まれていますか。(　)にあてはまる語句を書きなさい。(6点×3)

- (①　　　　)・腟《ちつ》分泌液　　• (②　　　　)などの体液
- 口や性器などの(③　　　　)や皮膚《ひふ》

(3) 次の症状にあてはまる性感染症をあとから選んで記号で書きなさい。(6点×3)

① 性器周辺の痛《いた》み・水ぶくれ。発病しないことが多い。(　　)

② 男性は尿道《にょうどう》からのうみ，排尿痛《はいにょうつう》。女性は無症状な場合が多い。(　　)

③ まずは足や性器のつけ根にしこりが，その後赤いはん点が全身に現れる。(　　)

ア 性器ヘルペスウイルス　　イ 梅《ばい》 毒《どく》　　ウ 性器クラミジア感染症

2 次の各問いに答えなさい。(35点)

(1) エイズの病原体をアルファベット3文字で何といいますか。(5点)

(　　　　)

(2) (1)の感染経路を3つ書きなさい。(6点×3)

(　　　　)(　　　　)(　　　　)

(3) 性感染症の予防として有効なことを2つ書きなさい。(6点×2)

(　　　　)(　　　　)

3 次の文章の(　)にあてはまる語句を書きなさい。(4点×6)

国が定めた(①　　　　)という法律に基づき，(②　　　　)や保健所は健康診査や予防接種などの業務を行っている。

また，病気のときには診療所《しんりょうしょ》などの(③　　　　)機関を利用する。身近に(④　　　　)をもっていると安心である。

医薬品には治療《ちりょう》に有効な主作用と，そうでない(⑤　　　　)があり，(⑤)を抑《おさ》えるため回数・(⑥　　　　)・量などが決められている。

[　　月　　日]

合格点 70点

得点　　　点

79 運動とスポーツ

1 次の各問いに答えなさい。(66点)

(1) 次の運動の楽しさや必要性について，(　)にあてはまる語句をあとから選んで記号で書きなさい。(6点×4)

- 勝敗を競《きそ》う
- (① 　　)の更新・達成
- (② 　　)を表現する
- (③ 　　)に親しむ
- (④ 　　)と交流する

ア 記　録　　イ 仲　間　　ウ 感　情　　エ 自　然

(2) 次の文章の(　)にあてはまる語句をあとから選んで記号で書きなさい。(7点×6)

「スポーツ」とは，本来は(① 　　)といった意味で使われていた。現在は，誰もが(② 　　)にわたって楽しめるものに変化してきている。日本では(③ 　　)が(④ 　　)という法律でスポーツの文化的意義などを示している。また，国際的なスポーツの大会は，(⑤ 　　)の機会となり，(⑥ 　　)への貢献《こうけん》も期待される。

ア 生《しょう》　涯《がい》　　イ 世界平和　　ウ 国際憲章　　エ スポーツ基本法

オ 気晴らし，楽しみ　　カ 国　　キ 国際親善

2 次のスポーツへのかかわり方について，(　)にあてはまる語句を書きなさい。(10点)

- スポーツを(① 　　)——実際に競技をする
- スポーツを(② 　　)——競技場やテレビなどで観戦
- スポーツを(③ 　　)——クラブの指導，支援《しえん》
- スポーツについて知る

3 次の説明にあう語句をそれぞれ書きなさい。(8点×3)

- それぞれのスポーツに合った体の動かし方　(① 　　)
- 試合をするときの方針《ほうしん》　(② 　　)
- (②)のねらいを達成するための方法　(③ 　　)

［　　月　　日］

合格点 70点

得点　　点

80 体つくり運動・集団行動

1 次の各問いに答えなさい。(7点×11)

(1) 次の文章の(　)にあてはまる語句を書きなさい。

体つくり運動とは，体の(①　　　　)を整え，体力を高める運動のことで，体ほぐしの運動と a 体力を高める運動がある。

体ほぐし運動の目的は，心身の状態への(②　　　　)，心身の調整，(③　　　　)との交流である。

(2) (1)の下線部 a について，(　)にあてはまる語句をあとから選んで記号で書きなさい。

柔軟性を高める運動	•(③　　) 静的・動的	•疲労回復・リフレッシュ •(⑦　　)の防止に効果的
(①　　)な動きを高める運動	•リズミカルに動く •(④　　)を活用	•短時間での技術習得が可能になる
力強い動きを高める運動	•(⑤　　)を加える	•(⑧　　)な動作ができるようになる
動きを(②　　)する能力を高める運動	•体内に(⑥　　)を取り入れる	•スタミナが持続する

ア 負《ふ》荷《か》　イ 持続　ウ 酸素　エ 道具　オ ストレッチング
カ 巧《たく》み　キ 瞬発《しゅんぱつ》的　ク けが

2 次の各問いに答えなさい。(23点)

(1) もとの隊形《たいけい》から縦横に間隔《かんかく》をとって広がることを何といいますか。(9点)

(　　　　)

(2) 図を見て，(　)にあてはまる語句を書きなさい。(7点×2)

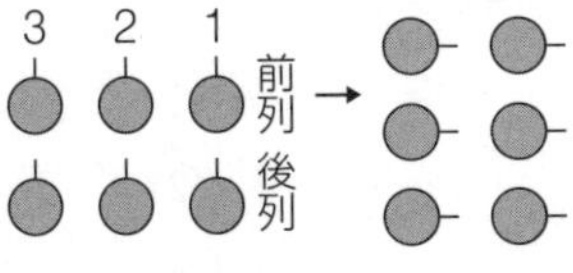

［2列横隊《れつおうたい》から3列縦隊《じゅうたい》へ］

右向け右」

→前列2番が(①　　　　)へ移動

後列2番が(②　　　　)へ移動

［　　月　　日］

合格点 70点

得点　　点

81 陸上① 短距離走・長距離走

1 次の各問いに答えなさい。(70点)

(1) 短距離《きょり》走のように全力疾走《しっそう》する走り方を何といいますか。(7点)

（　　　　　）

(2) 短距離走のスタートは何で行いますか。(7点)（　　　　　）

(3) 各走者が走る走路のことを何といいますか。(7点)（　　　　　）

(4) ある時間内での歩数を何といいますか。(7点)（　　　　　）

(5) 1歩の歩幅を何といいますか。(7点)（　　　　　）

(6) 次の図で(　)にあてはまる語句を書きなさい。(4点×2)

①（　　　　）疾走　②（　　　　）疾走

(7) 「位置について」では，両手はどれくらい開きますか。(7点)

（　　　　　）

(8) 「用意」でどのような状態でいますか。(7点)（　　　　　）

(9) フィニッシュとなるのは，走者の体のどの部分がフィニッシュラインに到《とう》達《たつ》したときですか。(7点)（　　　　　）

(10) 次の文章で，フライングとなるものをすべて選んで記号で書きなさい。(6点)

ア 「位置について」から「ドン」までで，体の一部がスタートラインに触《ふ》れたとき。

イ 「位置について」「用意」の合図で，すみやかにしたがわなかったとき。

ウ 「ドン」の合図に遅《おく》れてスタートしたとき。（　　　　　）

2 次の文章の(　)にあてはまる語句を書きなさい。(6点×5)

長距離走のスタートは（①　　　　　）で行い，「位置について」→「（②　　　　）」で行われる。肩の力は抜いて腕は自然に振《ふ》り，体の（③　　　　）は少なくする。呼吸は（④　　　　）で行うのがよい。

またランニングと歩行を交互《こうご》に行う走り方を（⑤　　　　　）という。

［　　月　　日］

合格点 70点

得点　　点

82 陸上② リレー・ハードル走

1 次の各問いに答えなさい。(58点)

(1) リレーの第1走者のスタートは何で行いますか。(8点)

(　　　　　　)

(2) 第2～4走者がスタートするのは，前走者がどこを通過したときが適切ですか。(8点)　(　　　　)

(3) バトンパスが行われるエリアを何といい，何mありますか。(8点×2)

(　　　　　　)・(　　　)m

(4) 前走者がコーナーの旗を通過した順に次走者が並《なら》ぶことを何といいますか。(8点)(　　　　　　)

(5) 右の図で，バトンパスが失格となるバトンの位置をすべて選んで記号で書きなさい。(8点)(　　　　　　)

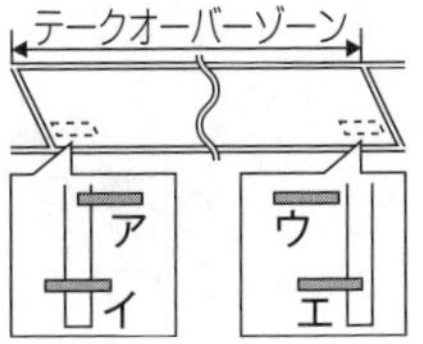

(6) 次の文の中から，失格となる行為を選んで記号で書きなさい。(10点)

ア　バトンを落とし，自分のレーンをはずれて拾う。

イ　バトンパス後，他の走者の邪魔《じゃま》にならないようにレーン内にとどまる。

ウ　バトンパス後，次走者を押《お》して走らせる。　(　　　)

2 右の図で，(　)にあてはまる語句を書きなさい。(8点×3)

(①　　　　　)(②　　　　　)(③　　　　　)

3 理想的なハードルの跳《と》び越《こ》しは，「踏《ふ》み切り点→ハードル」:「ハードル→着地点」をどのような比率でなると理想的ですか。(8点)　(　　:　　)

4 次の文の中から失格となる行為《こうい》をすべて選んで記号で書きなさい。(10点)

ア　自身のレーン以外にあるハードルを跳《と》んだとき。

イ　ハードルをはみ出した足がバーより低い位置を通ったとき。

ウ　思いがけずハードルを倒《たお》してしまったとき。　(　　　　)

[　月　日]

合格点 70点　得点　　点

83 陸上③ 走り幅跳び・走り高跳び

1 次の各問いに答えなさい。(64点)

(1) 次の文章の(　)にあてはまる語句を書きなさい。(7点×4)

走り幅跳《はばと》びでは，(①　　)を過ぎたら助走スピードを上げ，踏《ふ》み切り板には(②　　)から入って(③　　)全体で踏み切る。このとき，体の一部がⒶ<u>踏み切り線</u>の先に触《ふ》れるとⒷ<u>無効試技《むこうしぎ》</u>・(④　　)となる。

(2) (1)の下線部Ⓐを右図のア・イから選んで記号で書きなさい。(7点)　(　　)

(3) 跳躍距離《ちょうやくきょり》を正しく計測しているものを右図のa～eから選んで記号で書きなさい。(　　)(7点)

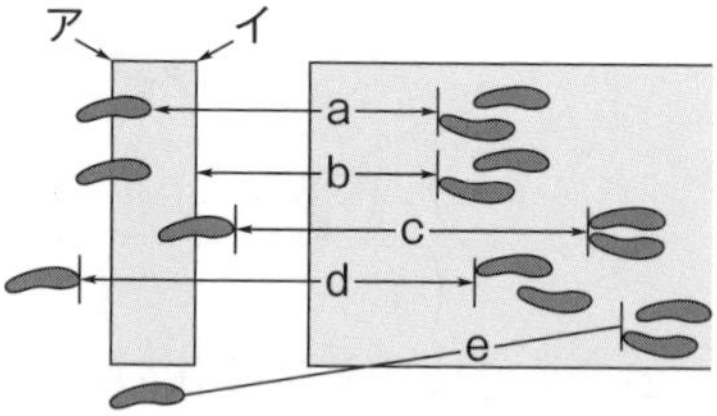

(4) 右図のa～eのうち(1)の下線部Ⓑとなるものをすべて選んで記号で書きなさい。(7点)　(　　)

(5) 下の図の跳び方をそれぞれ何といいますか。(5点×3)

(①　　)跳び　(②　　)跳び　(③　　)跳び

2 次の各問いに答えなさい。(36点)

(1) 右図①，②の跳び方をそれぞれ何といいますか。(5点×2)

(①　　)跳び　(②　　)跳び

(2) 踏み切るときの(1)①，②の助走の方向は右図のどちらですか。記号で書きなさい。(5点×2)　①(　　)　②(　　)

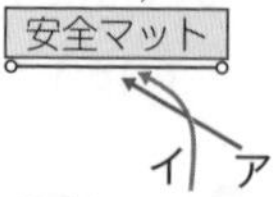

(3) 次の文のうち，無効試技となる行為《こうい》すべてに○をつけなさい。(8点)

① (　　) 踏み切りでバーの垂直面より先の地面に触《ふ》れたとき。

② (　　) 踏み切りを両足で行ったとき。

③ (　　) 跳躍後にバーが風で落ちたとき。

(4) 右図のア～ウのうち正しい計測のしかたを選んで記号で答えなさい。(8点)　(　　)

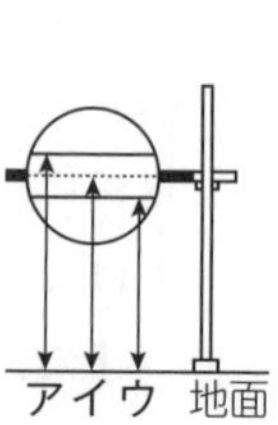

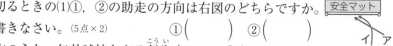

［　　月　　日］

合格点 70点

得点

点

84 器械運動 マット運動・跳び箱・平均台

1 次の各問いに答えなさい。(30点)

(1) 下の図のマット運動について，それぞれ何といいますか。(4点×4)

(①　　　　　)

(②　　　　　)

(③　　　　　)

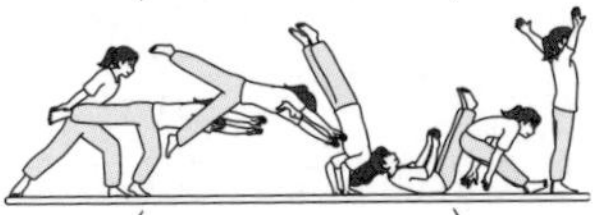

(④　　　　　)

(2) ②では，着手後体のどの部分をマットにつけますか。(7点)　(　　　　)

(3) ③では，体をどれくらいひねって着手しますか。(7点)　(　　　　)

2 次の各問いに答えなさい。(40点)

(1) 下の図の跳《と》び箱《ばこ》運動について，それぞれ何といいますか。(4点×3)

(①　　　　　)　(②　　　　　)　(③　　　　　)

(2) ②の着手は跳び箱のどこにしますか。(7点)　(　　　　)

(3) 次の文の(　)にあてはまる語句を書きなさい。(7点×3)

③では，着手後に跳び箱には(A　　　)→(B　　　)の順につけ，(C　　　)が(B)より前に出たら跳《は》ねる。

3 次の文章の(　)にあてはまる語句を書きなさい。(6点×5)

平均台では，前方歩・後方歩ともに背筋《せすじ》と(①　　　　　)を伸《の》ばして台の(②　　　　　)に触《ふ》れながら歩く。側方歩(前交差)は足を前に交差し，その足に(③　　　　　)を移動させながら進む。両足ターンは(④　　　　　)を上げて(①)でターンを行う。

また，体全体を柔《やわ》らかく使って波を表す動作を(⑤　　　　　)いう。

合格点 70点

得点　　点

85 水　泳

① 4泳法の特徴《とくちょう》について，あてはまるものをあとのA・B群からそれぞれ選んで記号で書きなさい。(10点×4)

クロール（　　・　　）　　平　泳　ぎ（　　・　　）

背 泳 ぎ（　　・　　）　　バタフライ（　　・　　）

〔A群〕 ア　あおむけの姿勢で泳ぐ。

イ　カエル足で泳ぐ。

ウ　S字を描《えが》くストロークが特徴。

エ　ドルフィンキックで泳ぐ。

〔B群〕

a

b

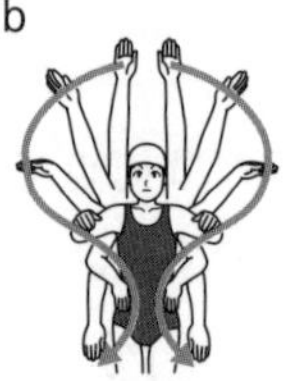

c

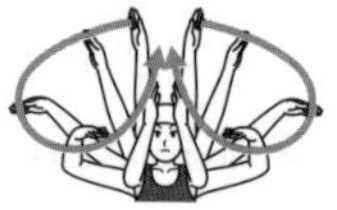

d

② 次の表の(　)にあてはまる語句を書きなさい。(10点×4)

泳　法	スタート	ターン・ゴール
クロール	飛び込み	体の（③　　　　）でタッチ
平泳ぎ	（①　　　　）	（④　　　　）同時にタッチ
背泳ぎ	（②　　　　）から	体の（ ③ ）でタッチ
バタフライ	飛び込み	（ ④ ）同時にタッチ

③ 個人メドレーのスタートは何で行いますか。また，どのような順番で泳ぎますか。(10点)

スタート（　　　　）

（　　　→　　　→　　　→　　　）

④ メドレーリレーで4人が泳ぐ順番を書きなさい。(10点)

（　　　→　　　→　　　→　　　）

[　　月　　日]
合格点 70点
得点　　　点

86 バスケットボール

1 次の各問いに答えなさい。(5点×11)

(1) 次のコートの(　)にあてはまる名称《めいしょう》を何といいますか。

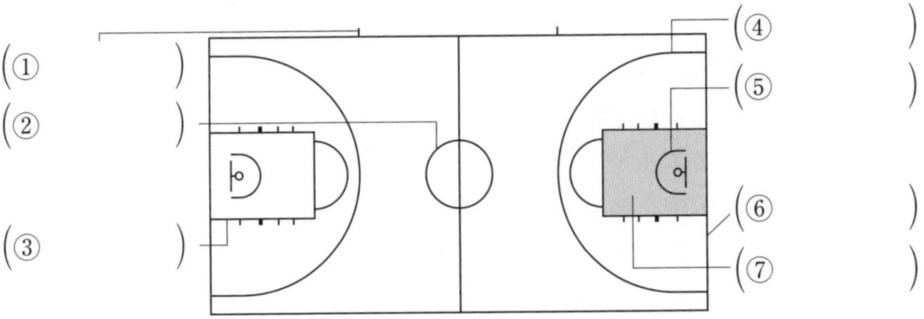

(2) (1)の③からゴールした場合の得点は何点ですか。 (　　　)点

(3) 中学生における競技時間は何分ですか。

第1・2(第3・4)クォーター(①　　)分　　ハーフタイム(②　　)分

(4) ゲームの開始は何で行いますか。 (　　　　)

2 次の文章の(　)にあてはまる語句を書きなさい。(5点×3)

ボールをもらい片足ずつ着地する(①　　　　)では，後に着地した足を軸足《じくあし》とすると(②　　　　)となる。また，ボールを持ったまま片方の足を軸足として体を回転させることを(③　　　　)という。

3 次のファウル・バイオレーションの名称を何といいますか。(6点×4)

① 相手を押《お》さえる。 (　　　　)

② 相手を手でつかんだりたたいたりする。 (　　　　)

③ 相手に突き当たる。 (　　　　)

④ 相手の制限区域で3秒を超えてとどまる。 (　　　　)

4 ヘルドボールとなった場合に，スローインによりゲームが再開されることを何といいますか。(6点)

(　　　　　　)

[　　月　　日]

合格点 70点

得点　　点

87 サッカー

① 次の各問いに答えなさい。(5点×12)

(1) 次のコートの(　)にあてはまる名称《めいしょう》を何といいますか。

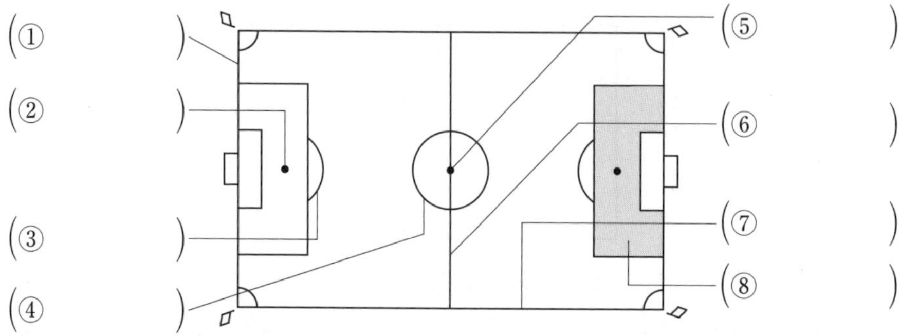

(2) ゲームの開始は何で行いますか。 (　　　　)

(3) (1)の⑦からボールが出たとき，リスタートのために相手チームが行うことは何ですか。 (　　　　)

(4) 攻撃《こうげき》側のボールが(1)の①から出たとき，リスタートのために相手チームが行うことは何ですか。 (　　　　)

(5) 防御《ぼうぎょ》側のボールが(1)の①から出たとき，リスタートのために相手チームが行うことは何ですか。 (　　　　)

② 次のプレイを何といいますか。(6点×4)

① 足の外側で蹴《け》ると見せかけてボールをまたぎ，逆方向へフェイントをかけること。 (　　　　)

② 足の甲《こう》を使って，強く，遠くへ飛ばすキック。 (　　　　)

③ 浮いているボールを体で処理すること。 (　　　　)

④ 足の内側で押《お》し出すコントロール重視のキック。 (　　　　)

③ わざと相手を蹴ったり押さえたりする反則をした場合に行われることを何といいますか。また自陣のペナルティエリア内でのこの反則に対して行われることを何といいますか。(8点×2) (　　　　)(　　　　)

［　　月　　日］

合格点 70点

得点　　　点

88 バレーボール

1 次の各問いに答えなさい。（5点×10）

(1) 次のコートの(　)にあてはまる名称《めいしょう》を何といいますか。

(①　　　　　)

(②　　　　　)

(③　　　　　)

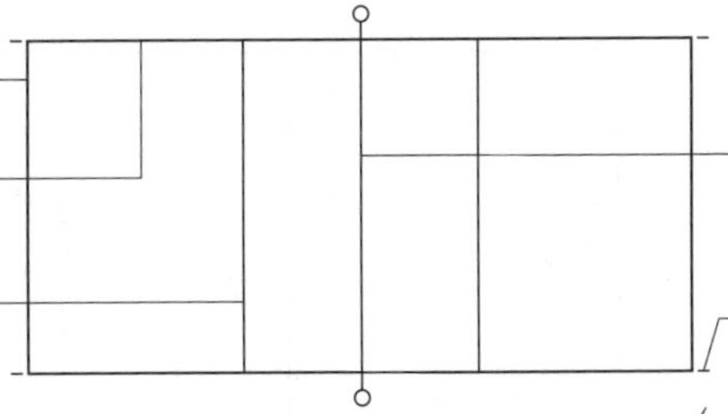

(④　　　　　)

(⑤　　　　　)

(2) 守備を専門に行う選手の名称を何といいますか。　(　　　　　)

(3) サービス権を得たときに選手がポジションを移動することを何といいますか。　(　　　　　)

(4) (3)で移動する方向はどちらですか。　(　　　　　)

(5) 得点が得られるのはどんなときですか。２つ書きなさい。

(　　　　　　　)(　　　　　　　)

2 次の文章の(　)にあてはまる語句を書きなさい。（5点×6）

相手側からのボールを受けて(①　　　　)，(②　　　　)，(③　　　　)と３回で返すことを(④　　　　)という。また，相手チームのボールをネット上で止めるのが(⑤　　　　)，強打とみせかけて指先でボールをつくような技術が(⑥　　　　)である。

3 サービスのとき，選手が正しい位置にいない場合の反則を何といいますか。

(　　　　　　　)（4点）

4 右図の主審の合図は何ですか。（4点×4）

① ② ③ ④

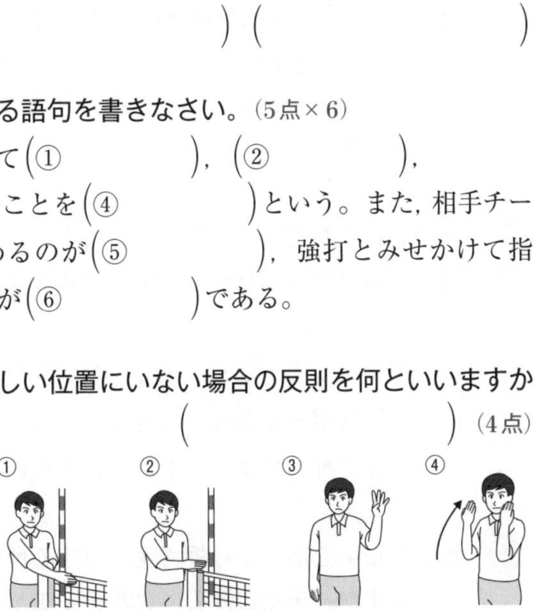

(①　　　　)(②　　　　)(③　　　　)(④　　　　)

合格点 70点

得点　　　点

89 柔道・剣道・ダンス

1 柔道について，次の各問いに答えなさい。(61点)

(1) 次の文の(　)にあてはまる語句を書きなさい。(5点×9)

試合は，開始線で(①　　)をし，(②　　)足から出て(③　　　　)で待つ。主審《しゅしん》の「(④　　　　　)」で始まり，「a 一本」または「(⑤　　　　)」で終わる。移動は(⑥　　　　　)で行い，(⑦　　　　)と歩み足がある。技をかける前に相手の体勢を不安定にさせるのが(⑧　　　　)，技をかけるため自分が移動することが(⑨　　　　　)である。

(2) 次の技《わざ》の名称を何といいますか。(3点×4)

(①　　　　) (②　　　　) (③　　　　) (④　　　　)

(3) (1)の下線部aは，「技あり」を何回とったときですか。(4点)　(　　　)回

2 剣道について，次の各問いに答えなさい。(27点)

(1) 次の文章の(　)にあてはまる語句を書きなさい。(5点×4)

移動は(①　　　　　)を使い，竹刀《しない》で打つことを(②　　　　)という。基本の構えは，相手の喉《のど》の高さに剣先《けんさき》を向ける(③　　　　)で，互《たが》いに剣先が軽く交差する距離《きょり》を(④　　　　　)という。

(2) 左右面打ちの打つ角度は斜《なな》め上何度からですか。(3点)　(　　　)度

(3) 次の文で有効打突《だっき》と認《みと》められるものを選んで記号で書きなさい。(4点)

ア　試合終了合図と同時の有効打突。　　イ　相打ちの場合。

ウ　剣先が相手を制している場合。　(　　　)

3 次のフォークダンスのポジションの名称《めいしょう》を書きなさい。(3点×4)

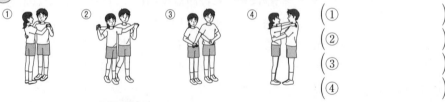

①
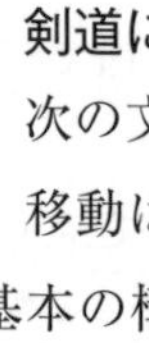
②
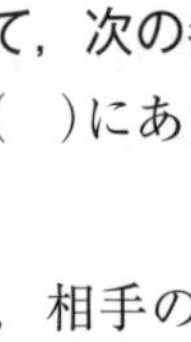
③
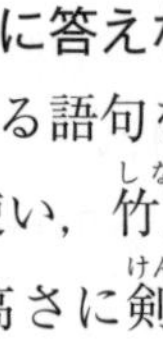
④
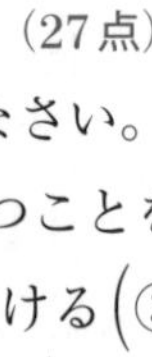

(①　　　　　)

(②　　　　　)

(③　　　　　)

(④　　　　　)

[　　月　　日]

合格点 70点

得点　　　　点

90 新体力テスト ①

1 次の図の名称《めいしょう》を書き，それぞれの測定方法について(　)にあてはまる語句をあとから選んで記号で書きなさい(記号は何度使ってもよい)。(5点×20)

(1)

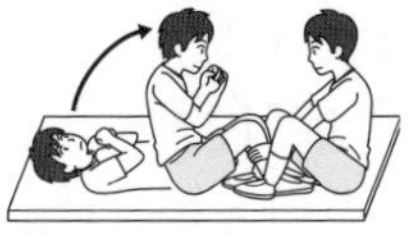

(Ⓐ　　　　　　)

あおむけで胸の前で両腕《うで》を交差し，両膝《ひざ》の角度は(①　　)度にする。「始め」で両肘《ひじ》と両大腿《だいたい》部が着くまで上体を起こし，すばやく元の姿勢《しせい》に戻《もど》る。

記録は(②　　)秒間にできた回数。

(2)

(Ⓑ　　　　　　)

中央線をまたいだ状態から，「始め」で(③　　)の線へ，中央線に戻り，次に(④　　)の線へとサイドステップを繰《く》り返す。

記録は各線通過ごとに1(⑤　　)，(⑥　　)秒間を2回行い，よい方とする。

(3)

(Ⓒ　　　　　　)

直径(⑦　　)mのサークル内から自由な投球フォームで投げる。線を踏《ふ》んではいけない。

記録は(⑧　　)単位で，それ未満は切り捨て。

(⑨　　)回行い，よい方とする。

(4)

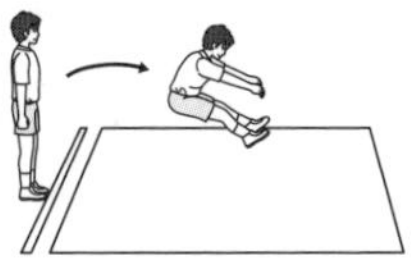

(Ⓓ　　　　　　)

つま先を踏《ふ》み切り線の(⑩　　)にそろえて立ち，両足同時に踏み切る。

記録は，踏み切り線(⑩)から砂場についた一番近い跡《あと》までを(⑪　　)単位で，それ未満は切り捨て。

(⑫　　)回行い，よい方とする。

(5)

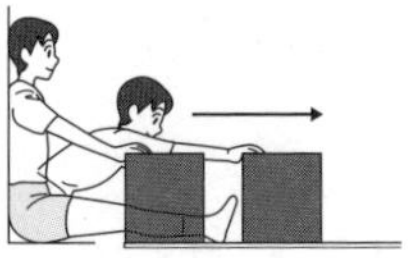

(Ⓔ　　　　　　)

壁《かべ》に背・尻《しり》を着けて座り，両脚《あし》は箱《はこ》の中に入れる。両肘を(⑬　　)に広げ，手のひら中央を箱の手前端《はし》にかけて両手で箱を押していく。

記録は箱の移動距離《きょり》を(⑭　　)単位で，それ未満は切り捨て。(⑮　　)回行い，よい方とする。

ア cm	イ m	ウ 左	エ 右	オ 1
カ 2	キ 20	ク 30	ケ 45	コ 90
サ 肩幅	シ 点	ス 前端		

[　　月　　日]

合格点 70点
得点　　点

91 新体力テスト ②

1 次の文章の(　)にあてはまる語句を書きなさい。(5点×18)

(1) 握力《あくりょく》の測定では，足は自然に開き，(①　　　　)の姿勢で握力計の指針《ししん》を(②　　)側に向ける。(③　　　　)指の第(④　　)関節が(⑤　　　　)になるように握《にぎ》り，衣服などに触《ふ》れないように握りしめる。

記録は，(⑥　　)・(⑦　　)の順に交互に(⑧　　)回ずつ行い，(⑨　　)単位で，それ未満は切り捨て。左右のよい方の記録の平均値とする。

(2) 50m走の測定は，(⑩　　　　)スタートで行い，記録は(⑪　　)分の1秒単位で，それ未満は切り捨てる。

(3) 20mシャトルランは，(⑫　　　　)の合図で20mの間を往復する。記録は(⑬　　　　)の回数だが，(⑭　　)回続けて線までたどりつけなかったとき，(⑫)についていけなくなったときに終了する。

持久走は(⑮　　　　)スタートで行い，記録は(⑯　　)単位で，それ未満は切り捨てる。男子は(⑰　　　　)m，女子は(⑱　　　　)mで行う。

2 次のテスト項目で測定される体力の表について，(　)にあてはまる語句をあとから選んで記号で書きなさい(記号は何度使ってもよい)。(2点×5)

テスト項目	測定される体力
握　力	筋力
上体起こし	筋力・筋持久力
長座体前屈	(①　)
反復横跳び	(②　)
20mシャトルラン・持久走	全身持久力
50m走	スピード
立ち幅跳び	(③　)
ハンドボール投げ	(④　)・(⑤　)

ア 瞬発《しゅんぱつ》力(筋パワー)　　イ 巧《こう》ち性　　ウ 柔軟《じゅうなん》性　　エ 敏《びん》しょう性

[　　月　　日]

合格点 70点

得点　　　点

92 運動と体や心のはたらき

1 次の各問いに答えなさい。(8点×5)

(1) 次の文章の(　)にあてはまる語句を書きなさい。

運動やスポーツを行うと，体の発達や機能を向上させることができる。体力には，疲労解消や体調維持に効果がある「(①　　　　　　)ための体力」と，「(②　　　　　　)ための体力」がある。

$_a$<u>呼吸器・循環器</u>，骨・$_b$<u>筋肉</u>，$_c$<u>神経系</u>の発達時期に応じて運動を適切に行うことにより，体の各器官をバランスよく発達させることができる。

(2) (1)の下線部aの機能が高まることによって向上するものは何ですか。

(　　　　　　)

(3) (1)の下線部bを運動で繰《く》り返し使うことで向上するものを何といいますか。

(　　　　　　)

(4) (1)の下線部cは，幼児期からさまざまな運動をすることによってどのような能力が向上しますか。(　　　　　　)

2 次の安全な運動やスポーツの行い方について，(　)にあてはまる語句を書きなさい。(8点×5)

- 運動の(①　　　　)を理解する。
- 発達段階に応じた(②　　　　)・強度・頻度《ひんど》に配慮《はいりょ》した計画を立てる。
- 運動前には自分の(③　　　　)を確認する。
- 運動の前後に(④　　　　)運動・整理運動を行う。
- 運動中に，適度な休息・(⑤　　　　)補給を行う。
- 施設や用具の安全を確認する。
- 天候などの気象情報に注意する。

3 いつ・どこでも，だれもが，それぞれの目的に応じてスポーツに親しむことを大切にすべきだという考え方を何といいますか。(10点)

(　　　　　　)

4 オリンピックの理念を何といいますか。(10点)　(　　　　　　)

[　　月　　日]

合格点 70点

得点　　　点

93 浜辺の歌

1 次の楽譜《がくふ》は，「浜辺の歌」の一部です。この楽譜を見て，あとの問いに答えなさい。(100点)

(1) この曲の作詞者はだれですか。(10点)　(　　　　　)

(2) この曲の作曲者はだれですか。(10点)　(　　　　　)

(3) この楽譜を説明した次の文章の(　)にあてはまる語句を，それぞれ書きなさい。(6点×5)

この曲の拍子《ひょうし》は(①　　　　)拍子で，これは(②　　　　)音符《おんぷ》を1拍《ぱく》とすると，(②)音符が1小節内に(③　　)つあることを表す。速度は♪＝104～112で，(④　　)分間に(②)音符を104から112ぐらい打つ速さである。また，この曲は(⑤　　　　)調である。

(4) 楽譜中のa～dの記号や休符《きゅうふ》の名前を書きなさい。(6点×4)

a(　　　　　)　b(　　　　　)

c(　　　　　)　d(　　　　　)

(5) 楽譜中のdの意味をア～エの中から1つ選んで，記号で書きなさい。(6点)

(　　)

ア 弱　く　　イ 少し弱く　　ウ とても弱く　　エ 少し強く

(6) 楽譜中のeの読みと意味を書きなさい。(10点)

読み(　　　　　)　意味(　　　　　　　)

(7) この曲の歌詞にある，「あしたはまべを……」の「あした」の意味をア～エの中から1つ選んで，記号で書きなさい。(10点)　(　　)

ア 明　日　　イ 昔　　ウ 朝　　エ 夕　方

[　　月　　日]

合格点 70点

得点　　　点

94 赤とんぼ

1 次の楽譜《がくふ》は，「赤とんぼ」の一部です。この楽譜を見て，あとの問いに答えなさい。(100点)

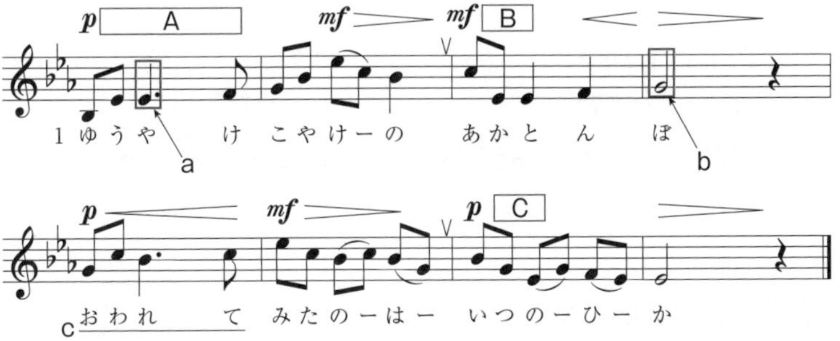

(1) この曲を説明した次の文章の(　)にあてはまる語句を，あとのア～カの中から1つずつ選んで，記号で書きなさい。(8点×3)

この曲の作詞者の(①　　)は，自分が小さいころに(②　　)と赤とんぼを見た思い出を歌詞にしている。また作曲者の(③　　)は，ドイツで音楽理論を学び，歌曲などで数多くの作品を残している。

ア 北原白秋《きたはらはくしゅう》　イ 中田喜直《なかだよしなお》　ウ 三木露風《みきろふう》　エ 山田耕筰《やまだこうさく》

オ 母 親　カ 子守娘《こもりむすめ》

(2) 楽譜中のa，bの音符《おんぷ》の名前を書きなさい。(8点×2)

a(　　　　　)　b(　　　　　)

(3) 下線部cの「おわれて」の意味を答えなさい。(8点)

(　　　　　　　　　　)

(4) aの音符の長さの割合は，♩を1とした場合，どれくらいになりますか。

(　　　) (10点)

(5) 楽譜中のA～Cにあてはまる強弱記号は，次のうちどちらか，それぞれ記号で答えなさい。(10点×3)　A(　　)　B(　　)　C(　　)

ア $<$　　イ $>$

(6) この曲の形式を書きなさい。(12点)　(　　　　)

合格点 70点
得点
点

95 夏の思い出

1 次の歌詞は，「夏の思い出」の1番です。この歌詞の(　)にあてはまる語句を書いて，あとの問いに答えなさい。(15点×4)

(①　　　　　　)　思い出す　はるかなa尾瀬《おぜ》　遠い空
霧《きり》のなかに　うかびくる　やさしい影《かげ》　野の小径《こみち》
(②　　　　　　)の花が　咲《さ》いている　夢みて咲いている　水の辺《ほと》り
石楠花色《しゃくなげいろ》に　たそがれる　はるかな尾瀬　遠い空

(1) 下線部aの尾瀬が位置する3県の組み合わせとして正しいものを，ア～エの中から1つ選んで，記号で書きなさい。　(　　)

ア 群馬《ぐんま》県，新潟《にいがた》県，福島《ふくしま》県　　イ 長野《ながの》県，群馬県，新潟県
ウ 新潟県，福島県，栃木《とちぎ》県　　エ 群馬県，栃木県，埼玉《さいたま》県

(2) この曲の作詞者はだれですか。　(　　　　)

2 次の楽譜《がくふ》は，「夏の思い出」の一部です。この楽譜を説明したあとの文章の(　)にあてはまる語句を，それぞれ書きなさい。(10点×4)

この曲では日本語の抑揚《よくよう》を生かすために，様々な音符《おんぷ》や記号が使われている。たとえばaは(①　　　　　)といい，ここでは(②　　　　　)音符を3等分したものである。

また，bは(③　　　　　)といい，「音の長さをじゅうぶんに保って」という意味である。

cは「音符(休符《きゅうふ》)をほどよくのばす」ときに使われ，(④　　　　　　)という。

合格点 70点

得点　　　点

96 荒城の月

1 次の歌詞は，「荒城の月」の１番です。この歌詞の(　)にあてはまる語句を書いて，あとの問いに答えなさい。(9点×6)

(1) 春高楼《はるこうろう》の (①　　　　　) めぐる盃《さかずき》　影《かげ》さして

ₐ千代《ちよ》の松が枝《え》　わけ出《い》でし　(②　　　　　)の光　今いずこ

(2) この歌詞を説明した次の文章の(　)にあてはまる語句を，あとのア～キの中から１つずつ選んで，記号で書きなさい。

作詞者は(①　　)である。歌詞には難解な言葉が含《ふく》まれており，たとえば下線部ａの意味は(②　　)である。(③　　)によって補作編曲されたものも親しまれている。こちらは原曲とは(④　　)の形などが変わっている。

ア リズム　　イ 山田耕筰《やまだこうさく》　　ウ 土井晩翠《どいばんすい》　　エ 滝廉太郎《たきれんたろう》

オ 古い松の枝《えだ》　　カ つる草　　キ 歌　詩

2 次の楽譜《がくふ》は，「荒城の月」の一部です。この楽譜を見て，あとの問いに答えなさい。(46点)

(1) 楽譜中のａ，ｃ，ｄの記号の名前を書きなさい。(9点×3)

ａ(　　　　　　　)　ｃ(　　　　　　　)　ｄ(　　　　　　　)

(2) 楽譜中のｂの意味をア～エの中から１つ選んで，記号で書きなさい。(9点)

ア 緩《ゆる》やかに　　イ ゆっくり歩くような速さで

ウ 中ぐらいの速さで　　エ 速　く　　(　　)

(3) ｅのように一時的に音高を変化させるために付けられる記号を何というか書きなさい。(10点)　(　　　)

[　　月　　日]

合格点 70点

得点　　　点

97 花

① 次の歌詞は，「花」の１番です。この歌詞を見て，あとの問いに答えなさい。

（15点×4）

春のうららの　a 隅田川《すみだがわ》　のぼりくだりの　船人《ふなびと》が
櫂《かい》のしずくも　花と散る　ながめを何に　b たとうべき

(1) 下線部 a の隅田川が位置する都道府県として正しいものを，ア〜エの中から１つ選んで，記号で書きなさい。

ア 北海道《ほっかいどう》　イ 宮城《みやぎ》県　ウ 東京《とうきょう》都　エ 沖縄《おきなわ》県　（　　）

(2) この楽譜《がくふ》を説明した次の文章の（　）にあてはまる語句を，それぞれ書きなさい。

この曲は組曲「四季」の中の１曲で，作曲者は「荒城《こうじょう》の月」で知られる（①　　　　）である。また，作詞者は（②　　　　）である。歌詞は情景を表し，下線部 b は（③　　　　　　）という意味である。

② 次の楽譜は，「花」の一部です。この楽譜を見て，あとの問いに答えなさい。

（10点×4）

(1) この曲は何調か書きなさい。（　　　　）

(2) この曲の拍子《ひょうし》を書きなさい。（　　　　）

(3) a の音符《おんぷ》の長さの割合は，♩を１とした場合，どれくらいになりますか。（　　　　）

(4) 楽譜中の 𝄾 の記号の名前を書きなさい。（　　　　）

[　　月　　日]

合格点 70点

得点　　　点

98 花の街

1 次の歌詞は，「花の街」の１番です。この歌詞の(　)にあてはまる語句を書いて，あとの問いに答えなさい。(15点×2)

七色の谷を越えて　流れていく風のリボン

(　　　　　　　　) 駆《か》けて行ったよ　春よ春よと駆《か》けて行ったよ

(問い)　この曲の作詞者と作曲者の組み合わせとして正しいものを，ア～エの中から１つ選んで，記号で書きなさい。　(　　　)

ア (詞)江間章子《えましょうこ》，(曲)中田喜直《なかだよしなお》　イ (詞)三木露風《みきろふう》，(曲)團伊玖磨《だんいくま》

ウ (詞)三木露風，(曲)成田為三《なりたためぞう》　エ (詞)江間章子，(曲)團伊玖磨

2 次の楽譜《がくふ》は，「花の街」の一部です。この楽譜を見て，あとの問いに答えなさい。(10点×7)

(1)　この楽譜を説明した次の文章の(　)にあてはまる語句を，それぞれ書きなさい。

この曲は１フレーズごとの冒頭が (①　　　　　) で始まるのが特徴《とくちょう》的である。(①)の長さの割合は，♩を１とした場合，(②　　　) である。また，(③　　　　) 調であり，(③)調の主音は音名で (④　　　)，階名《かいめい》で (⑤　　　) である。

(2)　この曲の拍子《ひょうし》を書きなさい。　(　　　)

(3)　楽譜中のａの意味をア～エの中から１つ選んで，記号で書きなさい。　(　　　)

ア 緩《ゆる》やかに　イ 中ぐらいの速さで

ウ やや速く　エ 速　く

［　　月　　日］

合格点　70点

得点　　点

99 早春賦

1 次の歌詞は，「早春賦《そうしゅんふ》」の２番です。この歌詞を説明したあとの文章の（　）にあてはまる語句を，それぞれ書きなさい。(7点×5)

氷解け去り　葦《あし》は角《つの》ぐむ　a さては時ぞと　思うあやにく

今日もきのうも　雪の空　今日もきのうも　雪の空

この曲は（①　　）の訪《おとず》れを待ちわびている内容で，下線部 a は「（ ① ）が来たと思ったが，（②　　　　）」という意味である。作詞者は（③　　　　）で，唱歌の作詞を多く手がけた人物である。また，作曲者は（④　　　　）で，（⑤　　　　）の父である。

2 次の楽譜《がくふ》は，「早春賦」の一部です。この楽譜を見て，あとの問いに答えなさい。(65点)

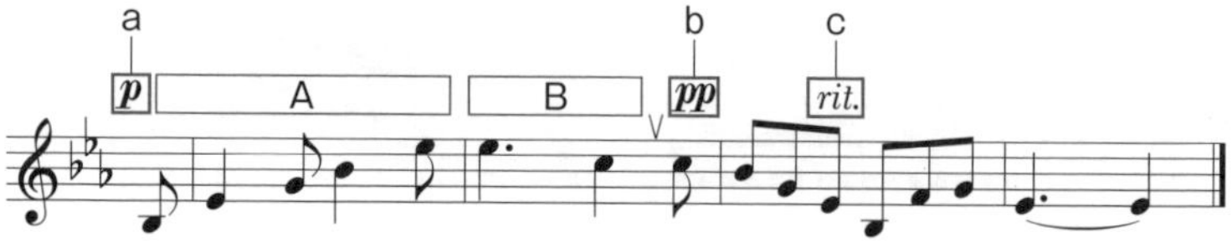

(1) 楽譜中の a ～ c の記号の名前を書きなさい。(7点×3)

a（　　　　）　b（　　　　）　c（　　　　）

(2) 楽譜中の a ～ c の意味をア～エの中から１つずつ選んで，記号で書きなさい。(6点×3)　a（　）　b（　）　c（　）

ア とても弱く　イ 弱　く　ウ 遅《おそ》　く　エ だんだん遅く

(3) 楽譜中の A，B にあてはまる強弱記号は，次のうちどちらか，それぞれ記号で書きなさい。(7点×2)　A（　）　B（　）

ア ＜　　イ ＞

(4) 次の歌詞の意味を答えなさい。(6点×2)

① 時にあらずと（　　　　　　　　）

② 知らでありしを（　　　　　　　　）

［　　月　　日］

合格点 70点

得点　　　点

100 春

1 「春」について説明した次の文章の（　）にあてはまる語句を，それぞれ書きなさい。（10点×5）

「春」は「和声と創意《そうい》の試《こころ》み」第１集「（①　　　　　）」の中の第１曲で，３つの楽章から構成されている。全合奏《がっそう》の部分と独奏の部分が交互《こうご》に現れる（②　　　　　）形式でつくられており，これはバロック時代の曲に多く見られる特徴《とくちょう》である。また，作曲者の（③　　　　　）は（④　　　　　）のベネチア生まれで，膨大《ぼうだい》な数の（⑤　　　　　）を作曲した。

2 次の旋律《せんりつ》は，「春」の一部です。この旋律を見て，あとの問いに答えなさい。（10点×3）

A

B

(1)　旋律A，Bに付けられている短い詩として正しいものを，ア～エの中から１つずつ選んで，記号で書きなさい。　A（　　）　B（　　）

ア　小鳥は楽しい歌で，春を歓迎《かんげい》する。

イ　黒雲と稲妻《いなずま》が空を走り，雷鳴《らいめい》は春が来たことを告げる。

ウ　春がやって来た。

エ　嵐《あらし》がやむと，小鳥はまた歌い始める。

(2)　(1)のア～エのような，14行からなる短い詩を何といいますか。

（　　　　）

3 「春」で使われている楽器について，次の各問いに答えなさい。（10点×2）

(1)　「春」で独奏している楽器は何ですか。　（　　　　）

(2)　チェンバロなどの鍵盤《けんばん》楽器はどのような音を受け持っていますか。

（　　　　）

[　月　日]

合格点 70点
得点　　点

101 魔　王

① 次の旋律《せんりつ》は，「魔王《まおう》」の一部です。これを見て，あとの問いに答えなさい。

(10点×8)

A

おとうさんおとうさん まおうがいま ぼうやをつかんでつれてゆく

B

かわいい ぼうや おいでよ おもしろいあそびーーをしよう

C

かぜのよにうまをかり かけりゆくものあり

D

ぼうや ぼうや ああそれは かれたーやなぎのみきじゃ

(1) 旋律A～Dは「魔王」の4人の登場人物(魔王，父，子，語り手)のうちだれによるものか，それぞれ書きなさい。

A(　　　　　)　B(　　　　　)　C(　　　　　)　D(　　　　　)

(2) 「魔王」の登場人物について説明した次の文章の(　)にあてはまる語句を，あとのア～オの中から1つずつ選んで，記号で書きなさい。

「魔王」の登場人物は，それぞれ声の高さや強弱が異なっている。たとえば子は魔王を恐《おそ》れ，(①　　　)声で歌っており，父は(②　　　)声で子を落ち着かせるように返している。魔王は優《やさ》しい声から徐々に(③　　　)声へと変化していく。そして，語り手は場面の様子を説明している。こうした登場人物による違《ちが》いと，(④　　　)による伴奏《ばんそう》の形の変化で，詩の内容や物語の進行が表現されている。

ア おびえた　　イ 怒《おこ》った　　ウ 低い　　エ オーケストラ　　オ ピアノ

② 次の各問いに答えなさい。(10点×2)

(1) 「魔王」の詩をつくった文学者はだれですか。　(　　　　　)

(2) 「魔王」の作曲者シューベルトの作品して正しいものを，ア～エの中から1つ選んで，記号で書きなさい。　(　　　)

ア 椿《つばき》 姫《ひめ》　　イ 野ばら　　ウ トスカ　　エ ロメオとジュリエット

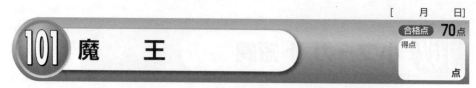

［　　月　　日］

合格点 70点

得点　　　　点

102 小フーガ ト短調

1 次の各問いに答えなさい。(19点)

(1) 「小フーガ ト短調」の作曲者はだれですか。(10点)　(　　　　)

(2) (1)の作曲者が活躍《かつやく》した時代として正しいものを，ア～エの中から１つ選んで，記号で書きなさい。(9点)　(　　)

ア ルネサンス　**イ** バロック　**ウ** 古典派　**エ** ロマン派

2 「小フーガ ト短調」について説明した次の図と文の(　)にあてはまる語句を，それぞれ書きなさい。共通する番号には，同じ語句が入ります。(9点×4)

第１声部　(①)→→→→→→→→→→→→→→→→→→→→→→→→→
第２声部　　　　　　(②)→→→→→→→→→→→→→→→→→→→→
第３声部　　　　　　　　　　　(①)→→→→→→→→→→
第４声部　　　　　　　　　　　　　　　　　(②)→

「フーガ ト短調」のことを(①　　　　)と区別するために(②　　　　)ともいう。「小フーガ ト短調」は荘厳《そうごん》な雰囲気《ふんいき》をもつ曲として知られているが，「フーガ」とは，初めに提示《ていじ》される(③　　　　)に対し，追いかけるように他の声部である(④　　　　)が加わっていき，からみ合いながら展開していく音楽のことをいう。

3 「小フーガ ト短調」で使われる楽器について説明した次の文章の(　)にあてはまる語句を，あとのア～ケの中から１つずつ選んで，記号で書きなさい。(9点×5)

「小フーガ ト短調」で使われている楽器は(①　　)で，これは大小さまざまな(②　　)に空気を送って音を出す鍵盤《けんばん》楽器である。多くは手《て》鍵盤に加え(③　　)鍵盤も備えている。また，(④　　)と呼ばれる(②)を選択《せんたく》して音色《ねいろ》をつくり出す装置が付いている。(①)は(⑤　　)教の教会に多く設置され，中には美しい装飾《そうしょく》のものや巨大なものもある。

ア パイプオルガン　**イ** 電子オルガン　**ウ** 足　**エ** 指
オ スピーカー　**カ** パイプ　**キ** ストップ　**ク** キリスト　**ケ** イスラム

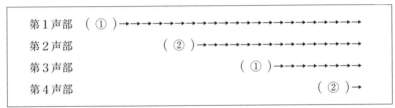

[　　月　　日]

合格点 70点

得点　　　　点

103 交響曲第５番 ハ短調

① 「交響曲《こうきょうきょく》第５番 ハ短調」の作曲者について説明した次の文章の(　)にあてはまる語句を，それぞれ書きなさい。(8点×4)

「交響曲第5番 ハ短調」の作曲者(①　　　　　　　　)は(②　　　　　)のボン生まれで，(③　　　)が不自由な身でありながら，多くのすばらしい曲を残している。「交響曲第５番 ハ短調」は日本では「(④　　　　　)」とも呼ばれている。

② 「交響曲第５番 ハ短調」について説明した次の図と文章の(　)にあてはまる語句を，あとのア～クの中から１つずつ選んで，記号で書きなさい。共通する番号には，同じ語句が入ります。(8点×6)

(①　　)部		(②　　)部		(③　　)部		コーダ
第１主題と第２主題を示す。	⇨	主題などで曲を発展させる。	⇨	第１主題と第２主題が再び現れる。	⇨	曲の最後を締《し》めくくる。

交響曲とは(④　　　)によって演奏《えんそう》され，複数の楽章から構成される大規模な器楽曲のことをいい，一般《いっぱん》に(⑤　　　)形式を含《ふく》んでいる。「交響曲第５番 ハ短調」も４つの楽章から構成され，第１楽章と第４楽章は(⑤)形式となっている。(⑤)形式とは上の図のように，(①)部，(②)部，(③)部，そして場合によってはコーダを含んだ組み立ての形式である。さらに，第３楽章は(⑥　　　)形式となっている。

ア フーガ　　イ ソナタ　　ウ オーケストラ　　エ 複合三部

オ 終　結　　カ 提　示　　キ 再　現　　ク 展　開

③ 次の旋律《せんりつ》は，「交響曲第５番 ハ短調」の一部です。旋律A，Bの説明として正しいものは次のうちどちらか，記号で書きなさい。(10点×2)

ア　作曲者が「このように運命は扉《とびら》をたたく」と語ったといわれる，第１楽章冒頭《ぼうとう》の動機

イ　第１楽章の第２主題

A

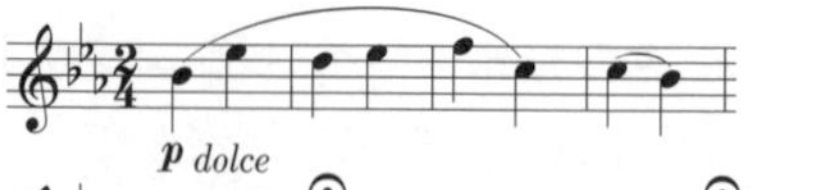

B

(A　　　　)　(B　　　　)

［　　月　　日］

合格点 70点

得点　　　点

104 ブルタバ(モルダウ)

1 「ブルタバ(モルダウ)」について説明した次の文章の(　)にあてはまる語句を書いて，あとの問いに答えなさい。(10点×4)

「ブルタバ(モルダウ)」は(①　　　　)作曲による連作交響詩《こうきょうし》「(②　　　　)」の中の２曲目にあたる。当時(①)の a 故郷《こきょう》は，オーストリア帝国《ていこく》の圧政を受けており，(①)は故郷を思う気持ちを込《こ》めてこの「(②)」を作曲した。故郷の伝説や自然を題材に，全６曲で構成されている。

(1) 下線部 a の故郷とはどこか，現代の国名で答えなさい。(　　　　)

(2) 交響詩を演奏するのに用いられる音楽形態を何というか，書きなさい。

(　　　　)

2 次の旋律《せんりつ》は，「ブルタバ(モルダウ)」の一部です。この旋律を見て，あとの問いに答えなさい。(10点×6)

A

B

C

(1) 旋律A～Cに付けられている標題として正しいものを，ア～ウの中から１つずつ選んで，記号で書きなさい。

A(　　) B(　　) C(　　)

ア 森の狩猟《しゅりょう》　イ ビシェフラトの動機　ウ ブルタバを表す旋律

(2) 旋律A～Cを主に演奏している楽器として正しいものを，ア～エの中から１つずつ選んで，記号で書きなさい。

A(　　) B(　　) C(　　)

ア フルート　イ チェロ　ウ ヴァイオリン　エ ホルン

[　　月　　日]

合格点 70点
得点　　点

105 帰れソレントへ

1 「帰れソレントへ」について説明した次の文章の(　)にあてはまる語句を，ア～エの中から1つずつ選んで，あとの問いに答えなさい。(15点×3)

a「帰れソレントへ」という思いを歌っているこの曲の「ソレント」とは，イタリアの(①　　　)湾《わん》の南端《なんたん》にある町で，曲の歌詞も(①)の言葉で作詞されている。また，作曲者は(②　　　)である。

ア デ・クルティス　イ サン・サーンス　ウ ヴェネツィア　エ ナポリ

(問い) 下線部aの思いとはどういうものか，ア～ウの中から1つ選んで，記号で書きなさい。(　　　)

ア 自分は，はやくふるさとのソレントへ帰りたいという思い。
イ 「きみ」にふるさとのソレントへ帰ってきてほしいという思い。
ウ シレーネ(シレン)などの妖精《ようせい》が，美しいソレントへ戻ってきてほしいという思い。

2 次の楽譜《がくふ》は，「帰れソレントへ」の一部です。この楽譜を見て，あとの問いに答えなさい。(55点)

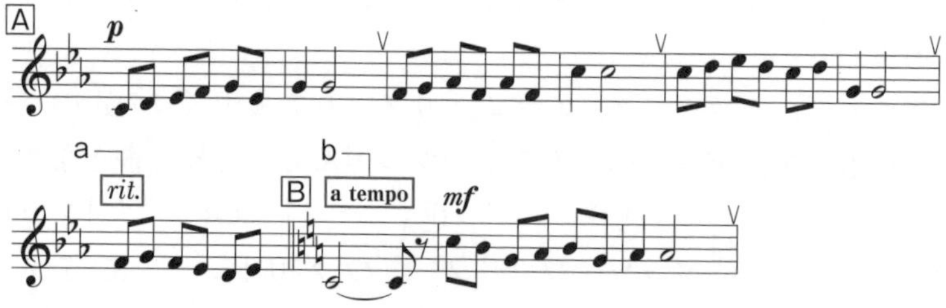

(1) 楽譜中のa，bの意味をア～エの中から1つずつ選んで，記号で書きなさい。

a(　　　)　b(　　　)(15点×2)

ア 遅《おそ》く　イ だんだん遅く　ウ 急速に　エ もとの速さで

(2) 冒頭《ぼうとう》のAの部分は何調か書きなさい。(10点)　(　　　　)

(3) Bの部分で調が変化するが，主音は同じ長調と短調が使われている。このような調の関係を何というか，書きなさい。(15点)

(　　　　　　　　)

［　　月　　日］

合格点 70点

得点　　　　点

106 アイーダ

1 次の各問いに答えなさい。（28点）

(1) 「アイーダ」の作曲者はだれですか。（9点）　（　　　　　　）

(2) 「アイーダ」の作曲者の作品とは<u>異なる</u>ものを，ア～エの中から１つ選んで，記号で書きなさい。（9点）　（　　　）

ア カルメン　　イ ナブッコ　　ウ リゴレット　　エ 椿《つばき》姫《ひめ》

(3) 「アイーダ」のように，歌を中心に，音楽で物語を進めていく舞《ぶ》台《たい》芸術を何といいますか。（10点）　（　　　　　）

2 「アイーダ」について説明した次の文章の（　）にあてはまる語句を書いて，あとの問いに答えなさい。（8点×9）

アイーダは（①　　　　　）の王女だが，敵対する国家（②　　　　　）の王女であるアムネリスのもとで暮らし，（ ② ）の将軍ラダメスとひそかに愛し合っている。ある時，両国間に新たな戦いが始まり，（ ② ）が<u>勝利した</u>。アイーダの（③　　　）であるアモナズロはアイーダに，ラダメスから（②）軍の機密を聞き出すよう命じ，故郷と恋《こい》心の板ばさみに合うアイーダは苦悩するのであった。

(1) Ⓐアイーダ，Ⓑラダメス，Ⓒアムネリス，Ⓓアモナズロの声のパートとして正しいものを，ア～エの中から１つずつ選んで，記号で書きなさい。

Ⓐ（　　　）Ⓑ（　　　）Ⓒ（　　　）Ⓓ（　　　）

ア ソプラノ　　イ メッゾ・ソプラノ　　ウ バリトン　　エ テノール

(2) アイーダは全何幕から構成されているか。

（　　　）幕

(3) 下線部に関して，次の旋律《せんりつ》は勝利軍が凱旋《がいせん》してくるときに演奏される「凱旋行進曲」の一部です。この旋律を演奏している金管楽器は何ですか。

（　　　　　　）

[　　月　　日]

合格点 70点

得点　　　点

107 箏曲「六段の調」

1 「六段の調」について説明した次の文章の(　)にあてはまる語句を，ア～ケの中から１つずつ選んで，あとの問いに答えなさい。(76点)

「六段の調」の作曲者は(①　　)と伝えられ，大阪《おおさか》や江戸《えど》で箏《そう》や(②　　)を学んだことで知られている。また(①)は，箏曲の基本的な調弦《ちょうげん》法である(③　　)や，(④　　)と呼ばれる複数の部分(段)から構成される歌の入らない器楽曲の形式を確立し，箏曲の発展に寄《き》与《よ》した。「六段の調」も(④)の１つで，全体が６つの段から成り立ち，各段は初段を除いてすべて(⑤　　)拍《はく》になっている。(8点×5)

〔ア 黒沢琴古《くろさわきんこ》　イ 八橋検校《やつはしけんぎょう》　ウ 平調子《ひらぢょうし》　エ 間《ま》　オ 尺《しゃく》八《はち》
カ 三味線《しゃみせん》　キ 段《だん》物《もの》　ク 104　ケ 108〕

(1) 次の楽譜《がくふ》は，「六段の調」のある２つの段の初めの部分を五線譜《ふ》で表したものです。A，Bは何段か，それぞれ漢字で書きなさい。(8点×2)

A(　　　)　B(　　　)

A

B

(2) Aで用いられる奏法で，右手で弾《ひ》いた後，左手で弦を押《お》して余韻《よいん》の音高を上げる方法を何といいますか。(10点)　(　　　)

(3) 「六段の調」は緩《ゆる》やかな速度で始まり，段が進むにつれてしだいに速くなって，最後は再び緩やかになって終わります。このような速度の変化を日本の伝統音楽では何というか，書きなさい。(10点)　(　　　)

2 箏の各部の名前を，次の図に書き入れなさい。(8点×3)

(①　　　)　(②　　　)　(③　　　)

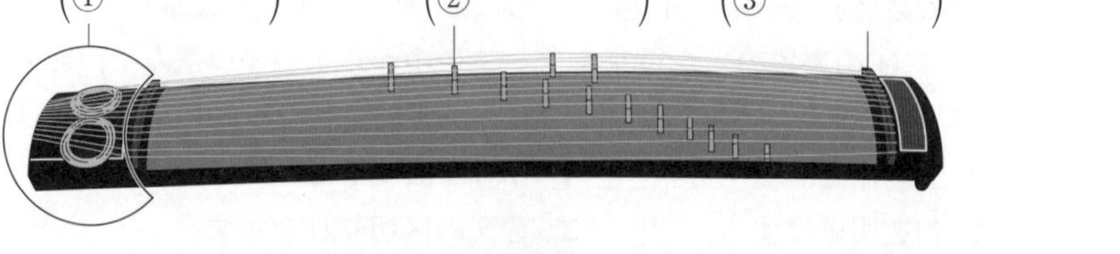

[　　月　　日]

合格点 70点

得点　　　点

108 雅楽「越天楽」

1 雅楽《ががく》について説明した次の文章の(　)にあてはまる語句を，ア～クの中から1つずつ選んで，あとの問いに答えなさい。(44点)

雅楽は，(①　　　)年ほどの歴史をもつ，日本の伝統芸能で，(②　　　)には現在の形がつくられました。雅楽のなかには，「舞楽《ぶがく》」と「管弦《かんげん》」という音楽があります。これは5～9世紀ごろに(③　　　)から伝わった音楽や舞が起源となっています。舞楽には，(④　　　)などから伝わった「左《さ》舞《まい》」と，朝鮮半島などから伝わった「右舞《うまい》」があります。(7点×4)

ア 中　国　　イ インド　　ウ アジア各地　　エ ヨーロッパ

オ 1300　　カ 2500　　キ 10世紀　　ク 5世紀

(1) 雅楽では，吹物《ふきもの》の主奏者《しゅそうしゃ》のことを何といいますか。(8点)

(　　　　)

(2) 多くの管弦では，何の独奏から始まりますか。(8点)

(　　　　)

2 次の楽器は，「越天楽」で使われるものです。これらの楽器を見て，あとの問いに答えなさい。(7点×8)

①

②

③

④

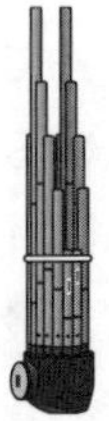

(1) ①～④の楽器の名前をア～エの中から1つずつ選んで，記号で書きなさい。

①(　　) ②(　　) ③(　　) ④(　　)

ア 太鼓《たいこ》(釣太鼓《つりだいこ》)　　イ 笙《しょう》　　ウ 篳《ひち》篥《りき》　　エ 箏(楽箏《がくそう》)

(2) ①～④の楽器の主な役割をア～エの中から1つずつ選んで，記号で書きなさい。

①(　　) ②(　　) ③(　　) ④(　　)

ア 主旋律《せんりつ》を演奏する。　　イ 和音を演奏する。

ウ 拍《はく》を明確にする。　　エ 音楽の区切り目を示す。

［　月　日］

合格点 70点

得点　　点

109 歌舞伎「勧進帳」

1 歌舞伎《かぶき》と「勧進帳《かんじんちょう》」について説明した次の文章の(　)にあてはまる語句を，ア～コの中から1つずつ選んで，あとの問いに答えなさい。(9点×7)

歌舞伎は音楽，舞踊《ぶよう》，(①　　)が一体となっている総合芸術で，(②　　)時代に興行されていた出雲《いずも》の阿国《おくに》の「かぶき踊《おどり》」が元になっているとされる。歌舞伎の特徴《とくちょう》としては，(③　　)と呼ばれる特殊《とくしゅ》な化粧《けしょう》法や，感情が頂点まで高まったときに動きを止め目をぐっと寄せて睨《にら》んでみせる(④　　)がある。「勧進帳」に用いられている音楽は「長唄《ながうた》」という種類で，唄を担当する唄方《うたかた》と，三味線《しゃみせん》を担当する三味線方，鳴物《なりもの》(打楽器と笛)を担当する(⑤　　)によって演奏される。なお，「勧進帳」の作曲者は(⑥　　)である。

［ア 江戸《えど》　イ 室町《むろまち》　ウ 三世並木五瓶《なみきごへい》　エ 四世杵屋六三郎《きねやろくさぶろう》
オ 演技　カ 隈取《くまどり》　キ 合方《あいかた》　ク 見得《みえ》　ケ 囃子方《はやしかた》　コ 女形《おんながた》］

(問い)　下線部に関して，「勧進帳」の見せ場の1つとなっている，武蔵坊弁《むさしぼうべん》慶《けい》が踊《おど》る舞《まい》を何といいますか。　(　　　)

2 次の歌詞は，「勧進帳」の長唄の一部です。これを読んで，あとの問いに答えなさい。(37点)

霞《かすみ》ぞ春はゆかしける，浪路《なみじ》はるかに行《ゆ》く船の，海津《かいづ》の浦《うら》に着きにけり

(1)　この歌詞を説明した次の文章の(　)にあてはまる語句を，それぞれ書きなさい。(9点×3)

この曲は(①　　　)一行が安宅《あたか》の関に到着するときの音楽である。(①)は弁慶や家来とともに東大寺勧進の一行に変装して，京都から平泉《ひらいずみ》に向かって北陸街道《ほくりくかいどう》を落ちのびているが，安宅の関では富樫左衛門《とがしさえもん》が警護を固めている。下線部の歌詞は，船が(②　　　　)湖を渡《わた》ったことを表す。また，安宅の関は現在の(③　　　　)県にある。

(2)　勧進帳とは何のことか，ア～ウの中から1つ選んで，記号で書きなさい。(10点)

ア　寺を秘密裏《ひみつり》に焼《や》き討《う》ちにする計画に賛同した人物を記した巻物

イ　寺を建立《こんりゅう》する寄付金を集めるときに必要となる，その趣旨《しゅし》を書いた巻物

ウ　寺を建立するために寄付金をした人物や団体を記した巻物　(　　)

[　　月　　日]

合格点 70点

得点　　点

110 能「羽衣」

1 能《のう》について説明した次の文章の(　)にあてはまる語句を，ア～コの中から1つずつ選んで，あとの問いに答えなさい。(76点)

能は(①　　)時代の初期に，将軍(②　　)の保護を受けて，基本的な形に整えられた。能は音楽や舞踊《ぶよう》，演劇から構成され，音楽は(③　　)という声楽の部分と，(④　　)という器楽の部分からできている。中でも主人公の心理や情景を描写《びょうしゃ》する(③)は，(⑤　　)と呼ばれる。また，(③)は2種類に分類でき，はっきりとした旋律《せんりつ》が付いておらずセリフのような「コトバ」と，旋律が付いている「(⑥　　)」とがある。(8点×6)

〔ア 囃《はや》子《し》　イ 謡《うたい》　ウ 地《じ》謡《うたい》　エ 室《むろ》町《まち》　オ 江《え》戸《ど》
カ 足利義満《あしかがよしみつ》　キ 徳川家康《とくがわいえやす》　ク フ　シ　ケ キ　リ　コ 橋《はし》掛《がかり》〕

(1) 下線部に関して，能を基本的な形に整えた親子2人はだれとだれですか。
(　　　　)(　　　　) (10点×2)

(2) 能の舞台《ぶたい》で演じられる，風刺《ふうし》や滑稽《こっけい》な場面を扱《あつか》う対話劇を何といいますか。
(　　　　) (8点)

2 「羽衣《はごろも》」について説明した次の文章を読んで，あとの問いに答えなさい。
(8点×3)

「羽衣」は全国各地に伝わる「羽衣伝説」をもとにしており，a楽器の鋭《するど》い音で物語が始まる。

ある朝漁夫《ぎょふ》の白竜《はくりょう》が松の枝にかかっている羽衣を見つけ，持ち帰ろうとしたところにb主人公の(　c　)が現れる。(　c　)は羽衣がないと天界《てんかい》へ帰れないと悲しむので，白竜は羽衣を返す代わりに天界の舞《まい》を見せてほしいと頼む。(　c　)は羽衣を身に付けて舞《ま》い，天界へと戻《もど》っていく。

(1) 下線部aに関して，能で用いられる楽器とは異なるものを，ア～エの中から1つ選んで，記号で書きなさい。(　　)

ア 能《のう》管《かん》　イ 大《おお》鼓《つづみ》　ウ 小《こ》鼓《つづみ》　エ 三味線《しゃみせん》

(2) 下線部bに関して，能の主人公役を何といいますか。(　　　)

(3) 文中の(　)cにあてはまる語句を書きなさい。(　　　)

[　　月　　日]

合格点 70点

得点　　点

111 日本の郷土芸能・世界の民族音楽

1 次の(1)～(5)の説明にあてはまる日本の民謡《みんよう》と芸能を，あとのア～ケの中から１つずつ選んで，記号で書きなさい。(10点×5)

(1) 三重県伊勢市に伝わる民謡。木などを山から運ぶ時に歌った「木遣《きや》り歌」をもとに，江戸時代にできた。 (　　)

(2) 埼玉県久喜市の鷲宮《わしのみや》神社に伝わる神楽《かぐら》。面をつけたり小道具を持ったりした舞人《まいにん》が，平安時代に流行した歌謡「催馬楽《さいばら》」にあわせて舞う。 (　　)

(3) 北海道日本海沿岸のニシン漁で歌われていた「沖揚《おきあ》げ音頭《おんど》」という仕事歌をもとにした北海道民謡。 (　　)

(4) 徳島県各地で踊られてきた，日本を代表する盆踊《ぼんおど》り。三味線《しゃみせん》，太鼓《たいこ》，笛などによるお囃子《はやし》にのせて，「連《れん》」と呼ばれる集団が踊《おど》り歩く。 (　　)

(5) 沖縄県国頭郡の谷茶《たんちゃ》という地区に伝わる民謡。漁村にくらす青年や娘たちの暮らしが歌われている。 (　　)

［ア 鷲宮催馬楽神楽　イ 伊勢音頭《いせおんど》　ウ 江差追分《えさしおいわけ》　エ 谷茶目《たんちゃめ》
オ 阿波《あわ》踊り　カ エイサー　キ 金毘羅船々《ふねふね》　ク ソーラン節《ぶし》
ケ 南部牛追唄《なんぶうしおいうた》］

2 次の(1)～(5)の説明にあてはまる世界の楽器の名前を書きなさい。(10点×5)

(1) 12本の絹の弦《げん》が張られた，日本の箏《そう》と同じ構造を持つ朝鮮《ちょうせん》半島の楽器。 (　　)

(2) ７本の演奏弦に加えて，棹《さお》のくぼみの中には複数の共鳴弦が張られている，北インドを代表する弦楽器。 (　　)

(3) アルメニアに伝わる管楽器で，杏の木でできた本体に，葦のリードをつけて使用する。 (　　)

(4) ５つの指穴がある，朝鮮半島で用いられる竹製の縦笛。日本の尺八《しゃくはち》に似た形状をしている。 (　　)

(5) 日本の琵琶《びわ》や中国のピーパー，ヨーロッパのリュートの祖といわれている西アジアの弦楽器。 (　　)

[　　月　　日]

合格点 70点

得点　　　　点

112 日本の音楽史 ①

1 雅楽《ががく》について，あとの問いに答えなさい。(40点)

①

②

③
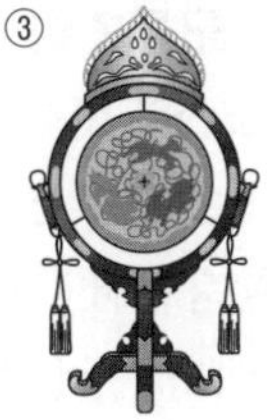

④

(1) ①～④の中から雅楽《ががく》で使われる楽器を2つ選んで，記号で書きなさい。

(　　)(　　) (8点×2)

(2) 雅楽の中でも,「越天楽《えてんらく》」は舞《まい》を伴《ともな》わずに楽器だけで演奏される形態をとっています。この形態を何といいますか。(12点)　(　　　)

(3) 雅楽についての説明として誤っているものを，ア～ウの中から1つ選んで，記号で書きなさい。(12点)　(　　)

ア　雅楽は5～9世紀にアジア各地から伝わった。

イ　雅楽の形式は八橋検校《やつはしけんぎょう》が完成させた。

ウ　右舞《うまい》は朝鮮《ちょうせん》半島などから伝えられた。

2 次の(1)～(3)の説明にあてはまる日本の伝統芸能と，その芸能を代表する作品名を，それぞれあとのア～オ，A～Eの中から1つずつ選んで，記号で書きなさい。(10点×6)

(1) 音楽，演技，舞踊《ぶよう》が一体となっている総合芸術で，出雲《いずも》の阿国《おくに》が興行した踊《おど》りが元になっていると言われている。　(　　)(　　)

(2) 足利義満《あしかがよしみつ》の保護を受けて，観阿弥《かんあみ》と世阿弥《ぜあみ》によって基本的な形に整えられた総合芸術。多くの場合，主人公は面《おもて》をかける。　(　　)(　　)

(3) 人形と音楽で演じる伝統芸術で，太夫《たゆう》，三味線《しゃみせん》，人形の3つの役割が三業《さんぎょう》一体《いったい》で上演される。　(　　)(　　)

ア 能《のう》　イ 箏《そう》曲《きょく》　ウ 文《ぶん》楽《らく》　エ 歌舞伎《かぶき》　オ 狂《きょう》言《げん》

A 六段《ろくだん》の調《しらべ》　B 勧進帳《かんじんちょう》　C 新版歌祭文《しんぱんうたざいもん》

D 巣鶴鈴慕《そうかくれいぼ》　E 羽《は》衣《ごろも》

[　　月　　日]

合格点 70点

得点

点

113 日本の音楽史 ②

1 次の曲の題名と作曲者の組み合わせとして誤っているものを，ア〜エの中から１つ選び，正しい作曲者名を書きなさい。(10点×2)

記号(　　　)　作曲者(　　　　　　)

ア「花」──武島羽衣《たけしまはごろも》　　イ「夏の思い出」──中田喜直《なかだよしなお》

ウ「浜辺《はまべ》の歌」──成田為三《なりたためぞう》　　エ「早春賦《そうしゅんふ》」──中田章《なかだあきら》

2 日本の音楽史について説明した次の文章を読んで，あとの問いに答えなさい。(80点)

江戸時代には，a箏曲《そうきょく》やb歌舞伎《かぶき》，c能《のう》，d文楽《ぶんらく》などの伝統的な音楽が生まれた。江戸時代後期にはペリーの率いたアメリカの艦隊《かんたい》が軍楽隊の演奏《えんそう》を行うなど，西洋音楽が流入し始める。

明治時代になると，教育や軍楽にも積極的に西洋音楽が取り入れられるようになった。

その後，日本の伝統音楽にも西洋音楽の手法などが取り入れられるようになる。また，(①　　)や(②　　)などの普及《ふきゅう》により，日本各地の民謡《みんよう》などが庶民《しょみん》の間で流行するようになった。

(1) 下線部ａに関して，「六段の調」の作曲者と伝えられている人物はだれですか。(10点)　(　　　　　　)

(2) 下線部ｂに関して，18世紀に歌舞伎の音楽としてできた，唄方《うたいかた》，三味線《しゃみせん》方《かた》，囃子方《はやしかた》によって演奏される音楽は何ですか。(10点)　(　　　　　　)

(3) 下線部ｃに関して，能でもっとも重要な登場人物である主人公のことを何とよびますか。(15点)　(　　　　　　)

(4) 下線部ｄに関して，１対の人形を３人で遣《つか》うことを何といいますか。(15点)

(　　　　　　)

(5) ①，②にあてはまる語句を答えなさい。(15点×2)

①(　　　　　　)　②(　　　　　　)

[　　月　　日]

合格点 70点

得点　　点

114 西洋の音楽史 ①

1 西洋の音楽史について説明した次の文章の(　)にあてはまる語句を，あとのア～シの中から１つずつ選んで，記号で書きなさい。(10点×6)

西洋の音楽の起源は，(① 　　)までさかのぼることができる。(①)では当時すでに学者たちが音楽理論を展開していたと考えられている。この頃《ころ》には，音楽や詩などを総括する(② 　　)という概念があった。

音楽理論は古代ローマに受け継《つ》がれ，やがて中世になると，(③ 　　)聖《せい》歌《か》というローマ教皇《きょうこう》の名にちなんだ聖歌が発展した。この聖歌は(④ 　　)教会で歌われた。(③)聖歌は(⑤ 　　)で歌われたが，のちに新たな声部が付け加えられていき，多声音楽が栄えていくきっかけとなった。そしてイタリアで(⑥ 　　)が興《おこ》ると，楽譜印刷が発明された。

〔ア 単旋律《たんせんりつ》　イ 拍節《はくせつ》的　ウ アリストテレス　エ ムーシケー
オ ルネサンス　カ 古代エジプト　キ 古代ギリシャ　ク モナ・リザ
ケ アヴェ・マリア　コ カトリック　サ ネウマ　シ グレゴリオ〕

2 次の①，②の文章の下線部には，それぞれ１つずつ誤りがあります。誤っているものをア～エの中から１つずつ選び，正しい語句を書きなさい。(10点×4)

① アントニオ・ヴィヴァルディはァバロック時代の音楽家で,「春」を含《ふく》む「和声と創意の試み」第１集「ィ四季」や，「グローリア」などの作品で知られている。彼はゥアメリカに生まれ，同時代のバッハやェヘンデルに影響《えいきょう》を与えた。

記号(　　)　正しい語句(　　　　)

② ルートヴィヒ・ヴァン・ベートーヴェンはァドイツのボンに生まれた。彼は「交響曲《こうきょうきょく》第５番 ハ短調」や，「交響曲第６番 ヘ長調 ィ田園」などで有名であるが，日本では「交響曲第５番 ハ短調」は「ゥ運命」という名で知られている。「交響曲第５番 ハ短調」の第１楽章と第４楽章はェフーガ形式で構成されており，この形式は提示部，展開部，再現部(場合によっては序奏とコーダ)を含む形式のことをいう。

記号(　　)　正しい語句(　　　　)

[　　月　　日]

合格点 70点

得点　　　点

115 西洋の音楽史 ②

1 次の(1)～(3)の文章の(　)にあてはまる語句を，あとのア～ソの中から１つずつ選んで，記号で書きなさい。(6点×10)

(1) フランツ・ペーター・シューベルトは1797年に(①　　)で生まれ，31歳で亡《な》くなるまでに600曲以上にのぼる(②　　)をつくった。代表作には，(③　　)の詩に曲を付けた「(④　　)」などがある。

(2) ベドルジフ・スメタナは1824年に(⑤　　)のボヘミア地方で生まれ，(⑤)の(⑥　　)派の創始者といわれている。故郷への気持ちが込《こ》められた連作交響詩《こうきょうし》「(⑦　　)」の２曲目の「ブルタバ(モルダウ)」では，ボヘミア地方を流れるブルタバ川の姿が表現されている。

(3) ジュゼッペ・ヴェルディは1813年に(⑧　　)で生まれ，数々の(⑨　　)作品を世に送り出した。中でも古代エジプトを舞台《ぶたい》にした「(⑩　　)」は，敵国どうしに生まれた王女と将軍の恋《こい》を描《えが》いた壮大《そうだい》な(⑨)である。

ア イタリア	イ チェコ	ウ ドイツ	エ オーストリア	オ 魔王《まおう》
カ 革命	キ 我《わ》が祖国	ク ゲーテ	ケ アイーダ	コ カルメン
サ リート	シ 古典	ス 国民楽	セ オペラ	ソ ワルツ

2 次の(1)，(2)の曲の題名と作曲者の組み合わせとして誤っているものを，ア～エの中から１つずつ選び，正しい作曲者名を書きなさい。(10点×4)

(1) ア 「バレエ音楽 白鳥の湖」――ドボルザーク

イ 「ピアノ組曲 展覧会の絵」――ムソルグスキー

ウ 「カノン」――パッヘルベル

エ 「管弦楽《かんげんがく》組曲 動物の謝肉祭《しゃにくさい》」――サン＝サーンス

記号(　　)　作曲者(　　　　)

(2) ア 「管弦楽組曲 惑星《わくせい》」――ホルスト

イ 「４分33秒」――ショスターコヴィチ

ウ バレエ音楽「ボレロ」――ラヴェル

エ ミュージカル音楽「ウエストサイド物語」――バーンスタイン

記号(　　)　作曲者(　　　　)

[　月　日]

合格点 70点

得点　　点

116 音楽と著作権

① 著作権について説明した次の文章の(　)にあてはまる語句を，ア～コの中から１つずつ選んで，あとの問いに答えなさい。(10×8点)

人間によって考え出される知的な創作物を(①　　)という。(①)には音楽，絵画，小説，詩などの作品がある。

(①)をつくった人たちがもっている権利を，(②　　)といい，著作者が(②)をもつことは(③　　)という法律で定められている。

(③)の基本的な考え方は，「作品を使う権利は，作品を(④　　)がもっている」そして，「音楽などの作品を利用するときは，(④)の許諾《きょだく》を得る」というものである。これは，インターネットやSNS上での利用においても同様である。

(③)は a 著作物の制作に関わった人々の活動を支える仕組みとなっている。例えば利用者がＣＤやデータなどを買った(⑤　　)は，その製品を制作した人だけでなく，音楽をつくった人や(⑥　　)などにも分配される。製品だけでなく，作曲や作詞，演奏《えんそう》などにも(⑦　　)がかかっているので，作品が守られることでこうした(⑦)が支えられているのである。

［ア 特許権　イ 著作権　ウ 知的財産　エ 代金　オ つくった人
カ 買った人　キ 著作権法　ク 演奏者　ケ 国　コ エネルギー］

(問い) 下線部ａに関して，ＣＤなどの著作物の場合，著作物の直接の作者でなくとも，演奏家や制作者には一定の権利が与えられています。この権利を何といいますか。(　　　)

② 次の(1)，(2)の場合，一般的《いっぱん》に，著作者に著作物の利用の許諾を得る必要がありますか。「ある」か「ない」で答えなさい。(10×2点)

(1) 友人のアマチュアバンドのライブにチケット代を払って参加し，録画したそのライブの模様をインターネット上で配信する場合，友人に対する許諾を得る必要があるか。(　　　)

(2) 先生が担当クラスの生徒らに，コピーした楽譜《がくふ》を配り授業をする場合，その楽曲の権利を管理する業者に許諾を得る必要があるか。(　　　)

［　　月　　日］

合格点 70点
得点　　　　点

117 色の基礎知識

1 色の種類について説明した次の文章の(　)にあてはまる語句を，ア～クの中から１つずつ選んで，あとの問いに答えなさい。(73点)

色には「色の三要素(色の三属性)」という３つの要素があり，色相《しきそう》，(①　　)，a彩度《さいど》のことを指す。この中で，(①)だけを持っている色のことを，b無彩色《むさいしょく》という。また,「色の三要素」を持っている色は(②　　)という。それぞれの色相の中で最も彩度の高い色のことは(③　　)という。

色相が近い色を順番に並べた輪を(④　　)といい，c赤の隣《となり》は赤みのだいだい，と似ている感じの色が隣り合う。(④)では，赤紫《むらさき》と緑のように，反対側に位置する２つの色の関係を指して(⑤　　)という。(9点×5)

［ア 純《じゅん》 色《しょく》　イ 補《ほ》 色《しょく》　ウ 濁《だく》 色《しょく》　エ 有彩色《ゆうさいしょく》　オ 明《めい》 度《ど》
　カ 強 度　キ 主 調　ク 色相環《しきそうかん》］

(1) 下線部aに関して，同じ彩度の色でも，背景の彩度が高ければ彩度が低く，背景の彩度が低ければ彩度が高く感じられますが，このことを何といいますか。(9点)　(　　　)

(2) 下線部bに関して，無彩色の具体的な例を，次の色の中から３つ選んで○を付けなさい。(10点完答)　(白・青・茶・灰・黒)

(3) 下線部cに関して，一般的《いっぱんてき》に，赤や赤みのだいだいからはどのような印象を受けますか。(　)にあてはまる語句を５字で書きなさい。(9点)

(　　　　　　　)を受ける。

2 右の図は，Aが色光の三原色《さんげんしょく》で，Bが色料の三原色である。これを見て，次の問いに答えなさい。(9点×3)

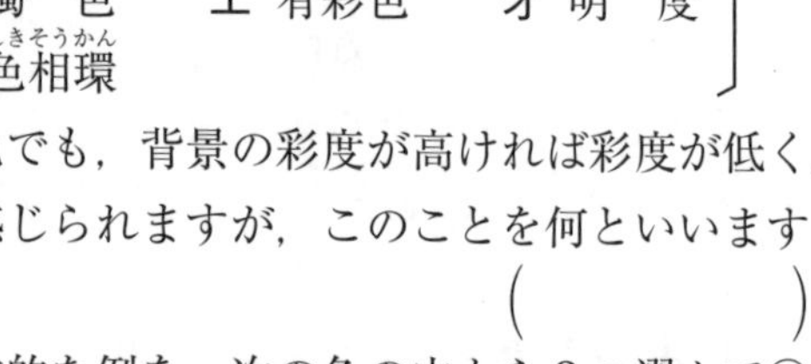

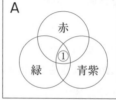

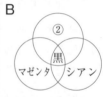

(1) ①，②にあてはまる色を書きなさい。

①(　　　　　　)

②(　　　　　　)

(2) Bの三原色は重ねて混ぜ合わせるほど明るさが減り，黒に近づきますが，このことを何といいますか。　(　　　)

[　　月　　日]

合格点 70点

得点　　点

118 スケッチ・クロッキーと人物画

1 スケッチについて説明した次の文章の(　)にあてはまる語句を，ア～スの中から１つずつ選んで，あとの問いに答えなさい。(6点×9)

スケッチとは，(①　　)時間で自分の描《えが》きたいものの形や(②　　)をとらえて，簡単《かんたん》に(③　　)ことをいう。自分が描きたいものなら，何でもスケッチの(④　　)になる。

スケッチの経過では，(④)の特徴《とくちょう》を理解するために，(④)をよく(⑤　　)こともあるだろうし，また，思い浮かんだひらめきを具体化するために何枚も紙を使うこともあるだろう。このとき自分の考えや思いつきを簡単な絵で描《か》き表した(⑥　　)を重ねながら，自分の描きたいものの構想を練っていくとよい。

スケッチと同じ意味の言葉に，(⑦　　)があるが，これはものの形，動きをより素早くとらえて描くときに行う。(⑦)では，線の(⑧　　)や強弱を大切にして，動きをとらえる必要がある。

〔ア イメージ　イ デフォルメ　ウ クロッキー　エ アイデアスケッチ
オ プレゼンテーション　カ 短い　キ 長い　ク 勢い　ケ 対象
コ 配色　サ 展示する　シ 観察する　ス 写し取る〕

(問い) スケッチをするときに，練習帳のように使えるノートを何といいますか。
(　　　　　　)

2 右の図を見て，次の問いに答えなさい。(46点)

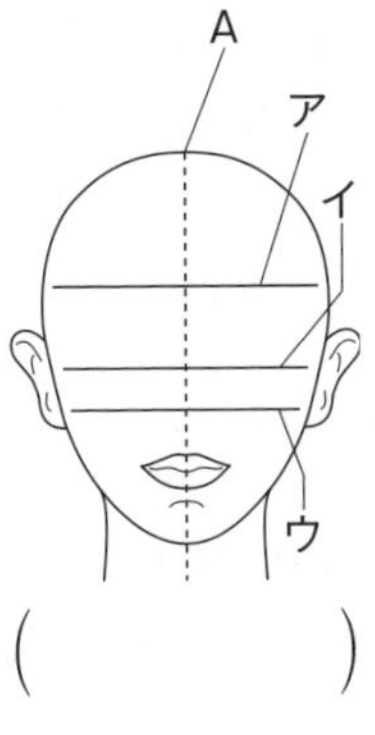

(1) 目の位置として正しいものを，ア～ウの中から１つ選んで，記号で書きなさい。(10点)　(　　)

(2) Aの線を何といいますか。(10点)　(　　　　)

(3) 生後１年くらいの赤ちゃんを描くときと，大人を描くときでは，それぞれ頭の大きさは全身の約何分の１くらいになるか，書きなさい。(10点×2)

赤ちゃん(　　　　)　大人(　　　　)

(4) 自分で自分を描いた絵のことを何といいますか。(6点)　(　　　　)

[　　月　　日]

合格点 70点

得点　　　　点

119 形をとらえる

1 次の文章の(　)にあてはまる語句を，ア～スの中から1つずつ選んで，あとの問いに答えなさい。(100点)

単色の画材を使い，対象をよく観察して描《えが》くことを(①　　)という。このとき画材によって，同じ黒一色でも仕上がりから受ける感じが異なってくる。たとえば，(②　　)は線の太さや濃さを細かく変えられ，(③　　)は濃淡《のうたん》を出したり面を塗《ぬ》ったりするのに適している。(①)を行うときに描く対象は(④　　)という。(④)の形のとらえ方としては，(⑤　　)や a 円柱形などの基本的な形に置き換《か》える方法や，輪郭《りんかく》から形をとらえる方法がある。いずれにせよ大まかに形をとらえたら，全体から徐々《じょじょ》に(⑥　　)をとらえていく。(④)には光の当たり具合で b 明るい部分と暗い部分ができるので，この差を明確に描いて，立体感を表現するとよい。また，(④)の質感を出すには(⑦　　)を工夫《くふう》する必要もある。筆圧を変えれば，柔《やわ》らかい調子も(⑧　　)調子も表現できる。(8点×8)

ア 木炭　イ 鉛筆《えんぴつ》　ウ ボールペン　エ モチーフ　オ テーマ
カ タッチ(筆触《ひっしょく》)　キ デッサン(素描《そびょう》)　ク 球体　ケ 背景
コ 細部　サ 大小　シ 硬《かた》い　ス 浅い

(1) 下線部aに関して，三角柱を見下げた場合どう見えるか，右の図Aa，bのうちから選び，記号で書きなさい。(10点)　(　　)

A

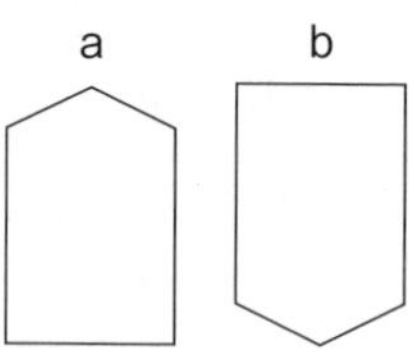

B

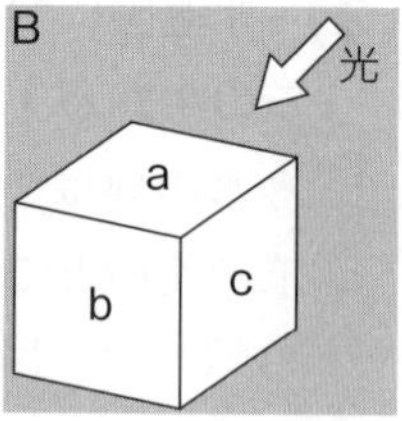

(2) 下線部bに関して，右の図Bのような立体を描くとき，明るく描く面の順にa～cを並べなさい。(10点完答)

(　　→　　→　　)

(3) 明るい調子から暗い調子にいたるまでを，段階的に無彩色《むさいしょく》で表したものを何といいますか。(8点)　(　　　　)

(4) 線を縦，横，斜《なな》めと交差させて書いて，明暗を表す技法を何といいますか。

(　　　　)(8点)

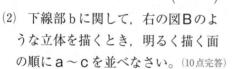

[　　月　　日]

合格点 70点

得点 　　点

120 水彩画・水墨画

1 次の①～⑤の説明にあてはまる水彩画の用具を，あとのア～コの中から１つずつ選んで，記号で書きなさい。(8点×5)

① 絵の具を並べたり，混ぜたりするときに使う。(　　)

② 特に細い線を引くときや，細かい部分を描《か》くときに使う。(　　)

③ 特に広い面を均等に塗《ぬ》るときに使う。(　　)

④ 下に塗った色を覆《おお》い隠《かく》すので，重ね塗りするときに使う。(　　)

⑤ 下に塗った色が透《す》けて見えるので，透明《とうめい》感を出したいときに使う。(　　)

〔ア 文《ぶん》鎮《ちん》　イ 紙　ウ 透明水彩　エ 不透明水彩　オ 硯《すずり》
カ 丸《まる》筆《ふで》　キ 平《ひら》筆《ふで》　ク 面相筆《めんそうふで》　ケ ぞうきん　コ パレット〕

2 水彩画の用具の使い方として下線部が誤っているものを，ア～ウの中から１つ選び，正しい語句を書きなさい。(10点×2)

記号(　　)　正しい語句(　　　　)

ア 一般的《いっぱんてき》に，右利《き》きの人は，筆などの用具を紙の左側に置く。

イ 筆を持つ位置は，表現したい方法によって変える。

ウ 筆洗《ひっせん》の仕切りは，絵の具溶《と》き用の水と筆を洗う用の水とで使い分ける。

3 水墨画について説明した次の文章の(　)にあてはまる語句を，あとのア～コの中から１つずつ選んで，記号で書きなさい。(8点×5)

水墨画は墨《すみ》だけで描《えが》く絵画で，(①　　)から伝わった。墨の(②　　)や筆の使い方で，墨一色とは思えない豊かな表現を生み出すことができる。墨の(②)は，墨をつくるときに水の量を調節して，濃墨《のうぼく》，(③　　)，淡墨《たんぼく》の３種類を準備する。水墨画の技法にはさまざまな種類があるが，たとえば淡墨を筆につけて穂先《ほさき》を三角すいの形にし，三角すいの下の部分に濃墨をつけて描く技法を(④　　)という。この技法だと中心に線を入れて描くことができる。また，筆に淡墨をつけた後，濃墨を中まで吸わせ，筆を横に向けて腹を使って描く技法を(⑤　　)という。

〔ア 濃《のう》淡《たん》　イ 点《てん》描《びょう》　ウ 先《さき》隈《くま》　エ 両《りょう》隈《くま》　オ 片《かた》隈《くま》
カ 内《うち》脈《みゃく》　キ 破《は》墨《ぼく》　ク 中《ちゅう》墨《ぼく》　ケ 中国　コ インド〕

［　　月　　日］

合格点 70点

得点　　　点

121 静物画・風景画

1 静物画や風景画について説明した次の文章の(　)にあてはまる語句を，あとのア～ケの中から１つずつ選んで，記号で書きなさい。(8点×6)

花や果物などの静止したものを描《えが》いた絵を静物画という。静物画を描くときには，自分の好きな(①　　)を選び，並べ方を考える。このとき，画面上の配置に気をつけ，単調になったり(②　　)になったりしないようにする。並べ終わったらどの角度から描くか視点を考え，視点が決まった後は常にその角度に(③　　)の位置を合わせて描くように注意する。

風景画を描くときには，自分が最も描きたい主題をはっきりさせて，風景を選ぶ。構図を決めるには，見取り枠《わく》や指などを使って(④　　)する方法が役に立つ。外で写生をする場合は，足場が(⑤　　)日《ひ》陰《かげ》を選ぶこと。

静物画を描くにせよ風景画を描くにせよ，安定感のある構図を求めるならば，三角形の骨組みを基本とした(⑥　　)を取り入れるとよい。

〔ア 目　イ 散《さん》漫《まん》　ウ 雰《ふん》囲《い》気《き》　エ 三角構図　オ タッチ
カ トリミング　キ モチーフ　ク 安定した　ケ 不安定な〕

2 遠近法について次の各問いに答えなさい。(52点)

(1) 次のA～Cの図にあてはまる線遠近法の名前を書きなさい。(10点×3)

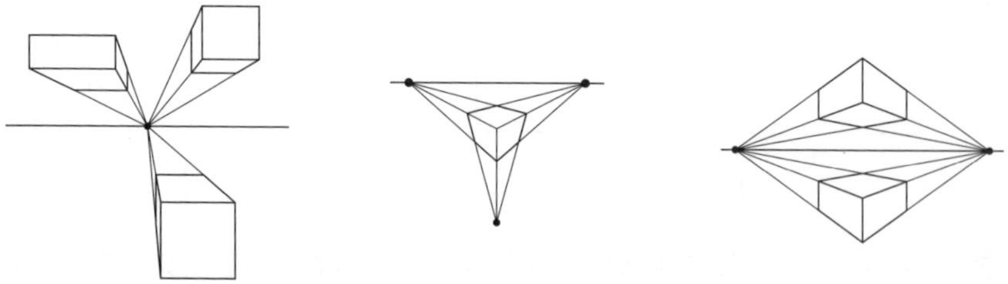

A(　　　　　　)　B(　　　　　　)　C(　　　　　　)

(2) 次の①，②の説明にあてはまる遠近法の名前を書きなさい。(11点×2)

① 人間が色から受ける印象を利用し，暖色系の色と寒色系の色を使い分けて描く遠近法。(　　　　　　)

② 近くを濃《こ》く明確に描き，遠くは淡《あわ》くぼかして描く遠近法。

(　　　　　　)

［　　月　　日］

合格点 70点

得点　　　点

122 木　版　画

1 次の文章の(　)にあてはまる語句を，あとのア～クの中から１つずつ選んで，記号で書きなさい。(9点×6)

木版画は，彫刻刀《ちょうこくとう》で彫《ほ》る部分と彫り残す部分を制作し，彫り残した(①　　)部分にインクをつけて紙に刷《す》り取るので，(①)版印刷と呼ばれる。木版画の表現方法には，輪郭線《りんかくせん》を残して対象を白く残す(②　　)と，輪郭線を彫って対象を黒く残す(③　　)がある。

木版画には黒一色で刷る単色木版画以外にも，輪郭線などを彫り，色をつけたい部分を彫り残して好きな色を塗《ぬ》り分けながら刷り取る(④　　)や，使用する色の数だけ複数の版をつくって刷り重ねる(⑤　　)などの種類がある。

また，(①)版の技術を生かして(⑥　　)をすることもできる。(⑥)とは，おもに石の印材などに文字や絵柄《えがら》を彫り，印をつくることである。

〔ア コラグラフ　　イ 多版多色木版画　　ウ 一版多色木版画
エ 凸《とつ》　　オ 凹《おう》　　カ てん刻《こく》　　キ 陽《よう》 刻《こく》　　ク 陰《いん》 刻《こく》〕

2 次のA～Dの断面図は，それぞれ何という彫刻刀で彫られた跡《あと》か，彫刻刀の名前を書きなさい。(9点×4)

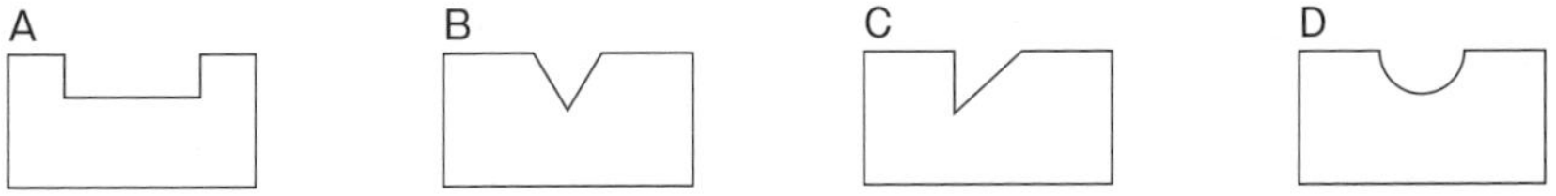

(　　　　)　(　　　　)　(　　　　)　(　　　　)

3 次のa～eは単色木版画の制作過程について説明した文です。正しい順番に並べかえ，記号で書きなさい。(10点完答)　(　　→　　→　　→　　→　　)

a．彫刻刀を使い分けて，版木《はんぎ》を彫る。

b．版木をばれんでこすって刷り紙に刷り取る。

c．下絵を版木に転写《てんしゃ》する。

d．ローラーで版面にインクを均一につける。

e．白黒部分のバランスを考えながら下絵を描《か》く。

[　　月　　日]
合格点 70点
得点　　　点

123 銅版画・リトグラフ・シルクスクリーン

1 さまざまな版画について説明した次の文章の(　)にあてはまる語句を，あとのア～コの中から１つずつ選んで，記号で書きなさい。(8点×7)

版画には木版画以外にもさまざまな種類があり，たとえば銅板やアルミ板に(①　　)で直接傷《きず》をつけてインクをつめ，紙に刷《す》り取る技法を(②　　)という。(②)と同じ銅版画で，(③　　)を塗《ぬ》った金属板を(①)でひっかき，はがした部分を腐食《ふしょく》させ，インクをつめて紙に刷り取る技法を(④　　)という。この他にも，水と油の反発しあう作用を利用する技法である(⑤　　)や，版の孔《あな》を通して，インクを紙に刷り取る技法である(⑥　　)がある。(⑤)では，油性インクなどで描画《びょうが》した後，(⑦　　)を使って描画していない部分を親水性にする必要がある。

ア グランド　イ ニードル　ウ リグロイン　エ アイロン
オ アラビアゴム液　カ ドライポイント　キ リトグラフ
ク エッチング　ケ モノタイプ　コ シルクスクリーン

2 版画の種類についてまとめた次の表の(　)にあてはまる語句を書きなさい。
(11点×4)

種　類	凸《とっ》　版《ばん》	(①　　)版《はん》	(②　　)版《はん》	孔《こう》　版《はん》
版形式	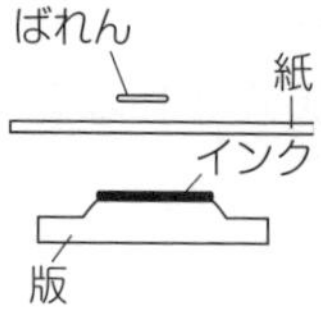	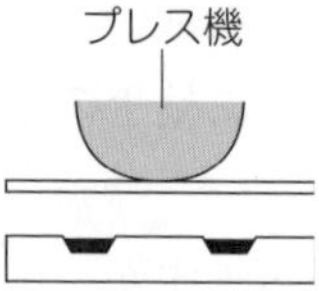	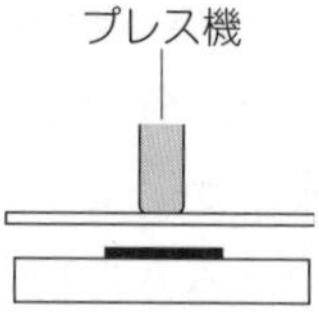	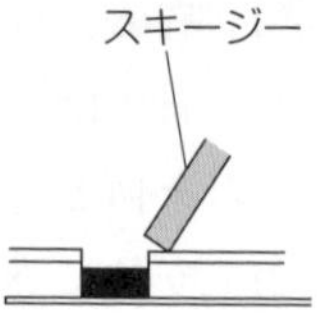
例	木版画など	ドライポイント エッチング	リトグラフ	シルクスクリーン
刷《す》り取り時の画面	反転(③　　)	反転する	反転する	反転(④　　)
印刷の種類	活版印刷	グラビア印刷	オフセット印刷	スクリーン印刷

[　　月　　日]

合格点 70点

得点　　点

124 粘土でつくる

1 粘土《ねんど》での作品づくりについて説明した次の文章の(　)にあてはまる語句を，ア～ソの中から１つずつ選びなさい。(7点×10)

粘土などの自由につけたり取ったりできる物質を使って彫刻をつくることを(①　　)という。粘土には数種類あるが，水を加えることで硬《かた》さを調整できる天然の土からつくられた(②　　)や，油で練《ね》られていて繰《く》り返し使える(③　　)などがある。これらの粘土を(④　　)くらいの軟《やわ》らかさになるまで練ってから，作品制作に取り組む。つくり初めでは，粘土による(⑤　　)を行い，制作対象から感じ取ったことを(⑥　　)動きでとらえてみるとよい。この時点では，あまり(⑦　　)部分までつくりこまない。(⑦)部分をつくりこんでいくときには，(⑧　　)などの用具で形を整えたり，線を引いたりする。自分の作品に重量感や存在感のある感覚「(⑨　　)」や，動きのある感覚「(⑩　　)」を持たせるように意識して制作すると，生き生きとした作品ができ上がる。

〔ア クロッキー　イ モチーフ　ウ 耳たぶ　エ 手の指　オ へら
カ ペンチ　キ 油粘土　ク 土粘土　ケ 紙粘土　コ 量《りょう》感《かん》
サ 塑《そ》造《ぞう》　シ 動《どう》勢《せい》　ス 均《きん》衡《こう》　セ 細かい　ソ 大きな〕

2 右の図を見て，次の問いに答えなさい。(30点)

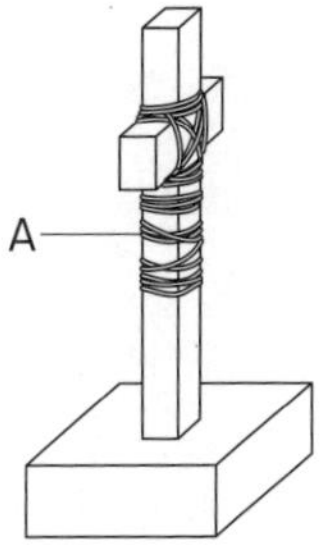

(1) 右の図のような，骨組みのために粘土の中に入れられるものを何といいますか。(8点)　(　　　　)

(2) 支柱に巻きつけるAを何といいますか。(8点)　(　　　　)

(3) (1)は人体のどの部分を作るときに使うか，次の中から１つ選んで○を付けなさい。(6点)

(頭 像 ・ 手 ・ 全身像)

(4) 全体の雰囲気《ふんいき》をとらえるために，(1)に粘土を大まかに肉づけしていくことを何といいますか。(8点)　(　　　　)

[　月　日]
合格点 70点
得点
点

125 紙でつくる・土でつくる・彫刻

1 紙での作品づくりについて，次の各問いに答えなさい。(10点×3)

(1) コウゾやガンピなどを原料にし，おもに手すきでつくられる紙を何といいますか。 (　　　)

(2) 紙には繊維《せんい》が流れる方向があり，この方向に沿うと曲げやすく，まっすぐに裂《さ》けやすい。この方向のことを何といいますか。 (　　　)

(3) 紙を折っていき箱や動物などの形を作り上げる，日本の伝統的な遊びを何といいますか。 (　　　)

2 焼き物の成形方法についてまとめた次の表の(　)にあてはまる語句を書きなさい。(10点×3)

種類	手びねり	(① 　　　)	(② 　　　)	(③ 　　　)(たたらづくり)
方法	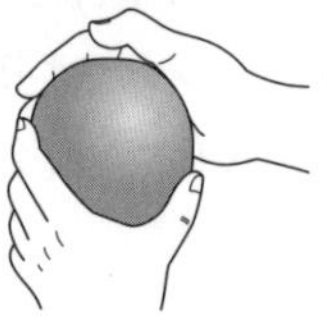		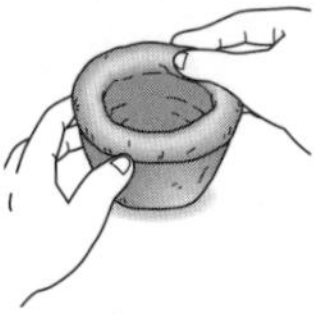	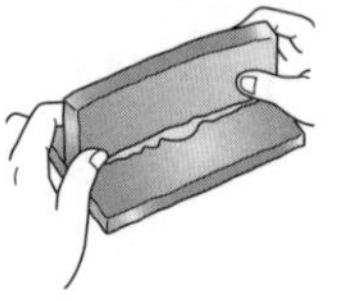
説明	直接，手で成形する。	ろくろを回転させ，成形する。	ひもを積み上げて，成形する。	板を貼り合わせて，成形する。

3 彫刻《ちょうこく》について説明した次の文章の(　)にあてはまる語句を，ア～クの中から1つずつ選んで，記号で書きなさい。(10点×4)

木や石などを彫《ほ》って作品をつくることを(①　　)という。木彫《もくちょう》では木材にデッサンをし，(②　　)をして不要な部分を大まかに切り落としていく。石彫《せきちょう》では石を彫るときに粉《ふん》じんが飛ぶので，(③　　)や(④　　)を使うことに注意する。

[ア あら取り　イ いぶし　ウ 丸のみ　エ 防じんマスク
オ 彫《ちょう》造《ぞう》　カ 塑《そ》造《ぞう》　キ やっとこ　ク 保護めがね]

[　月　日]

合格点 70点

得点　　点

126 平面に関する技法

1 次の①～⑤の説明にあてはまる平面に関する技法を，あとのア～キの中から１つずつ選んで，記号で書きなさい。(8点×5)

① 新聞，雑誌，写真などを切り取って紙に貼《は》り付けて，図柄《ずがら》を構成する技法。
(　　)

② 薄《うす》い紙を凹凸《おうとつ》のあるものの上から当てて，クレヨンや色鉛筆《いろえんぴつ》などでこすって形を写し出す技法。(　　)

③ 版画の一種で，紙や板にさまざまな素材を貼り付けて凹凸をつくり，そこに絵の具を付けて刷《す》り取る技法。(　　)

④ 厚紙に図柄を描《えが》き，切り抜《ぬ》いて型紙にして，別の紙に型紙の上から絵の具などで色を摺《す》り出す技法。(　　)

⑤ 紙に絵の具を落とし，ストローで吹《ふ》いたり，紙を傾《かたむ》けたりして形をつくる技法。(　　)

〔**ア** コラグラフ　**イ** ステンシル　**ウ** スタンピング(型押《かたお》し)
エ バチック(はじき絵，ろうけつ染め)　**オ** コラージュ(はり絵)
カ フロッタージュ(こすり出し)　**キ** ドリッピング(吹《ふ》き流《なが》し)〕

2 次の図を見て，あとの問いに答えなさい。(60点)

A

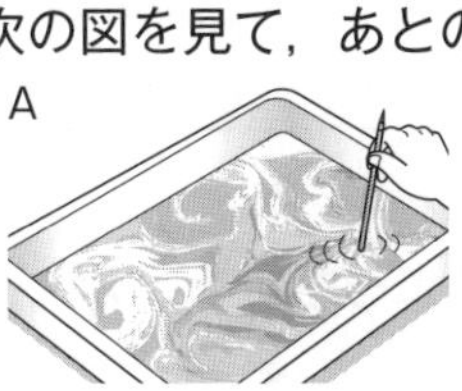

B

C

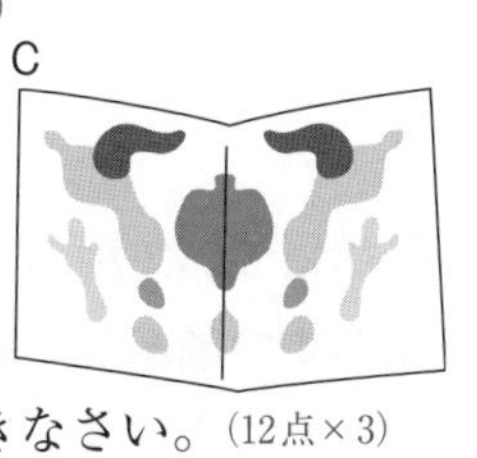

(1) A～Cで行われている技法は何か，それぞれ書きなさい。(12点×3)

A(　　　　　)　B(　　　　　)　C(　　　　　)

(2) Bの技法を行うときに必要となる用具を，絵の具と紙(画用紙)以外に２つ書きなさい。(8点×2)　(　　　　　)(　　　　　)

(3) Cの技法で紙上にできあがる図柄の特徴《とくちょう》は何ですか。(　)にあてはまるように書きなさい。(8点)　図柄が(　　　　　)の形になる。

［　　月　　日］

合格点 70点

得点　　点

127 文字のデザイン

1 右の図を見て，あとの問いに答えなさい。(47点)

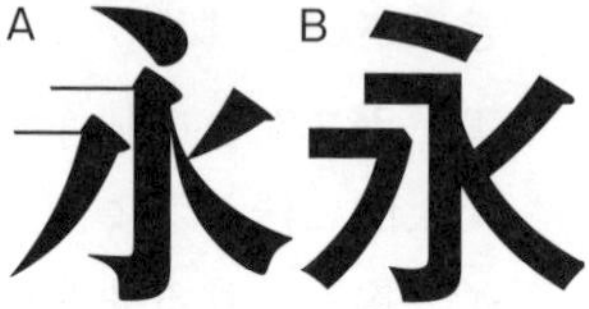

(1) A，Bは何という書体か，それぞれ書きなさい。(12点×2)

A(　　　　)

B(　　　　)

(2) Aの書体の横画の右端《みぎはし》や，曲がり角の肩《かた》などに見られるこぶを何といいますか。(12点)

(　　　　)

(3) 文字を複数個並べて書くときに，漢字とひらがなを見た目にバランスよくするためにはどうすればいいですか。ア～ウの中から1つ選んで，記号で書きなさい。(11点)

(　　)

ア　漢字をひらがなよりも小さく書く。

イ　ひらがなを漢字よりも小さく書く。

ウ　漢字もひらがなも同じ大きさで書く。

2 右の図を見て，あとの問いに答えなさい。(23点)

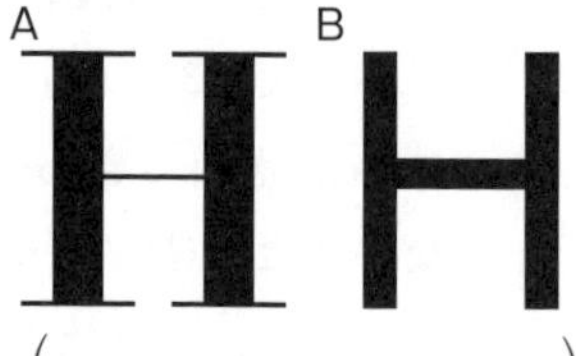

(1) A，Bのうち，どちらがローマン体か記号で書きなさい。(11点)

(　　)

(2) 東洋における書道のように，西洋にも専用のペンを使って美しく文字を表現する書法があるが，これを何といいますか。(12点)

(　　　　)

3 マークについて説明した次の文章の(　)にあてはまる語句を，ア～カの中から1つずつ選んで，記号で書きなさい。(10点×3)

私たちの日常生活にはさまざまなマークがあふれている。一般的《いっぱんてき》に，マークは文字よりも情報を伝えるのが(①　　)といわれているが，ひと目で内容がわかるように工夫《くふう》して(②　　)する必要がある。また，情報を図形だけで表した絵文字を(③　　)という。

ア はやい　　イ 遅い　　ウ ピクトグラム　　エ スペーシング

オ デザイン　　カ レリーフ

[　　月　　日]

128 ポスターのデザイン・ユニバーサルデザイン・エコデザイン

合格点 70点

得点　　点

1 ポスターについて正しく述べた文を，ア～ウの中から１つ選び，記号で書きなさい。(12点)　(　　)

ア　ポスターを制作するときは，レイアウトや配色などを工夫し，内容が効果的に伝わるようにする。

イ　掲示《けいじ》される期間や場所について考慮《こうりょ》してデザインするよりも，オリジナリティや斬新《ざんしん》さを優先させ人目を引くようにする。

ウ　ポスターにはキャッチコピーなどは入れず，絵のみでわかりやすく伝達内容を表現する。

2 ユニバーサルデザインについて説明した次の文章の(　)にあてはまる語句を，ア～シの中から１つずつ選んで，記号で書きなさい。(10点×6)

ユニバーサルデザインは(①　　)代にロナルド・メイスによって提唱された。ユニバーサルは「(②　　)」という意味の英単語で，ユニバーサルデザインは年齢《ねんれい》，性別，身体的能力の区別なく，できるだけ多くの人が快適に使えることを目指すデザインをいう。その７原則は，㋐公平な利用，㋑利用において(③　　)があること，㋒使い方が(④　　)ですぐにわかること，㋓情報が認知できること，㋔危険につながらないこと，㋕(⑤　　)負担が少ないこと，㋖アクセスや利用のための十分な大きさとスペースが確保されていること，とまとめられている。ユニバーサルデザインの例には，安全な画びょう，(⑥　　)などがある。

[ア 客観的な　イ 普遍的《ふへんてき》な　ウ 主観的な　エ 身体的な　オ 協調性
カ 柔軟性《じゅうなんせい》　キ 特《とく》殊《しゅ》　ク シンプル　ケ 1980年　コ 2000年
サ バリアフリーデザインのトイレ　シ LEDの案内版]

3 次の各問いに答えなさい。(14点×2)

(1) スーパーなどへ買い物に行くときに，レジ袋《ぶくろ》のかわりとして個人が持って行くエコグッズを何といいますか。　(　　　)

(2) 外で食事をするときに個人が持っていくことができるエコグッズを１つ書きなさい。　(　　　)

[　　月　　日]

合格点 70点

得点　　　点

129 日本の美術史 ①

1 次の①～⑤の美術品や建築の説明は何時代にあてはまるか，あとのア～クの中から１つずつ選んで，記号で書きなさい。(9点×5)

① 貴族による文化が栄え，末法《まっぽう》思想が流行した。極彩色《ごくさいしき》の模様《もよう》で飾《かざ》られた平《びょう》等院鳳凰堂《どういんほうおうどう》が創建され，極楽浄土《ごくらくじょうど》が表現された。（　　）

② 狩猟《しゅりょう》・採集を行い，土偶《どぐう》が制作された。また，火焔型土器《かえんがたどき》のような装飾《そうしょく》の多い土器をつくっていた。（　　）

③ 東大寺と興福寺《こうふくじ》の再建事業に，運慶《うんけい》と快慶《かいけい》が起用された。彼らによって，東大寺の南大門《なんだいもん》に所蔵されている金剛力士像《こんごうりきしぞう》が制作された。（　　）

④ 稲作《いなさく》が行われ，飾《かざ》り気《け》がなく実用的な土器がつくられていた。大陸から金属器が伝わり，銅鐸《どうたく》がつくられた。（　　）

⑤ 日本で最初の仏教文化が栄えた。法隆寺《ほうりゅうじ》金堂の壁画《へきが》や，止利仏師《とりぶっし》による釈《しゃ》迦三尊像《かさんぞんぞう》が制作された。（　　）

［ア 縄文《じょうもん》時代　イ 弥生《やよい》時代　ウ 古墳《こふん》時代　エ 飛鳥《あすか》時代
　オ 平安《へいあん》時代　カ 鎌倉《かまくら》時代　キ 室町《むろまち》時代　ク 安土桃山《あづちももやま》時代］

2 次の各問いに答えなさい。(12点×3)

(1) 興福寺に所蔵されている３つの顔を持つ仏像の名前を書きなさい。（　　）

(2) 源氏物語《げんじものがたり》などのやまと絵を描《えが》いた，横に長く右から左へ巻きながら読み進めることが出来る絵画を何といいますか。（　　）

(3) 石庭《せきてい》と呼ばれる，白砂と15個の石だけが配置された水のない庭を持つ寺の名前を書きなさい。（　　）

3 次の作品名と作者の組み合わせとして誤っているものを，ア～エの中から１つ選び，正しい作者名を書きなさい。(記号9点，作者名10点)

ア「唐獅子図屏風《からじしずびょうぶ》」─狩野永徳《かのうえいとく》　イ「富嶽三十六景《ふがくさんじゅうろっけい》」─葛飾北斎《かつしかほくさい》

ウ「秋冬山水図《しゅうとうさんすいず》」─雪舟《せっしゅう》　エ「見返《みかえ》り美人図」─歌川広重《うたがわひろしげ》

記号（　　）　作者（　　）

［　　月　　日］

合格点 70点

得点　　点

130 日本の美術史 ②

1 琳派《りんぱ》について説明した次の文章の(　)にあてはまる語句を，ア～オの中から1つずつ選んで，記号で書きなさい。(9点×3)

江戸《えど》時代には(①　　)や(②　　)といった画家が活躍《かつやく》したが，彼らは(③　　)を全面に使ったきらびやかな装飾《そうしょく》が特徴《とくちょう》で，琳派と呼ばれた。(①)は「燕子花図屏風《かきつばたずびょうぶ》」や「八橋蒔絵螺鈿硯箱《やつはしまきえらでんすずりばこ》」，(②)は「風神雷神図屏風《ふうじんらいじんずびょうぶ》」などで有名である。琳派の作品はのちに西洋の作家にも影響《えいきょう》を与えた。

〔 ア 金　イ 銀　ウ 俵屋宗達《たわらやそうたつ》　エ 尾形光琳《おがたこうりん》　オ 狩野元信《かのうもとのぶ》 〕

2 次の作品名と作者の組み合わせとして誤っているものを，ア～エの中から1つ選び，正しい作者名を書きなさい。(9点×4)

(1) ア「湖畔《こはん》」──岸田劉生《きしだりゅうせい》　イ「無我《むが》」──横山大観《よこやまたいかん》
ウ「鮭《さけ》」──高橋由一《たかはしゆいち》　エ「道」──東山魁夷《ひがしやまかいい》

記号(　　)　作者(　　　　)

(2) ア「老猿《ろうえん》」──高村光雲《たかむらこううん》　イ「シャングリラの華《はな》」──草間彌生《くさまやよい》
ウ「女」──荻原守衛《おぎわらもりえ》　エ「太陽の塔《とう》」──平山郁夫《ひらやまいくお》

記号(　　)　作者(　　　　)

3 A～Cの文様はそれぞれ何というか，ア～エの中から1つずつ選び，記号で書きなさい。(9点×3)

A(　　)

B(　　)

C(　　)

ア 唐草《からくさ》文様　イ 紗綾形《さやがた》文様　ウ 鹿《か》の子《こ》文様　エ 青海波《せいがいは》文様

4 日本人は伝統的に風呂敷《ふろしき》を利用してきたが，この風呂敷の利点について1つ書きなさい。(10点)　(　　　　)

［　　月　　日］

合格点　70点

得点　　　点

131 世界の美術史 ①

1 原始時代から古代にかけての世界の美術史について説明した次の文章の（　）にあてはまる語句を，ア～クの中から１つずつ選んで，記号で書きなさい。

（12点×5）

原始の時代から，人間はその創造性を発揮し，場所や時代に関わらず多くの傑作《けっさく》を生んできた。たとえば旧石器時代に描《えが》かれたスペインの（①　　）洞窟壁画《どうくつへきが》には生き生きとした野生動物が見てとれる。また，文明が発達すると，強力な権力を持つ王が現れ，エジプトでは（②　　）などの巨大《きょだい》建築物が建造された。ギリシャでは，人間の理想的な美が追求《ついきゅう》され，ギリシャ神話の女神アフロディテの彫刻《ちょうこく》と考えられている（③　　）や，翼《つばさ》を大きく広げた勝利の女神像（④　　）などが創造された。一方の東洋では，ギリシャ文化の影響《えいきょう》を受け，（⑤　　）で仏像がつくられるようになった。

〔ア ミロのヴィーナス　イ ピラミッド　ウ サモトラケのニケ　エ 殷《いん》
オ ペルシャ　カ ガンダーラ　キ ラスコー　ク アルタミラ〕

2 次の建造物とその位置する国の組み合わせとして誤っているものを，ア～エの中から１つ選び，正しい国名を書きなさい。（記号8点，国名12点）

記号（　　）　国（　　　　）

〔ア「コロッセオ」―イタリア　イ「アンコール・ワット」―インドネシア
ウ「パルテノン神殿《しんでん》」―ギリシャ　エ「タージ・マハル廟《びょう》」―インド〕

3 次のア～ウの中から下線部が誤っているものを１つ選び，正しい語句を書きなさい。（記号8点，語句12点）

ア　東ローマ帝国のもとで栄えたゴシック美術は，セント・ソフィア聖堂など，ドームの屋根の形とモザイク画に特徴《とくちょう》がある。

イ　シルクロードとは絹の道とも呼ばれる交易路のことで，ローマから中国を経て日本にまで達し，その伝来品は正倉院《しょうそういん》で保存されている。

ウ　14世紀頃《ごろ》からイタリアではルネサンスが興《おこ》り，ミケランジェロの「ダヴィデ像」，レオナルド・ダ・ヴィンチの「最後の晩餐《ばんさん》」などの優れた作品が生まれている。

記号（　　）　正しい語句（　　　　）

[　　月　　日]

合格点 70点

得点　　　点

132 世界の美術史 ②

1 ルネサンス後から近代の世界の美術史について説明した次の文章の（　）にあてはまる語句を，それぞれ書きなさい。（10点×7）

ルネサンス後に始まった芸術は，「ゆがんだ真珠《しんじゅ》」を意味する（①　　　　）である。光と影《かげ》のコントラストや，動きのある表現が特徴《とくちょう》で，（②　　　　　）の「夜警《やけい》」やベラスケスの「ラス・メニーナス」が代表作品である。その後ロココを経て，古代ギリシャ時代の芸術を模範《もはん》とする新古典主義が誕生した。デッサンと構図を重視した（③　　　　　）の「泉」，「グランド・オダリスク」が知られているが，（ ③ ）は（④　　　　　）主義のドラクロワとしばしば対立した。（ ④ ）主義とは，自らの感情を表現し，ドラマチックな色彩《しきさい》が特徴の一派である。

一方，（ ④ ）主義の反動から，現実をありのままに描《えが》く写実主義が主張され，クールベなどの画家が登場した。そして写実主義の流れの中から誕生したのが，自然の瞬間《しゅんかん》や光を表現する印象派であり，「印象・日の出」の（⑤　　　　）や，「ムーラン・ド・ラ・ギャレット」の（⑥　　　　）などが知られるようになった。その後はゴッホやゴーギャンなどの後期印象派が活躍《かつやく》した。また，19世紀の西欧《せいおう》では，日本の浮世絵《うきよえ》の手法を取り入れた（⑦　　　　　）が流行した。

2 次の①～③の説明にあてはまる芸術の派と，それを代表する画家を，それぞれあとのア～エ，A～Dの中から1つずつ選んで，記号で書きなさい。

（10点完答×3）

① 純色《じゅんしょく》を使い，自由奔放《ほんぽう》に大胆《だいたん》なタッチで描いた。　（　　　）（　　　）

② 現実を超《こ》えた無意識の世界を描いた。　（　　　）（　　　）

③ 物を多方面から観察して分解し，1つの平面上に再構築して描いた。

（　　　）（　　　）

［ア キュビスム　イ シュルレアリスム　ウ フォーヴィスム
エ アブストラクト
A マティス　B モンドリアン　C ダ リ　D ピカソ］

解答編

技術・家庭－技術分野

1 材料の基本的な性質

① (1)加工　(2)イ　(3)(鉄)脚《あし》を丈夫なまま細くすることができる。(プラスチック)床《ゆか》が傷つきにくい。　など
(4)溝の入れ方を工夫したり材料を改良したりしている。

② ①ウ　②イ　③ウ　④ア　⑤イ　⑥ア

解説

① (2)材料の特性に合った用途を考える。

② ③生分解性プラスチックという。
⑥水につけると膨張《ぼうちょう》するのは，木材の大きな特徴《とくちょう》である。

2 木材の特徴 ①

① ①比較的軽い　②加工しやすい　③スギ　④重い　⑤加工しにくい　⑥シラカシ

② ①ウ　②イ　③カ　④ア　⑤オ

③ (1)A－板目板(材)　B－まさ目板(材)
(2)a－心材　b－辺材　c－こぐち　d－こば　(3)①収縮　②膨張《ぼうちょう》　(4)B
(5)繊維《せんい》方向

解説

② 年輪は早材ともいう春材と晩材ともいう夏材の２つに分けられる。

③ (2)板目板(材)とまさ目板(材)の違《ちが》いはしっかりおさえておく。変形が少ないのがまさ目板(材)である。
(5)繊維細胞《さいぼう》に沿った方向を繊維方向という。

3 木材の特徴 ②

① (1)①板目　②木表　③まさ目
(2)繊維《せんい》方向　(3)イ　(4)エ

② (1)①ウ　②ア　③イ　(2)ア

解説

① (1)板目板(材)とまさ目板(材)の性質の違《ちが》いは確実にとらえておくこと。こば，こぐちの名称も覚えておく。
(4)エの強さはオの約10倍である。

② 木質材料には，小さな木片から大きな材料ができる，変形が少ないという利点で，木材の欠点を補っている。

4 金属の特徴

① (1)①合金　②性質を変えるため。
(2)弾性《だんせい》　(3)塑性《そせい》
(4)加工硬化　(5)A－ウ　B－イ

② (1)炭素　(2)①イ　②焼き入れ　(3)ア

解説

① (1)身の回りの金属はほとんど合金である。
(2)・(3)弾性と塑性の違《ちが》いをしっかりおさえておくこと。

② (1)炭素の含《がん》有量によって鋼《はがね》と鋳鉄《ちゅうてつ》に大別される。

5 プラスチックの特徴

① (1)①石油　②電気　③熱可塑性
④熱硬化性　(2)ア
(3)生分解性　(4)水，二酸化炭素

② (1)オ　(2)ウ　(3)イ　(4)ア　(5)エ

解説

① 熱を加えると軟《やわ》らかくなる熱可塑性プラスチックと一度固めると熱を加えても軟らかくならない熱硬化性プラスチックがある。

② 熱可塑性プラスチックの製造工程をおさえる。ナフサが原料となる。

6 製品の構造

① (1)①繊維《せんい》方向　②ア　③ア，３(倍)
④A-イ　B-ウ　C-ア
(2)補強金具
②接着剤
(3)斜《なな》めに板を入れて三角形構造にする。

解説

① (1)②同じ部品でも幅を増やすより高さを増やすほうが強度は増す。
③金属の棒材は，断面の形をＩ型やＨ型にして丈夫《じょうぶ》にしている。
(3)四角形の構造は変形しやすく不安定である。板を加えて三角形の構造にするほか，幅のある板で全面か一部を固定する方法もある。

7 けがき① 木材

① (1)①線　②直角定規　③けびき
(2)さしがね-ウ　②イ　③ア
(3)A-ア　B-ウ　C-カ　D-ク
E-キ
(4)ア→ウ→イ　(5)ウ

解説

① (1)・(2)こばに線をかくときなどに使うのは直角定規である。平行線をかくときはけびきを使う。
(3)寸法を測るときに基準とする面を基準面という。
(5)部品の長さ方向と繊維《せんい》方向を合わせてけがきをする。

8 けがき② 金属

① (1)①鋼尺《こうじゃく》　②けがき針　③針先
④センタポンチ　⑤ハンマ
(2)基準となる辺(基準となる線)
(3)1-イ
2-ア，右図
(4)油性のマーカー
(5)穴や円の中心に合わせ軽く

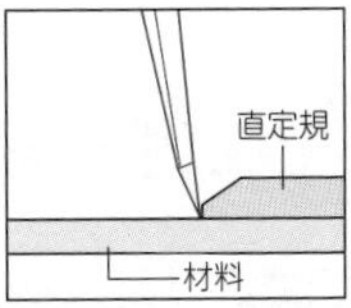

解説

① (1)金属に線や印をかくときはけがき針を使う。
(2)木材のときと同じように，基準となる辺を決める。
(3)斜《なな》めの位置から読むと誤差が出る。けがくとき，けがき針は進行方向に少し傾《かたむ》けて線を引く。

9 切断① 木材

① ①イ　②カ　③ウ　④ア　⑤エ　⑥オ
② (1)ア　(2)①・②直角・斜め
(3)あさり　(4)ウ→ア→エ→イ(→オ)
(5)イ　(6)まわしびきのこぎり

解説

① 両刃《りょうば》のこぎりは，のこ身，柄《え》，刃わたりと大きく３つに分けられる。
② (1)横びき用の刃は，繊維《せんい》を１本，１本切るようにはたらく。
(2)硬《かた》い板材や厚い板材を切るときは，軟《やわ》らかい板材や薄《うす》い板材より角度を大きくする。

10 切断② 金属・プラスチック

① (1)エ　(2)①ウ　②押《お》す
② (1)プラスチックカッタ　(2)イ　(3)ウ

解説

① (1)金切りはさみは，割れ目が入らないように刃のなかほどを使う。切り進んだ材

料は上に引き上げる。

⑵弓のこは，押して切断する。

❷ ⑵工具の背を使って切断面を平らにする。

11 切　削 ①

❶ ①カ　②ア　③オ　④ウ　⑤イ
⑥エ

❷ ⑴①イ　②ウ　③ア
⑵A$\frac{2}{3}$　B裏　C$\frac{1}{3}$
①ア　②0.1

解説

❶ うわばに対して反対側を**したば**という。かんな身の上側を**かしら**という。

❷ ⑴かんな身を抜《ぬ》くときは台がしらの角を左右に交互にたたく。

12 切　削 ②

❶ ①イ　②ウ　③ア　④A

❷ ⑴①ウ　②イ　③エ　④オ　⑤ア
⑵複目，単目　⑶①端　②斜め下
③はけ　⑷斜進《しゃしん》法　⑸直進法

解説

❶ ⑴ベルトサンダは多数の砥粒《とりゅう》で材料を削る道具。

❷ ⑵複目は一般《いっぱん》の金属，単目は軟《やわ》らかい金属に適している。

13 穴 あ け

❶ ⑴①きり　②止まり穴
⑵エ→イ→ア→ウ
⑶①②保護眼鏡，防塵マスク（順不同）　③手袋　④顔　⑷捨《す》て板
⑸（名称）かえり（バリ），（方法）あけた穴よりも直径の大きいドリルで削る。

解説

❶ ⑵卓上《たくじょう》ボール盤で穴をあけるときは，まず，ドリルをドリルチャックに固定する。

⑶作業中，身につけているものや髪が巻き込まれないよう注意する。

14 接着剤による接合

❶ ⑴①ウ　②イ　③ア　④カ　⑤エ
⑥オ
⑵ホルムアルデヒド
⑶①×　②○　③×

解説

❶ ⑴接着剤《ざい》は部材に合わせて適切な種類を選ぶ必要がある。シアノアクリレート系の接着剤は，皮膚《ひふ》に付着して傷つけてしまうことがある。無理に剥《は》がさないこと。
⑶接着剤は，滑《なめ》らかな平面にした接着面に少なすぎず，多すぎず，均一にぬる。

15 組 み 立 て ①

❶ ⑴①$\frac{1}{2}$　②ウ　（名称）四つ目ぎり
⑵ア　⑶①イ　②ウ　③エ　④ア
⑷最後に板面に傷《きず》が付かないようにするため。
⑸（ア→）エ→イ→ウ

解説

❶ ⑴くぎの下穴をあけるときは，四つ目ぎり，木ねじの下穴をあけるときは，三つ目ぎりが適している。
⑵くぎの長さは，普通，打ち付ける板の厚さの2.5～３倍の長さが適切である。
⑷最後にげんのうの平らな面を使うとくぎの回りの板面もたたいてしまい，傷が付くことになる。

16 組 み 立 て ②

❶ ⑴イ　⑵三つ目ぎり
⑶①垂直　②押し（押さえ）　③右
⑸ウ

❷ ⑴A－＋ドライバ　B－スパナ
⑵座金　⑶ナット回し

解説

❶ (1)木ねじの下穴の長さは，木ねじの長さの$\frac{2}{3}$の深さまであける。
(3)ねじ回しは垂直に保つ。ねじの十字穴をつぶさないように注意し，上から押しながら右に回す。

❷ (2)ねじ接合では，工具とねじ類を適切に組み合わせて使用する。＋ドライバを使うねじはタッピンねじなどがあり，六角ボルトなどはスパナを用いる。

17　仕上げ

❶ (1)①面取り　②イ
③目の細かいもの
(2)表面を美しくして汚《よご》れを付きにくくする。(19字)
(3)①ア研磨　イ上塗り　ウ下塗り
②エ　(4)広葉樹，140番

解説

❶ (1)②研磨《けんま》するときは，研磨紙を木片に巻きつけて繊維《せんい》方向に沿って磨《みが》く。
③塗《ぬ》るときは，薄《うす》く塗って，十分乾《かわ》かして塗り重ねる。

18　製図法

❶ (1)キャビネット図　等角図

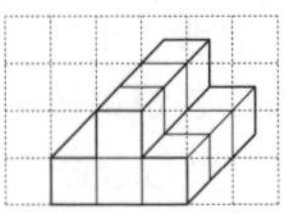

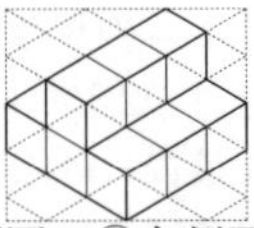

(2)①平面図　②正面図　③右側面図
(3)①ウ，オ　②イ，エ　③ア，カ

解説

❶ (1)キャビネット図は奥行きの辺を45°傾《かたむ》け，実際の長さの$\frac{1}{2}$の割合で表す。
　等角図は，立体の底面の直交する２辺を，水平線に対して左右30°ずつ傾けた線でかく。この数字は覚えておく。
(2)立体の手前に透明《とうめい》な３つの画面を置き，立体をそれぞれの面に投影したものを第三角法による**正投影図**という。

19　製図のきまり

❶ (1)①イ　②ウ　③エ　④ア　⑤オ
(2)①イ　②ア　③ア
(3)右図

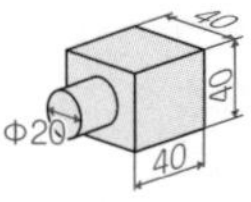

解説

❶ (1)製図での線や寸法のかき方は，日本ではJISによって決められている。二点鎖《さ》線《せん》は，物があるものと仮想して示す仮想線に使用する。
(2)寸法線は外形線に平行に引く。垂直方向の寸法線は図面の右側から読めるようにかく。

20　社会の発展と加工の技術

❶ (1)①最適化　②安全性　③廃棄《はいき》物
(2)イ
(3)柱や梁《はり》に鉄の10倍の強度をもつ炭素繊維《せんい》を巻いた。

❷ ①オ　②ウ　③エ　④イ　⑤ア

解説

❷ 持続可能な社会の実現に向けて，CLT(木材の繊維方向を直角に交わるように接着・圧縮した木質材料)のような新しい材料や技術の開発が行われている。

21　エネルギー資源の種類・さまざまな発電方法

❶ (1)①イ　②エ　③ア　④ウ
(2)自然界から供給され，枯渇《こかつ》することがないエネルギーのこと。

❷ (1)①輸入　②エネルギーミックス
(2)ア，エ，オ

解説

② (1)エネルギーミックスは資源の供給量や環境《かんきょう》への負荷などの面も考えながら，各発電方法のバランスを考えることが大切。

22 電気の基礎知識

① (1)①電圧　②Ω　③オームの法則
(2)12Ω

② ①イ，ウ，オ　②ア，エ，カ

③ ①ウ　②エ　③イ　④ア

④ 右図

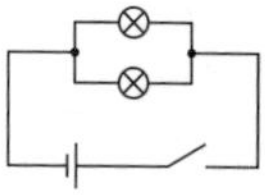

解説

② 直流電源の電池には，充電できない一次電池と充電できる二次電池がある。

③ 電気回路はJISで定められた電気用図記号を用いる。

④ 接続の部分は黒丸をかくこと。

23 エネルギー変換

① (1)①エネルギー変換《へんかん》　②運動
③光　(2)電磁誘導
(3)エネルギー変換効率
(4)イ，ウ　(5)エ

解説

① (1)電気エネルギーは，さまざまなしくみによって熱や運動，光エネルギーなどに変換されている。
(5)アイロンはサーモスタットで温度調整を行っている。発熱体がないことからも②が扇風機《せんぷうき》だとわかる。

24 運動エネルギーへの変換

① (1)①滑車《かっしゃ》　②家畜《かちく》　③蒸気機関
(2)水車，風車

② (1)①イ　②ウ　③エ　④ア
(2)イ

解説

① (1)小さな力を大きなエネルギーに変えたり，ほかのエネルギーを運動エネルギーに変換《へんかん》したりする技術が発達したため，人類はより大きなエネルギーを扱《あつか》えるようになった。運動エネルギーとは，運動している物体がもつエネルギーのこと。

② 直線運動，回転運動，揺動《ようどう》運動の違《ちが》いを理解しておく。自転車の場合では，足でペダルをこぐ動きが揺動運動となる。

25 機械の部品・保守点検

① (1)①共通部品　②JIS　③ISO
④産業標準化法
(2)ウ

② (1)①ウ　②イ　③オ　④ア　⑤エ
(2)ア

解説

② (2)注油はチェーンなどがスムーズに動かなくなった時に行う。注油後は布などで拭《ふ》き取り，残った油にほこりなどが付着しないようにする。

26 動力伝達のしくみ

① (1)①イ　②ア　③ウ　④エ
(2)イ，エ，オ　(3)速度伝達比
(4)回転力(トルク)
(5)①(速度伝達比) 1　(ギア比) 1
②(速度伝達比) 0.67　(ギア比) 1.5

解説

① (1)・(2)歯車の形と用途《ようと》，特徴《とくちょう》はセットで覚えておく。かみ合いで伝達する歯車と摩擦《まさつ》で伝達する摩擦車は，どちらも２軸《じく》が近いとき，離《はな》れているときと大きく２種類に分けられている。これ以外に，２軸が平行，直角という分け方もある。
(2)ア．摩擦車の２軸の回転は逆である。ウ．プーリとベルトは，２軸が離れてい

るときに用いられる。
(3)速度伝達比 $= \dfrac{\text{駆動軸の回転速度}}{\text{被動軸の回転速度}}$

27 運動を変化させるしくみ

❶ (1)①４　②往復(直線)運動
③クランク　(2)①エ・A　②ア・B
③イ・C　(3)イ

解説

❶ (1)①リンク機構の基本は４本のリンク(棒)で成り立っている。
②往復直線運動は，４本のリンクのうち，１本をスライダに変えると，この運動を繰《く》り返す。
(2)①リンク装置《そうち》(機構)では，何の運動が何の運動に変化するのかをしっかりとらえておく。
②回転運動をするのはクランク，揺動《ようどう》運動をするのは，てこという原理をベースに考えるとよい。
③往復スライダクランク機構は，クランクの回転運動をスライダの往復直線運動に変えたり，逆も使う。
(3)アの固定軸は回転軸。ウ-リンク機構(装置)は，直接，従属節に伝えない。
エ-往復直線運動は揺動運動が正しい。

28 安全に電気機器を利用する

❶ (1)①定格電流　②定格電圧
③ブレーカ
(2)流れる電流は6.4＋12＝18.4〔A〕なので危険である。
❷ (1)ウ　(2)トラッキング現象
(3)コードからの熱がこもり，火災の原因になるから，束ねないようにする。

解説

❶ (2)普通の家庭には，交流100Vの電気が供給されている。640Wの電気ストーブには，6.4A，1200Wのホットプレートには12Aの電流が流れる。
❷ (2)ほこりがたまりやすいプラグの付け根などは，定期的な掃除《そうじ》が大切である。

29 これからのエネルギー変換技術

❶ (1)①②ア，ウ(順不同)
③エ　④イ
(2)温室効果ガス
❷ (1)①イ　②ア　③ウ
(2)ウ　(3)潮流《ちょうりゅう》発電

解説

❶ (1)エネルギー変換《へんかん》技術には，快適性の工場や生産性の向上といったプラス面だけでなく，資源の枯渇《こかつ》，環境《かんきょう》への負荷などのマイナス面もあることを覚えておく。
❷ (1)ライフサイクルアセスメントはリサイクルをする工程も含《ふく》め，環境への影響《えいきょう》を定量的，客観的に評価する。

30 生物を育てる

❶ (1)①ア　②ウ　③ア　④イ
(2)ニワトリ
(3)①育成環境《かんきょう》　②生物の成長
③生物の特徴《とくちょう》
(4)ウ　(5)イ

解説

❶ (1)漁業を守るための植林も自然環境の保全の活動の１つ。
(2)ニワトリの受精卵はワクチンの製造に使われている。
(3)(4)(5)生物育生の技術には，育成環境を調節する技術，生物の成長を管理する技術，生物の特徴を改良する技術がある。育成環境は日照条件や温度，水などのことで，生き物に適した環境がある。生物の成長は成長段階に応じた養分を与《あた》えることで管理する。生物の特徴のうち，人

間に求められる特徴などを品種改良によって改良することで現在の家畜《かちく》や農作物がある。それぞれの技術は日々工夫が重ねられている。

31 土づくりと肥料

① (1)①団粒《だんりゅう》構造　②単粒《たんりゅう》構造
③水はけがよい，通気性がある，水持ちがよいなどから2つ。
(2)ア
② (1)①窒素(N)・イ
②リン(P)・ア
③カリウム(K)・ウ
(2)有機質肥料
(3)①元肥　②追肥

解説

① (1)団粒構造のすきまは空気や水分を含《ふく》み，植物の成長を促《うなが》す。単粒構造の土にたい肥を加えると，たい肥をえさとする微生《びせい》物が団粒構造を促進《そくしん》させる。
(2)バーミキュライトは通気性がよく，保水性ももっている。

② (1)植物には，二酸化炭素，酸素，水分以外に肥料の三要素などの養分が必要である。それぞれどのような成長に必要か，覚えておくようにする。

32 種まき～定植

① (1)①エ　②イ　③ウ　④ア
(2)ウ
(3)葉が大きい，茎が太い，子葉が傷んでいない，根がしっかり張っている，節間が短い　などから3つ。
② (1)①移植　②定植　③赤玉土
(2)ア，イ，エ

解説

① (1)イのばらまきは，細かい種で，すじまきや点まきがしにくいときに適している。ほかにも，ポットまきなどがある。

② (1)発芽には光は必ずしも必要ではないが，苗《なえ》が育つには光が必要である。乾燥《かんそう》は大敵である。

33 定植後の管理

① (1)a－土壌《どじょう》環境　b－生物環境
(2)①ア
②A－ア　B－オ　C－エ　③誘引《ゆういん》
④ア　⑤(名称)カビ，(防除法)水やりをする(風通しをよくする)。

解説

① (2)①鉢《はち》やプランターでは，排水《はいすい》口や底から水が出るまで行う。また，水はていねいに根元にやる。水や土がかかると病気や害虫の発生源になることがある。
③・④イの結び方では，養分が上に行かなくなる。また，茎は成長するに従って太くなるので，ゆとりを持たせて結ぶ。交差させて1回ねじって結ぶとずり落ちない。⑤ほかには，芽の先や葉の裏に付いて汁液《じゅうえき》を吸うアブラムシなどがいる。発生したら，すぐに除去する。

34 動物を育てる・水産生物の栽培

① (1)①家畜　②品種改良
(2)ア，イ，オ
② (1)①養殖《ようしょく》　②完全養殖
③不完全養殖　④海面いかだ
⑤陸上水槽《すいそう》
(2)マダイ，ヒラメ，トラフグなどから1つ
(3)ニホンウナギ，ブリなどから1つ

解説

① (1)②品種改良は，人工授精技術の進歩で格段に進んだ。

② (1)水産生物の養殖も健康管理などが必要となる。

35　コンピュータの基本的なしくみ

① (1)①ハードウェア　②マウス，キーボード，プリンタ，スピーカ，ディスプレイなど
③出力機能
④アプリケーション(応用)
(2)①ア，C　②ウ，B　③イ，C
(3)ア，ウ，エ，オ

解説

① (1)コンピュータはハードウェアとソフトウェアで構成されている。ハードウェアには入力装置《そうち》と出力装置がある。入力装置には，マウス，キーボードなど，出力装置には，プリンタ，ディスプレイなどがある。④基本ソフトウェアがアプリケーションソフトウェアを動かす。
(2)コンピュータのもつ，入力・出力機能以外の3つの機能である。演算《えんざん》と記憶の機能を間違《まちが》わないように注意する。

36　情報処理のしくみ

① (1)デジタル化　(2)エ
(3)下図

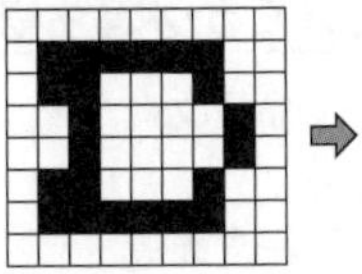

0	0	0	0	0	0	0	0	0
0	1	1	1	1	1	1	0	0
0	1	1	0	0	0	1	0	0
0	0	1	0	0	0	0	1	0
0	0	1	0	0	0	0	1	0
0	1	1	0	0	0	1	0	0
0	1	1	1	1	1	1	0	0
0	0	0	0	0	0	0	0	0

(4)データ量を少なくする
(5)72，9　(6)4　(7)2

解説

① (1)・(2)連続した変化を表現するのがアナログ，段階的に表現するのがデジタルである。
(5)1と0は合わせて8×9＝72〔ビット〕になる。8ビットは1バイトなので，72÷8＝9〔バイト〕になる。
(6)2ビットの情報量は，「00」「01」「10」「11」の組み合わせがあるので，合わせて4通りである。

37　通信ネットワークと利用

① (1)情報通信ネットワーク
(2)①LAN　②インターネット
(3)①エ　②イ　③ウ
(4)C→B→D→A
(5)①イ　②ウ　③エ　④ア

解説

① (1)ネットワーク，LAN《ラン》，インターネットなどの違《ちが》いをおさえておく。
(3)①・②プロバイダとサーバの違いをおさえる。プロバイダは，仲介《ちゅうかい》する会社，サーバはコンピュータ同士をつなぎ合わせるコンピュータのこと。③ブラウザソフトウエアにURLを入力すると指定されたURLのWebページを表示できる。
(4)見たいWebページの情報を見つけるためには検索エンジンというプログラムを利用する。
(5)edは組織の種類，jpは国名を表す。

38　情報セキュリティ

① (1)パスワード　(2)ア
(3)①ファイアウォール　②暗号化
③ウイルス　④ソフトウェア
(4)①イ　②ウ　(5)信用できる組織などのサイトと比較《ひかく》する。

解説

① (1)他人が想像しやすいものは使わない。
(3)①一定の基準を設けて通過させる情報とそうでない情報を選別する。④ウイルス対策ソフトウェアは常に最新版のものを使う。

39　情報モラルと知的財産権

① (1)①イ　②ウ　③ア　(2)ウ
(3)①知的財産権　②著作
③産業財産　④特許《とっきょ》　⑤著作権法

(4)・必ず許可を得る。・引用する場合は出所や引用箇所《かしょ》を明記する。
(どちらか1つ)

解説

① (1)クリエイティブ・コモンズ・ライセンスで知的財産権を共有しても，著作権を放棄《ほうき》しているわけではないので注意する。使用の前には条件をよく確認する。
(2)はっきりとその人と特定できる顔写真などは個人情報になる。
(3)商標権，意匠《いしょう》権などが産業財産権に含《ふく》まれる。

40 コンテンツ

① (1)①オ　②ア　③イ　④ウ
(2)より多くの人に分かりやすく情報を伝える。
(3)オ→ア→ウ→イ→エ→カ
(4)①イ　②オ　③エ　④ア　⑤ウ
(5)著作権などを侵害《しんがい》しないように気をつける。

解説

① (1)コンピュータを使うとさまざまなメディアを1つにまとめて扱《あつか》うことができる。これをコンテンツという。
(2)コンテンツは，分かりやすいのが基本である。
(4)それぞれのメディアには，編集・加工を行うソフトウェアがある。

41 コンテンツの設計・制作

① (1)①デジタル化　②コンテンツ
③双《そう》方向性　④プログラム
(2)①ア　②エ　③イ　④ウ
② ①エ　②オ　③ウ　④イ　⑤ア

解説

① (1)ゲームや地図アプリのように，利用者の働きかけ(入力)に対し応答(出力)があるものを双方向性があるという。
(2)それぞれのメディアにはプラス面とマイナス面があるので，整理して覚えておく。視聴覚《しちょうかく》障がいのある人に適切に情報が伝わるかどうかも大切である。

42 システム制御

① (1)①イ　②オ　③カ
(2)イ→エ→オ→エ→カ
② (1)①プログラム
②プログラミング言語
③フローチャート
(2)①イ　②ア　③ウ
(3)センサは反応したか。

解説

① (2)人間の体と比較《ひかく》すると分かりやすい。センサは人間の感覚器官，インタフェースは神経系，コンピュータは頭脳，アクチュエータは手足に相当する。
② (3)プログラミング言語は命令の形で記述する。

技術・家庭－家庭分野

43 食事の役割と食習慣

① ①リズム　②エネルギー　③体
④(食)文化　⑤触れ合いの場

② ①食事　②運動　③休養

③ (1)食事摂取基準　(2)生活習慣病
(3)食習慣　(4)偏食

④ (1)孤食《こしょく》　(2)共食

解説

③ (2)生活習慣病には，がん，心臓病，脳卒《のうそっ》中《ちゅう》などがあり，生活習慣を改善することで予防できる。

44 栄養素のはたらき

① ①炭水化物
②③脂質《ししつ》，たんぱく質(順不同)
④無機質　⑤ビタミン
A－エネルギー　B－組織　C－調子

② (1)①カ　②ケ　③イ　④エ
(2)⑤ア　⑥オ　(3)⑦キ　(4)⑧コ
⑨ク　(5)⑩シ　⑪ウ　⑫サ

③ ①55～68　②栄養素　③老廃物《ろうはいぶつ》
④体温調節

解説

① ④無機質は，カルシウムは骨や歯をつくるもとであり，鉄は血液の成分になり，不足すると，貧血になる。

② (1)食物繊維《せんい》はエネルギー源にはならないが，腸の調子を整え，便秘《べんぴ》を解消するなど，健康を保つ働きがある。

45 食品に含まれる栄養素　6つの食品群

① ①たんぱく質　②無機質(カルシウム)　③ビタミンA(カロテン)
④炭水化物　⑤脂質《ししつ》
A・B－魚・豆(豆製品)
C・D－乳製品・海そう
E－緑黄色野菜　F－果物　G－いも

② (1)ア　(2)ア　(3)イ　(4)ウ

③ (1)食品群別摂取《せっしゅ》量の目安
(2)食品の概量

④ ①・②身長・体重　③活発
④・⑤・⑥エネルギー・たんぱく質・カルシウム

解説

② (1)レタスは3群で，他は4群である。
(2)じゃがいもは5群で，他は4群である。
(3)牛乳は2群で，他は1群である。
(4)砂糖は5群で，他は6群である。

46 食品の選び方

① (1)①生鮮食品　②・③旬《しゅん》・出盛り期
④味　⑤生産量　⑥安く
(2)⑦保存性　⑧加工食品

② ①イ　②ア　③エ　④ウ　⑤エ
⑥イ　⑦ウ　⑧オ　⑨イ

③ ①オ　②カ　③イ　④ウ　⑤エ
⑥ア

解説

① (2)微生物《びせいぶつ》の繁殖《はんしょく》には，栄養分・適度な温度・水分が必要であり，加工食品の保存の原理は，これらの条件を利用している。

47 加工食品の表示

① (1)①原材料名　②食品添加物
③保存　④多い　(2)⑤賞味　⑥消費
⑦5　(3)⑧アレルギー　⑨遺伝子

② (1)JAS(ジャス)マーク
(2)特定保健用食品
(3)冷凍《れいとう》食品認定証

③ 風味や外観の向上，保存性の向上，着色や調味など

④ ①オ　②ウ　③ア　④エ　⑤カ
⑥イ

解説

① (2)消費期限で表示されている食品は，弁当，そうざい，調理パンなど。
賞味期限で表示されている食品は，乳製品，即席《そくせき》めん類，菓子《かし》，冷凍食品など。

48 調理の基本

① (1)①消化　②衛生的
(2)③・④性質・調理法　⑤調理用具
(3)⑥旬《しゅん》(出盛り期)　⑦包装《ほうそう》
(4)⑧野菜　⑨煮沸《しゃふつ》(熱湯)　⑩漂白剤《ひょうはくざい》

② ①15　②5　③200

③ ①いちょう切り　②乱切り
③輪切り　④ささがき
⑤くし形切り

④ 一汁三菜《いちじゅうさんさい》

解説

② 計量スプーン・計量カップによる食品のおよその重量は，食品の種類によって異なる場合がある。下表は食品例(単位 g)

	小さじ	大さじ	計量カップ
しょうゆ	6	18	230
上白糖	3	9	130
油	4	12	180

④ 伝統的な和食の形で，主食である米と汁《しる》物《もの》に，おかず(菜)を２，３種類組み合わせたもの。

49 食品の特徴・食文化

① (1)①ケ　②シ　③ウ　④タ　⑤ク
(2)⑥カ　⑦キ　(3)⑧・⑨ア・コ
⑩サ　⑪オ　(4)⑫セ　(5)⑬エ　⑭ス

② (1)地産地消《ちさんちしょう》　(2)郷土料理
(3)行事食　(4)おせち料理，雑煮《ぞうに》

解説

① (1)やわらかい肉は，そのもののうまみを味わうステーキ，すき焼きなどにする。
かたい肉は，煮込《にこ》み料理にしたり，ひき肉にしてハンバーグなどにする。

② (3)・(4)季節の行事食
２月－節分(福豆)
３月－ひな祭り(ちらしずし)
５月－端午《たんご》の節句(かしわもち，ちまき)
７月－七夕(そうめん)
10月－月見(だんご)
12月－大みそか(年越しそば)

50 日常着の活用

① ①暑さや寒さ　②けが　③清潔《せいけつ》
④職業　⑤個性　⑥社会的　⑦オ
⑧エ　⑨ウ　⑩ア　⑪イ　⑫カ

② ①時(時間)　②場所　③場合

③ (1)①そで　②えり　③おくみ
(2)④立体　⑤平面

解説

① 民族衣装《いしょう》も社会的慣習を表す服装《ふくそう》である。

② 個性を生かしながら，TPO(Time, Place, Occasion)を考えて，自分らしい衣服のコーディネート(組み合わせること)をする。

51 衣服の選び方

① (1)①目的　(2)②手持ちの服
(3)③表示　④ボタン　(4)⑤試着
⑥サイズ　⑦デザイン　⑧脱ぎ着
⑨着心地　(5)⑩返品

② (1)①サイズ　②JIS　③乳幼児
④チェスト　⑤組成　⑥繊維《せんい》
⑦混用率　⑧取り扱《あつか》い
⑨手入れ　⑩原産国
(2)適度に湿気《しっけ》を吸う・乾きが早い。
しわになりにくい・丈夫である，など

解説

② ②JIS《ジス》…日本産業規格の略称《りゃくしょう》。
④男子の採寸は，もっとも大きな部位を水平にはかり，女子は胸《むね》のもっとも高いところをはかる。

52 日常着の手入れ・繊維

❶ ①汚《よご》れ ②しみ ③虫 ④カビ
⑤性能

❷ ①40℃以下の液温で手洗いができる
②塩素系及び酸素系漂白剤《ひょうはくざい》による漂白ができる
③アイロンはできない
④日かげのつり干《ほ》しがよい

❸ ①天然 ②化学 ③植物 ④合成
⑤綿(麻) ⑥毛または(絹)
⑦ナイロン(アクリル)

❹ ①エ ②ウ ③イ ④ア ⑤オ

解説

❹ 天然繊維《せんい》は，吸湿《きゅうしつ》性にすぐれるが，しわになりやすい。化学繊維は，速乾《そくかん》性にすぐれるが再汚染《おせん》しやすく，熱に弱い。

53 洗濯・ほころび直し・アイロン

❶ (1)①②組成，取り扱《あつか》い(順不同)
(2)③部分 (3)④繊維《せんい》 ⑤目安
(4)⑥しみ抜き

❷ (1)イ (2)界面活性剤 (3)イ
(4)洗濯ネットに入れる
(5)まつり縫《ぬ》い

❸ (1)ふろの残り湯を利用する
(2)クールビズ
(3)サイズの合う人にゆずる，
フリーマーケットに出す など

解説

❷ (1)洗剤の種類には，石けんと合成洗剤がある。弱アルカリ性の洗剤のほうが汚れがよく落ちるが，アルカリに弱い動物繊維の毛や絹には使えない。

54 ミシン縫い

❶ ①裁ちばさみ ②ルレット
③指ぬき ④リッパー

❷ (1)みみ (2)合いじるし (3)下側
(4)直角
(5)(左から) 1，3，2，3，1

❸ (1)①天びん ②はずみ車 ③おさえ
(2)ぬい目の大きさ
(3)①返し縫《ぬ》い ②三つ折り縫い

解説

❶ ④リッパー…ミシン目をほどくのに使う。

❸ (3)縫い始め，縫い終わりや，じょうぶにしたいところを返し縫いする。

55 住まいと生活

❶ (1)①②生命，生活
(2)③④健康，安らぎ(順不同)
(3)⑤育ち

❷ ①ア ②イ ③エ ④ウ ⑤オ
⑥ウ ⑦オ ⑧ア ⑨イ ⑩エ

❸ ①南北 ②気候 ③北海道
④二重 ⑤沖縄《おきなわ》 ⑥台風
⑦風通し ⑧吸湿性《きゅうしつせい》

❹ ①部屋をさまざまな用途《ようと》で使える。障子《しょうじ》やふすま，床の間などがある。など
②部屋の使用目的に合わせて家具を使用する。窓や戸は開き戸で気密性が高い。など

解説

❸ 最近では，地域の伝統的は住まいは少なくなっている。

56 安全で快適に住まう

❶ (1)高齢《こうれい》者，０～４歳(児)
(2)転倒や転落，でき死，窒息《ちっそく》(誤飲)
(3)バリアフリー（バリアフリーデザイン）

❷ (1)①階段 ②手すり ③手
(2)④家具 ⑤逃《に》げ道(避難《ひなん》経路)

⑥避難場所(連絡方法)
③ (1)①カビ ②結露《けつろ》
(2)③気密性 ④換気《かんき》 (3)⑤化学物質
⑥シックハウス症候群《しょうこうぐん》
(4)⑦石油ストーブ ⑧不完全燃焼
⑨一酸化炭素 ⑩0.0006

解説

① (3)体の不自由な人や高齢者だけでなく，すべての人にとって使いやすいようにすることをユニバーサルデザインという。

③ ⑥シックハウス症候群…頭痛やくしゃみ，目の痛《いた》みや湿《しっ》しん，目まいやはき気などの体調不良をもたらす。

57 消費者としての私たち

① A-ア・エ・カ・ク
B-イ・ウ・オ・キ
② ①STマーク・ウ
②グリーンマーク・エ
③エコマーク・イ
④JIS《ジス》マーク・ア
③ ①安全性(機能性) ②価格
③保証(書) ④アフターサービス
⑤環境《かんきょう》

解説

① 物資(形のあるもの)とサービス(形のないもの)にわける。

58 販売方法と支払い方法

① (1)ウ (2)エ (3)イ (4)オ (5)ア
② (1)①前払《ばら》い ②即時《そくじ》払い ③後払い
④プリペイド ⑤現金 ⑥代金
⑦期日 ⑧分割
(2)A-③ B-① C-① D-②
③ ①商品を受け取る ②代金を支払う
③代金を受け取る ④商品をわたす

解説

② (1)前払い方式にはプリペイド型電子マネーやテレホンカードもある。
(2)デビットカードは金融《きんゆう》機関の預金残高から即時《そくじ》に代金が引き落とされる。

③ 契約《けいやく》の例…服を買う。電車やバスに乗る。映画を見る。ＣＤを借りる など

59 消費者の権利と責任

① ①安全 ②選ぶ(選択《せんたく》する) ③意見
④ケネディ ⑤教育 ⑥環境《かんきょう》
② (1)①キャッチセールス
②アポイントメントセールス
(2)③消費者基本法 ④消費者契約《けいやく》法
(3)⑤製造物責任法(PL法)
(4)⑥クーリングオフ制度
(5)⑦消費者庁 ⑧消費生活
③ (1)エシカル消費
(2)フェアトレード

解説

② (1)その他の悪徳商法の例
・マルチ商法…会員になって，「ほかの人を勧誘《かんゆう》するともうかる」と言って，商品を購入《こうにゅう》させて会員にし，知人を勧誘《かんゆう》させる。
・催眠《さいみん》商法(SF商法)…締め切った会場に人を集めて，巧《たく》みな話で雰囲気《ふんいき》を盛《も》り上げ冷静な判断力を失わせて，高額な商品を買わせる。

60 乳幼児の心身の発達

① (1)①１ ②１ ③小学校 (2)④３
⑤50 ⑥頭 (3)⑦頭 ⑧手先
(4)⑨自立心(自我) ⑩社会性
⑪個人差 (5)⑫呼吸数
② (1)ウ，エ (2)イ，オ (3)ア
③ (1)①権利 ②５ ③５ (2)④人
⑤社会の一員 ⑥環境《かんきょう》

解説

① (3)幼児期は一生のうちで心身の発達が著しい時期である。１歳《さい》を過ぎると歩ける

ようになり，走る，跳《と》ぶ，投げるなど運動の基本ができるようになり，手先も細かい動きができるようになる。

61 子どもの成長と家族の役割

① (1)①基本的生活習慣
②社会的生活習慣
(2)①イ・ウ・エ　②ア・オ・カ
② (1)①エ　②カ　③イ　④オ
(2)⑤ア　⑥ウ
③ ①ウ・オ　②エ　③ア・イ・カ

解説

① ①基本的生活習慣…食事・睡眠・排泄・着脱衣・清潔
②社会的生活習慣…社会的な約束事や習慣・公共マナー
③ ・児童館…18歳《さい》までの児童を対象にした施設である。
・子育て支援《しえん》センター…各市町村などに設置されている。
どちらも，子育て中の親が集まる場所を提供したりして，子育てを支援している。

62 子どもの生活と遊び

① (1)①長く　②遊び　(2)③運動
④社会　(3)⑤小さい
⑥間食(おやつ)
② ①イ　②ウ　③ア　④イ
③ (1)①じょうぶ　②玩具《がんぐ》
③発達　④大きさ　(2)⑤自然
(3)⑥コンピューター(電子ゲーム)
(4)⑦安心　⑧大人

解説

① (3)幼児にとって，おやつは食事の一部であり楽しみでもあるので，栄養バランスを考えながら楽しめる工夫をする。

保健・体育－保健分野

63 体の発育・発達　呼吸器・循環器の発育・発達

① (1)発育　(2)発達
② ①発育急進期　②２　③個人差
A－ウ　B－オ　C－ア　D－イ
E－エ
③ (1)①呼吸器　②肺胞《はいほう》　③肺活量
④減少　⑤毛細血管　(2)⑥循環《じゅんかん》器
⑦心臓　⑧血管　⑨拍出《はくしゅつ》量　⑩減少
A－二酸化炭素　B－酸素
④ 適度な運動

解説

② ２回目の発育急進期は思春期のころだが，その時期には個人差がある。男女の体の特徴《とくちょう》は二次性徴である。
④ やや強いと感じる運動を20～30分行う。

64 体の変化　性機能の発達

① (男子)ひげが生える，声変わり，体つきが筋肉質になる　など
(女子)乳房《ちぶさ》の発達，体つきが丸くなる，腰幅《こしはば》が広くなる　など
② ①下垂体　②性腺刺激《しげき》ホルモン
③精巣《せいそう》　④卵巣《らんそう》　⑤生殖《せいしょく》
⑥男性ホルモン　⑦女性ホルモン
③ ①エ　②コ　③オ　④イ　⑤ウ
⑥ク　⑦ケ　⑧ア　⑨キ　⑩カ
Ⅰ－B　Ⅱ－A　Ⅲ－E　Ⅳ－D　Ⅴ－C
(2)a－射精《しゃせい》・精通
b－月経《げっけい》・初経

解説

③ 精子は長さ約0.06mm，卵子は直径約(0.1～)0.2mm。受精が可能なのは，射精後の精子が約２～３日，排卵《はいらん》後の卵子が約１日。

65　心のはたらき・自己形成　欲求とストレス

❶ ①知的　②情意《じょうい》　③社会　④ア
⑤ウ　⑥イ
❷ 大脳(脳)
❸ ①ウ　②ア　③エ　④イ
❹ (1)自己形成　(2)欲求
❺ ①生理的　②社会的　③睡眠《すいみん》
❻ ストレス

解説

❶ 意志は，目標のために努力する心のはたらきのこと。

66　環境への適応　快適な環境

❶ ①×　②○　③○　④×
❷ ①適応　②適応能力　③限界
④できない　⑤熱中症《しょう》
⑥低体温症(凍傷)
❸ ①ア　②ウ　③イ　④カ　⑤オ
⑥キ　⑦エ
❹ (1)至適範囲《はんい》(温度)　(2)ルクス
(3)500ルクス

解説

❸ 3つの温熱条件のほかにも，ストーブなどからのふく射熱も関係している。
❹ 十分な明るさがあり，まぶしすぎず，均等であるのが，よい照明の条件である。

67　空気の汚れと換気

❶ (1)①キ　②ウ　③エ　④イ　⑤ク
⑥オ　⑦カ　⑧ア
(2)閉め切った部屋に多くの人がいるとき　など　(3)ウ　(4)石油ストーブ，ガスコンロ，練炭，たばこの煙，自動車の排出ガス　などから2つ
(5)一酸化炭素中毒
(6)体内で酸素とヘモグロビンの結合を妨げるから。
❷ 窓をあける，換気扇を回す，空調を使う　などから2つ

解説

❶ 酸素はヘモグロビンと結合して体中へ運ばれるが，一酸化炭素がヘモグロビンと結合しやすいため，酸素との結合を妨げて酸素不足となり，一酸化炭素中毒を起こす。

68　環境の保全　水・生活排水・ごみ

❶ (1)体温，老廃物《ろうはいぶつ》　(2)2.5
(3)1.6
❷ ①オ　②ア　③サ
④イ　⑤コ　⑥キ　⑦カ　⑧ケ
⑨ウ　⑩エ　⑪ク
❸ (1)循環《じゅんかん》型社会・3Ｒ　(2)環境《かんきょう》基本法
(3)公害

解説

❶ 水分の体内でのはたらきは，酸素や栄養素の運搬《うんぱん》，老廃物《ろうはいぶつ》の排出《はいしゅつ》，体温調節など重要である。
❸ 回収された家庭ごみは，焼却《しょうきゃく》や埋め立てといった方法で処理《しょり》されている。

69　傷害・交通事故・自然災害

❶ (1)○　(2)○　(3)自転車乗用(運転)中
❷ ①人的　②環境《かんきょう》
❸ ①人的　②環境　③車両
④⑤ア，オ　⑥⑦イ，エ　⑧ウ
❹ (1)内輪差　(2)死角
(3)①②空走，制動(順不同)
❺ (1)交通規則(法規)を守る，車両の特性を知る，交通環境《かんきょう》を整備する　のうちから2つ
(2)二次災害

解説

❸ 近年，自転車で物を使いながらの運転や，スピードの出し過ぎによる，歩行者との接触《せっしょく》事故が問題になっている。

70 応急手当・けがの手当

① ①ケ　②キ　③オ　④コ　⑤カ
⑥エ　⑦ク　⑧イ　⑨ウ　⑩ア

② ①回復体位　②119　③AED
④心肺蘇生《そせい》　⑤気道確保
⑥胸骨圧迫《あっぱく》　⑦２

③ ウ

解説

② AED(自動体外式除細動器)は，心臓に電気ショックを与えて正常なはたらきに戻《もど》すものである。

71 健康の成り立ち･食生活と健康

① ①イ　②ケ　③キ　④エ　⑤オ
⑥ウ　⑦カ　⑧ア　⑨ク

② ①栄養素　②エネルギー
③基礎代謝量　④バランス

③ (男子)2600　(女子)2400(完答)

④ ①ア　②イ　③ウ

解説

① 個人の健康保持を環境《かんきょう》整備などの面から社会的に支えるという考え方を，ヘルスプロモーションという。

72 運動・休養と健康

① ①オ　②ウ　③エ　④ア　⑤カ
⑥イ

② ①肺活量
②骨密度(骨量)
③拍出《はくしゅつ》量
④生活習慣病

③ 頭痛，体がだるい，肩こり，目の疲れ，いらいら，ゆううつ，考えがまとまらない　などから２つ

④ ①抵抗《ていこう》力　②睡眠《すいみん》　③休養

⑤ 目を近づけすぎない，明るさを調節する，使用時間を決める　などから１つ

解説

③ パソコンなどのディスプレイを見ながらの作業をVDT作業という。長時間行うとドライアイや肩《かた》・腰《こし》の疲労《ひろう》などが起きるので注意が必要である。

73 生活習慣病

① (1)(第１位)がん　(第２位)心臓病
(2)睡眠《すいみん》不足，運動不足，朝食ぬき，夜ふかし，ストレス　などから３つ

② (1)①ア　②ウ　③イ　④エ
(2)①脂肪　②脂質《ししつ》異常症《しょう》(高脂血症)
③動脈硬化　④塩分　⑤高血圧

③ ①睡眠　②朝食　③運動　④酒

解説

② 生活習慣病とかかわりがある内臓脂肪《しぼう》に着目し，40歳《さい》以上には，健康診断でメタボリックシンドロームの検査が義務づけられている。

74 飲酒と健康

① (1)①ク　②・③エ・ケ
④カ　⑤コ　⑥キ　⑦イ　⑧ア
⑨ウ　⑩オ
(2)アルコール依存症
(3)20歳未満
(4)急性アルコール中毒

② (1)肝硬変《かんこうへん》，脂肪肝《しぼうかん》　など
(2)性ホルモンの低下
(3)胃炎《いえん》，胃かいよう　など

③ ア

解説

① アルコールの血中濃度が急に上がって脳の神経が麻痺《まひ》して急性中毒を起こし，死亡することもある。

75 喫煙と健康

① (1)A-主流煙　B-副流煙
(2)①ニコチン　②タール　③依存
④発がん物質　⑤酸素
(3)B　(4)受動喫煙《きつえん》
(5)肺がん，咽頭がん，胃がん　など
から1つ
(6)①ウ　②オ　③エ　④カ　⑤ア

解説

① 受動喫煙の害を防止するため，公共施設などでの全面禁煙も実施されるようになっている。
また日本では，販売時に年齢《ねんれい》確認をするなど，20歳《さい》未満の購入を防ごうとしている。

76 薬物乱用の害と健康

① (1)薬物乱用
(2)手足のしびれ，体のふるえ，幻聴《げんちょう》，
幻視《げんし》 などから2つ　(3)依存性
(4)①ア　②ウ　③エ　④イ
(5)フラッシュバック現象　(6)ア
② ①ウ　②エ　③ア　④イ

解説

① 合成麻薬や違法《いほう》ドラッグの乱用が若年層で問題となり，近年，「合法」や「危険(脱法)」などの名前がついた薬物まで出てきているので注意が必要である。

77 感染症

① (1)①ウイルス　②病原体　③感染
④感染症《しょう》　⑤発病(発症)
⑥潜伏《せんぷく》期間　⑦抵抗《ていこう》力　⑧主体(人)
(2)(自然環境《かんきょう》)気温(温度)・湿度《しつど》
(社会環境)人口密度・交通網・住居
などから2つ
② (1)①感染源　②感染経路　③抵抗《ていこう》力
(2)①エ　②ウ　③イ　④ア　⑤オ
(3)インフルエンザ，結核，麻しん，
風しん　などから1つ

解説

① 交通網の発達により海外から病原体が運ばれるようになり，新型インフルエンザなどの新しい感染症が出現している。今後は地球規模での対応が必要になる。

78 性感染症，保健・医療機関と医薬品

① (1)性感染症《しょう》
(2)①精液　②血液　③粘膜《ねんまく》
(3)①ア　②ウ　③イ
② (1)HIV　(2)性的接触《せっしょく》・血液・母子感染
(3)性的接触を避《さ》ける・コンドームの
使用
③ ①健康増進法　②保健センター
③医療《いりょう》　④かかりつけ医
⑤副作用　⑥時間(帯)

解説

② エイズは，食事などの日常生活や握手《あくしゅ》，せきなどでは感染しない。

保健・体育－体育分野

79 運動とスポーツ

① (1)①ア ②ウ ③エ ④イ
(2)①オ ②ア ③カ ④エ ⑤キ
⑥イ

② ①行う ②見る ③支える(完答)

③ ①技術 ②作戦 ③戦術

解説

③ 試合に向け，作戦→戦術を決めてから技術習得のために練習をする。

80 体つくり運動・集団行動

① (1)①調子 ②気づき ③仲間
(2)①カ ②イ ③オ ④エ ⑤ア
⑥ウ ⑦ク ⑧キ

② (1)開列
(2)①右斜《なな》め前 ②左斜め後ろ

解説

① 高い柔軟《じゅうなん》性は運動中のけがの防止に有効。

81 陸上① 短距離走・長距離走

① (1)スプリント
(2)クラウチングスタート
(3)レーン (4)ピッチ
(5)ストライド (6)①加速 ②中間
(7)肩幅 (8)静止
(9)トルソー（胴体)の一部
(10)ア，イ

② ①スタンディングスタート ②ドン
③上下動 ④２呼２(１)吸
⑤インターバル走

解説

① 400mまでの競走では，決められたレーンを走る。フィニッシュは，胴体の一部(トルソー)がフィニッシュラインに到達したときである。

② 持久力が高くなると心拍数《しんぱくすう》は減少する。

82 陸上② リレー・ハードル走

① (1)クラウチングスタート
(2)マーク
(3)テークオーバーゾーン・30(m)
(4)コーナートップ制 (5)イ，エ
(6)ウ

② ①アプローチ ②ハードリング
③インターバル

③ ３(：)２

④ ア，イ

解説

① スタート時，バトンはスタートラインから出ていても，地面に触《ふ》れていてもよい。

② 一般《いっぱん》的にハードル間は３歩で走る。

83 陸上③ 走り幅跳び・走り高跳び

① (1)①マーク ②かかと ③足裏
④失格
(2)イ (3)b (4)c，e
(5)①そり ②はさみ ③かがみ

② (1)①背面 ②はさみ
(2)①イ ②ア
(3)①，②に○ (4)ア

解説

① 跳躍距離《ちょうやくきょり》は，踏《ふ》み切り線に一番近い砂場の跡《あと》から，踏み切り線までを直角に測る。踏み切り線の先や外側で踏み切ると無効試技となる。

② 踏み切りはかかとから入る。計測は，バー上面の一番低い点から地面までを直角に。

84 器械運動 マット運動・跳び箱・平均台

① (1)①開脚《かいきゃく》前転 ②頭はねおき
③側方倒立回転 ④跳《と》び伸《しん》しつ前転

(2)額 (3)$\frac{1}{4}$

② (1)①かかえ込《こ》み跳び
②斜《なな》め開脚跳び ③頭はね跳び
(2)前方 (3)A−手 B−額《ひたい》 C−腰《こし》

③ ①つま先 ②側面 ③体重 ④両手
⑤体波動

解説

① 伸しつとは，膝《ひざ》を伸ばした姿勢のこと。倒立では，両手は肩幅くらいに広げる。

85 水泳

① (クロール)ウ・a (平泳ぎ)イ・c
(背泳ぎ)ア・d (バタフライ)エ・b

② ①飛び込み ②水中 ③一部
④両手

③ 飛び込み，バタフライ→背泳ぎ→平泳ぎ→自由形

④ 背泳ぎ→平泳ぎ→バタフライ→自由形

解説

① 体全体を一直線に伸《の》ばして水平にした姿勢をストリームラインといい，水の抵抗《ていこう》が最も少なくなる。

② 自分のコースをはみ出すと反則となる。

86 バスケットボール

① (1)①スローインライン ②センターサークル ③フリースローライン
④スリーポイントライン
⑤ノーチャージセミサークル ⑥エンドライン ⑦制限区域
(2)1(点) (3)①8(分) ②10(分)
(4)ジャンプボール

② ①ストライドストップ
②トラベリング ③ピボットターン

③ ①ホールディング ②イリーガルユースオブハンズ ③チャージング
④3秒ルール

④ オルタネイティングポゼションルール

解説

① ゴール下の選手を起点に攻《せ》めることをポストプレイ，各自決められた地域を守ることをゾーンディフェンスという。

87 サッカー

① (1)①ゴールライン ②ペナルティマーク ③ペナルティアーク ④センターサークル ⑤センターマーク
⑥ハーフウェーライン ⑦タッチライン ⑧ペナルティエリア
(2)キックオフ (3)スローイン
(4)ゴールキック (5)コーナーキック

② ①アウトサイドシザーズ ②インステップキック ③トラッピング
④インサイドキック

③ 直接フリーキック，ペナルティキック

解説

③ オフサイドの場合には間接フリーキックが行われる。

88 バレーボール

① (1)①エンドライン ②サイドライン
③アタックライン ④センターライン ⑤サービスライン
(2)リベロ(プレイヤー)
(3)ローテーション (4)時計回り
(5)ラリーに勝ったとき，相手チームに反則があったとき

② ①レシーブ(パス) ②トス
③スパイク ④三段攻撃《こうげき》 ⑤ブロック ⑥プッシュ(フェイント)

③ ポジショナルフォールト

④ ①ネットへの接触(タッチネット)
②オーバーネット ③フォアヒット
④ボールアウト

解説

① リベロはサービスやブロックはできない。

89 柔道・剣道・ダンス

① (1)①礼　②左　③自然本体　④始め　⑤それまで　⑥すり足　⑦継ぎ足　⑧崩《くず》し　⑨体さばき
(2)①大外刈《が》り　②膝車《ひざぐるま》　③横四方固め　④本けさ固め
(3)２(回)

② (1)①送り足　②打突　③中段の構え　④一足一刀の間合い
(2)45(度)　(3)ア

③ ①クローズドポジション　②バルソビアナポジション　③プロムナードポジション　④ショルダーウエストポジション

解説

① 崩しは８方向ある。立ち姿勢・寝姿勢ともに，一方の体の一部が場内にあれば試合は継続される。

② 打突後も油断せず，いつでも攻撃《こうげき》に応じられる心構えを残心という。

90 新体力テスト ①

① (1)Ⓐ上体起こし　①コ　②ク
(2)Ⓑ反復横跳び　③エ　④ウ　⑤シ　⑥キ
(3)Ⓒハンドボール投げ　⑦カ　⑧イ　⑨カ
(4)Ⓓ立ち幅跳《と》び　⑩ス　⑪ア　⑫カ
(5)Ⓔ長座体前屈　⑬サ　⑭ア　⑮カ

解説

① 反復横跳《と》びでは，外側の線に触《ふ》れるか，越《こ》えるかしなければならない。
　立ち幅《はば》跳びの計測は，踏《ふ》み切った両足の中央部分の踏み切り線から行う。

91 新体力テスト ②

① (1)①直立　②外　③人さし　④２　⑤直角　⑥右　⑦左　⑧２　⑨kg
(2)⑩クラウチング　⑪10
(3)⑫電子音　⑬折り返し　⑭２　⑮スタンディング　⑯秒　⑰1500　⑱1000

② ①ウ　②エ　③ア　④・⑤ア・イ

解説

① 20mシャトルランでは，折り返しの線に触《ふ》れるか越《こ》えるかしなければならない。

92 運動と体や心のはたらき

① (1)①健康に生活する　②運動やスポーツを行う
(2)粘り強さ　(3)力強さ
(4)巧みさ

② ①特性　②時間　③健康状態　④準備　⑤水分

③ 生涯《しょうがい》スポーツ

④ オリンピズム

解説

① 適切な運動と食事は，肥満を防止して生活習慣病のリスクを軽減する。

② 運動やスポーツは，ストレス解消やリラックス効果，感情のコントロールなど，心のはたらきにも効果的である。

音　楽

93 浜辺の歌

① (1)林古溪《はやしこけい》　(2)成田為三《なりたためぞう》
(3)①８分の６　②８分　③６　④１
⑤へ長　(4)a−ト音記号　b−フラット(変《へん》)　c−４分休符　d−メッゾ(・)ピアノ　(5)イ　(6)(読み)ブレス
(意味)息つぎ　(7)ウ

解説

① (1)1875年生まれ。　(2)1893年生まれ。
(3)⑤へ長調は，主音のへ音から長調の音階が始まる。
(4)a−ト音の位置を示す記号である。
b−「半音下げる」という意味。

94 赤とんぼ

① (1)①ウ　②カ　③エ
(2)a−付点４分音符　b−２分音符
(3)背負われて　(4)$1\frac{1}{2}$　(5)A−ア
B−イ　C−ア　(6)一部形式

解説

① (1)①1889年生まれ。
②歌詞の中では「姐《ねえ》や」と呼ばれている。
(5)アは「クレシェンド」(*crescendo*)で，「だんだん強く」。イは「デクレシェンド」(*decrescendo*)で，「だんだん弱く」。
(6)一部形式とは，４小節からなる小楽節《がくせつ》が2つまとまり，1つの大楽節となっているもの。

95 夏の思い出

① ①夏がくれば　②水芭蕉《みずばしょう》
(1)ア　(2)江間章子《えましょうこ》
② (1)①３連符《れんぷ》　②４分　③テヌート
④フェルマータ

解説

① (2)江間章子は1913年生まれ。代表作には，「花の街」がある。また，作曲者は中田喜《なかだよし》直《なお》で，1923年生まれ。代表作には「早春《そうしゅん》賦《ふ》」，「めだかのがっこう」がある。
② ①ある音符を３等分した音符を，３連符という。

96 荒城の月

① ①花の宴《えん》　②昔
(問い)①ウ　②オ　③イ　④ア
② (1)a−メッゾ フォルテ
c−クレシェンド　d−デクレシェンド
(2)イ　(3)臨時記号

解説

① (1)①「花見の宴会」という意味。
②土井晩翠《どいばんすい》は1871年生まれ。エの滝廉太《たきれんた》郎《ろう》は作曲者である。
② (2)「アンダンテ」と読む。
(3)臨時記号は，同じ小節内で有効となる。

97 花

① (1)ウ　(2)①滝廉太郎《たきれんたろう》　②武島羽衣《たけしまはごろも》
③たとえたらよいのだろうか
② (1)ト長調　(2)４分の２拍子《ひょうし》
(3)１　(4)16分休符

解説

① (2)①1879年生まれ。「花」は明治33年に作曲された。
②1872年生まれ。

98 花の街

① 輪になって輪になって　(問い)エ
② (1)①８分休符《きゅうふ》　②２分の１　③へ長
④へ　⑤ド　(2)４分の２拍子《ひょうし》　(3)イ

解説

① 「輪になって輪になって」の部分は，１番

から３番まで共通である。「春よ春よと」の部分も１番と２番に共通する。團伊玖《だんいく》磨《ま》は1924年生まれ。

② (1)④，⑤主音とは，音階の始まりの音のこと。

(3)「モデラート」と読む。

99 早 春 賦

① ①春 ②あいにく ③吉丸一昌《よしまるかずまさ》
④中田章《なかだあきら》 ⑤中田喜直《よしなお》

② (1)a−ピアノ b−ピアニッシモ
c−リタルダンド (2)a−イ b−ア
c−エ (3)A−ア B−イ
(4)①まだその時ではないと
②知らないでいたものを

解説

① ③1873年生まれ。④1886年生まれ。
⑤「夏の思い出」の作曲者である。

② (1)・(2)強弱記号とその意味はしっかり確認しておくこと。*pp*は「ピアニッシモ，とても弱く」，*p*は「ピアノ，弱く」，*mp*は「メッゾ(・)ピアノ，少し弱く」，*mf*は「メッゾ(・)フォルテ，少し強く」，*f*は「フォルテ，強く」，*ff*は「フォルティッシモ，とても強く」。

100 春

① ①四季 ②リトルネッロ
③(アントニオ・)ヴィヴァルディ
④イタリア ⑤協奏曲

② (1)A−ウ B−イ (2)ソネット

③ (1)ヴァイオリン (2)通奏低音

解説

① ①「四季」は「春」「夏」「秋」「冬」から構成されている。
③ヴィヴァルディは1678年生まれで，バッハやヘンデルなどに影響《えいきょう》を与《あた》えた。

③ 「四季」は，独奏ヴァイオリン，弦楽《げんがく》合奏，通奏低音のための協奏曲である。

101 魔 王

① (1)A−子 B−魔王 C−語り手
D−父 (2)①ア ②ウ ③イ ④オ

② (1)(ヨハン・ヴォルフガング・フォン・)ゲーテ (2)イ

解説

① 旋律《せんりつ》や登場人物の歌い方で，物語の進行を表現していることに注意する。

② (1)1749年にドイツのフランクフルトに生まれ，数多くの詩や戯曲《ぎきょく》を残した。
(2)シューベルトは1797年生まれで，600曲以上のリート(ドイツ語による歌曲)を作曲し，「野ばら」もその１つである。ア「椿姫《つばきひめ》」はヴェルディ，ウ「トスカ」はプッチーニ，エ「ロメオとジュリエット」はプロコフィエフのバレエ音楽などである。

102 小フーガ ト短調

① (1)(ヨハン・ゼバスティアン・)バッハ (2)イ

② ①幻想曲とフーガ ②小フーガ
③主題 ④応答

③ ①ア ②カ ③ウ ④キ ⑤ク

解説

① (1)1685年生まれ。
(2)バロック時代に活躍《かつやく》した作曲家には，ヴィヴァルディとヘンデルがいる。

103 交響曲第５番 ハ短調

① ①(ルートヴィヒ・ヴァン・)ベートーヴェン ②ドイツ ③耳 ④運命

② ①カ ②ク ③キ ④ウ ⑤イ
⑥エ

③ A−イ B−ア

解説

① ①1770年生まれで，「交響曲第５番 ハ短

調」は，ベートーヴェンが38歳《さい》のときに作曲された。

② ④オーケストラは，木管楽器，金管楽器，弦《げん》楽器，打楽器などで編成される。
⑥複合三部形式とは，３つの部分で構成され，さらに各部がいくつかの部分からなっている形式のことである。

③ B動機とは，旋律《せんりつ》を構成する最も小さなまとまり。

104 ブルタバ（モルダウ）

① ①（ベドルジフ・）スメタナ
②我《わ》が祖国
(1)チェコ（共和国）
(2)オーケストラ（管弦楽《かんげんがく》）

② (1)A－ウ　B－イ　C－ア
(2)A－ウ　B－ア　C－エ

解説

① 「ブルタバ」はチェコ語，「モルダウ」はドイツ語である。
①1824年生まれ。
②「我が祖国」は「ビシェフラト」，「ブルタバ」，「シャルカ」，「ボヘミアの森と草原から」，「ターボル」，「ブラニーク」の６つの交響詩《こうきょうし》からなる。
(2)交響詩とは，オーケストラを用いて，物語や自然を自由な形で表す音楽のこと。

② (1)B－ビシェフラトとは，チェコの首都プラハにある城跡《じょうせき》のこと。
(2)フルートは木管楽器，チェロとヴァイオリンは弦《げん》楽器，ホルンは金管楽器である。

105 帰れソレントへ

① ①エ　②ア　（問い）イ

② (1)a－イ　b－エ　(2)ハ短調
(3)同主調

解説

① 歌詞に「きみ」がソレントへ帰ってきてほしいという思いが表現されている。

② 「帰れソレントへ」は速度や調，強弱が数回にわたって変化するので，よく確認しておくこと。
(3)Bの部分でハ長調へと転調する。主音が同じ（この場合はハ音）長調と短調の関係を同主調という。

106 アイーダ

① (1)（ジュゼッペ・）ヴェルディ
(2)ア　(3)オペラ（歌劇）

② ①エチオピア　②（古代）エジプト
③父　(1)Ⓐア　Ⓑエ　Ⓒイ　Ⓓウ
(2)4（幕）　(3)トランペット

解説

① (1)1813年にイタリアのパルマ県のレ・ロンコーレに生まれた。
(2)アのカルメンの作曲者はビゼーである。
(3)オペラには演劇，文学，美術，舞踊《ぶよう》など多様な要素が関わるので，総合芸術と呼《よ》ばれている。

② (3)アイーダトランペット，またはファンファーレ・トランペットともいう。

107 箏曲「六段の調」

① ①イ　②カ　③ウ　④キ　⑤ク
(1)A－初段　B－三段　(2)後押《あとお》し
(3)序破急《じょはきゅう》

② ①竜尾《りゅうび》　②柱《じ》　③竜角《りゅうかく》

解説

① ①八橋検校《やつはしけんぎょう》は1614年生まれで，25歳頃《さいごろ》に，目の不自由な音楽家が所属した組織の最高職位である検校になった。
④段物《だんもの》は調べ物ともいう。
⑤初段は４拍《はく》多い。
(2)箏《そう》では，右手に爪《つめ》を付けて弦《げん》を弾《ひ》く。

② 箏は奈良《なら》時代に中国大陸から伝わってきた。

108 雅楽「越天楽」

① ①オ　②キ　③ウ　④ア
(1)音頭《おんど》　(2)竜笛《りゅうてき》
② (1)①ウ　②ア　③エ　④イ
(2)①ア　②エ　③ウ　④イ

解説

① 多くの管弦《かんげん》は打物《うちもの》，弾物《ひきもの》，吹物《ふきもの》の計16人で演奏される。
(1)「音頭を取る」（先頭に立って物事を行うこと）という言葉は，吹物の竜笛の主《しゅ》奏者《そうしゃ》のことを「音頭」ということに由来している。

109 歌舞伎「勧進帳」

① ①オ　②ア　③カ　④ク　⑤ケ
⑥エ
(問い)延年《えんねん》の舞《まい》
② (1)①(源《みなもとの》)義経《よしつね》　②琵琶《びわ》　③石川《いしかわ》
(2)イ

解説

① ③隈取《くまどり》には，役柄《やくがら》に応じて，紅隈《べにぐま》，藍隈《あいぐま》などの種類がある。
⑥「勧進帳」は能の「安宅《あたか》」から題材を得てつくられた。
② (2)義経一行は東大寺の勧進を装《よそお》って，安宅の関に到着した。

110 能「羽衣」

① ①エ　②カ　③イ　④ア　⑤ウ
⑥ク
(1)観阿弥《かんあみ》，世阿弥《ぜあみ》　(2)狂言《きょうげん》
② (1)エ　(2)シテ　(3)天人《てんにん》

解説

① ④囃子《はやし》は登場人物の登退場時や，舞《まい》の伴《ばん》奏《そう》に用いられる。謡《うたい》とともに，音と音の間の「間《ま》」を大切にする。
(2)能と交互《こうご》に演じられることが多い。
② (2)主人公の相手役のことは「ワキ」という。
(3)天人は面《おもて》をかけている。能では，役柄によって面が異なり，たとえば若い女性の面は「小面《こおもて》」，公達《きんだち》の面は「中将《ちゅうじょう》」，女性の怨霊《おんりょう》の面は「般若《はんにゃ》」とさまざまな種類がある。

111 日本の郷土芸能・世界の民族音楽

① (1)イ　(2)ア　(3)ク　(4)オ　(5)エ
② (1)カヤグム　(2)シタール
(3)ドゥドゥク　(4)タンソ
(5)ウード

解説

① (2)神楽《かぐら》とは，神を迎《むか》え，力を与《あた》えてもらうために，神社や民家で神に対して奉納《ほうのう》する芸能。
(3)ニシン漁では，その作業ごとにさまざまな歌があった。「ソーラン」という掛《か》け声は，ニシンを船に引き上げる際の掛け声に由来している。
② (5)ウードは弦《げん》をはじいて音を出すしくみ。ウードがもとになってつくられたリュートは10世紀から17世紀にヨーロッパで流行した。

112 日本の音楽史 ①

① (1)①，③　(2)管絃《かんげん》　(3)イ
② (1)エ，Ｂ　(2)ア，Ｅ　(3)ウ，Ｃ

解説

① (1)①は笙《しょう》，②は(細棹《ほそざお》)三味線《しゃみせん》，③は釣《つり》太鼓《だいこ》(楽太鼓《がくだいこ》)，④は尺八《しゃくはち》。
(3)右舞《うまい》では，朝鮮半島を起源とする高麗《こま》楽《がく》の楽曲を使う。
② 選択肢のＡは箏曲《そうきょく》，Ｄは尺八曲。
(1)歌舞伎《かぶき》は出雲《いずも》の阿国《おくに》の「かぶき踊《おどり》」が元になっていると言われる。

113 日本の音楽史 ②

① (記号)ア (作曲者)滝廉太郎《たきれんたろう》

② (1)八橋検校《やつはしけんぎょう》 (2)長唄《ながうた》
(3)シテ (4)三人遣《づか》い
①，②レコード，ラジオ

解説

① アの「花」の作曲者は滝廉太郎。武島羽衣《たけしまはごろも》は作詞者である。イの「夏の思い出」の作詞者は江間章子《えましょうこ》，作曲者は中田喜直《なかだよしなお》。ウの「浜辺《はまべ》の歌」の作詞者は林古渓《はやしこけい》，作曲者は成田為三《なりたためぞう》。エの「早春賦《そうしゅんふ》」の作詞者は吉《よし》丸一昌《まるかずまさ》，作曲者は中田章《なかだあきら》。

② (2)長唄の囃子方《はやしかた》は能管や小鼓《こつづみ》，大鼓といった笛や打楽器で構成される。歌舞伎《かぶき》で用いられる音楽には，長唄のほか「義《ぎ》太夫節《だゆうぶし》」「常磐津節《ときわづぶし》」「清元節《きよもとぶし》」などがある。
(3)能では，現実に生きている男性が主人公の時以外は，原則としてシテは面をつける。面は亡霊や鬼など，超現実的な存在であることを示している。

114 西洋の音楽史 ①

① ①キ ②エ ③シ ④コ ⑤ア
⑥オ

② ①(記号)ウ (正しい語句)イタリア
②(記号)エ (正しい語句)ソナタ

解説

① ③グレゴリオ聖歌は単旋律《たんせんりつ》で，拍節《はくせつ》的ではないリズムだった。
⑥ルネサンスは15～16世紀頃《ごろ》に興《おこ》った。

② ①ヴィヴァルディは，四季が比較的はっきりとしているイタリアに生まれた。
②フーガとは，初めに提示される主題に対し，追いかけるように他の声部が加わっていき，からみ合いながら展開していく音楽のことをいう。

115 西洋の音楽史 ②

① (1)①エ ②サ ③ク ④オ (2)⑤イ
⑥ス ⑦キ (3)⑧ア ⑨セ ⑩ケ

② (1)(記号)ア (作曲者)(ピョートル・イリイチ・)チャイコフスキー
(2)(記号)イ (作曲者)ケージ

解説

① (1)①シューベルトはオーストリアのウィーン郊外《こうがい》に生まれた。
②ドイツ語による歌曲をリートという。
(2)⑥当時のチェコはオーストリア帝国《ていこく》の圧政を受けており，チェコの人々《ひとびと》は独立を願っていた。
(3)⑩ヴェルディのオペラには，他にも「ナブッコ」，「リゴレット」，「椿姫《つばきひめ》」，「オテッロ」などがある。

② (1)「白鳥の湖」はバレエ音楽の中でもひときわ知名度が高い。ドボルザークは「交《こう》響曲《きょうきょく》第９番 新世界より」，「弦楽《げんがく》四重奏曲へ長調 アメリカ」などを作曲した。
(2)「４分33秒」は，一切演奏のない４分33秒が続く現代音楽の作品。ショスターコヴィチはロシアの作曲家。「交響曲第５番」「交響曲第７番」などを作曲した。

116 音楽と著作権

① ①ウ ②イ ③キ ④オ ⑤エ
⑥ク ⑦コ (問い)著作隣接《りんせつ》権

② (1)ある (2)ない

解説

① ①知的財産権は知的所有権とも呼《よ》ばれる。

② (1)たとえ友人のアマチュアバンドであっても，著作者に対する権利は発生する。

美　術

117　色の基礎知識

①　①オ　②エ　③ア　④ク　⑤イ
(1)彩度対比　(2)白，灰，黒
(3)暖かい印象(感じ)

②　(1)①白(無色透明)　②黄(イエロー)
(2)減法混色《げんぽうこんしょく》

解説

①　ウの濁色《だくしょく》とは，純色《じゅんしょく》に白と黒を同時に加えた色のこと。
⑤補色《ほしょく》どうしを配色すると，互《たが》いを強く引き立たせ，対立的になる。青紫《むらさき》と黄，青緑と赤　など。
(1)彩度《さいど》対比以外の色の対比には，明度《めいど》対比がある。同じ明度の色でも，背景の明度が高ければ暗く感じられ，背景の明度が低いと明るく感じられることをいう。
(3)反対に，青系統の色は寒く感じられる。

②　(2)光の三原色は重ねて混ぜ合わせるほど明るさが増し，白(無色)に近づく(加法《かほう》混色《こんしょく》)。

118　スケッチ・クロッキーと人物画

①　①カ　②ア　③ス　④ケ　⑤シ
⑥エ　⑦ウ　⑧ク
(問い)スケッチブック

②　(1)イ　(2)正中線《せいちゅうせん》
(3)(赤ちゃん)(約)４分の１
(大人)(約)７分の１(８分の１)
(4)自画像

解説

①　イのデフォルメとは，対象を変形して表現すること。漫画《まんが》やアニメーションでよく使われる手法。

②　(1)目と耳の位置は，頭部全体の約２分の１の高さにある。
(2)正中線は体の中央を左右対称《たいしょう》になるように縦に通る。

119　形をとらえる

①　①キ　②イ　③ア　④エ　⑤ク
⑥コ　⑦カ　⑧シ　(1)b
(2)a→c→b　(3)グレースケール
(4)ハッチング

解説

①　(1)デッサンをするときには，目の高さによってものの形の見え方が異なることに注意する。
(2)光の当たり具合を想像して答える。または身近にある立体を見て考えてもよい。

120　水彩画・水墨画

①　①コ　②ク　③キ　④エ　⑤ウ

②　(記号)ア　(正しい語句)右側

③　①ケ　②ア　③ク　④カ　⑤オ

解説

①　アの文鎮《ぶんちん》とオの硯《すずり》は，水墨画用の用具である。
④不透明水彩はグワッシュともいう。

②　ア一般的《いっぱんてき》に，右利《き》きの人は，筆などの用具は紙の右側に置く。
イ筆を持つ位置や筆の角度は，表現したい方法によって使い分ける。

121　静物画・風景画

①　①キ　②イ　③ア　④カ　⑤ク
⑥エ

②　(1)A−一点透視《とうし》図法　B−三点透視図法　C−二点透視図法
(2)①色彩遠近法　②空気遠近法

解説

②　(1)線遠近法(透視図法)では，最終的に消失点に平行線が集中するが，この消失点

の数によって一点透視図法，二点透視図法，三点透視図法と区別される。

⑵①暖色系は膨張《ぼうちょう》，進出して見え，寒色系は収縮，後退して見える。

122 木版画

① ①エ　②キ　③ク　④ウ　⑤イ　⑥カ

② A－平刀　B－三角刀　C－切り出し刀　D－丸刀

③ e→c→a→d→b

解説

② 彫刻刀《ちょうこくとう》は利《き》き手で持ち，反対の手の人差し指と中指を(切り出し刀の場合は親指も含《ふく》む)柄頭《えがしら》にそえる。刃がよく切れるものを選んで使うこと。

③ 刷り紙に刷り取るときは，見当紙《けんとうし》を使って，刷り紙と版木がずれないようにする。

123 銅版画・リトグラフ・シルクスクリーン

① ①イ　②カ　③ア　④ク　⑤キ　⑥コ　⑦オ

② ①凹《おう》　②平《へい》　③する　④しない

解説

① ドライポイントとエッチングはともに銅版画だが，ドライポイントは直接ニードルで彫《ほ》る直接法，エッチングは腐食《ふしょく》させるので間接法と区別される。

② ④孔版《こうはん》は刷《す》り取り時の画面が反転しないので，注意して覚えること。

124 粘土でつくる

① ①サ　②ク　③キ　④ウ　⑤ア　⑥ソ　⑦セ　⑧オ　⑨コ　⑩シ

② ⑴心棒　⑵しゅろ縄《なわ》　⑶頭像　⑷あらづけ

解説

① ①モデリングともいう。　⑨・⑩彫刻《ちょうこく》で表現するときに重要な要素である。

② ⑶頭像には，角材からできている心棒を使う。手や全身像をつくるときには，針金の心棒を使う。

125 紙でつくる・土でつくる・彫刻

① ⑴和紙　⑵紙目　⑶折り紙

② ①たまづくり　②ひもづくり　③板づくり

③ ①オ　②ア　③・④エ・ク

解説

① ⑴針葉樹や広葉樹などを原料にし，機械で大量生産されて作られる紙は洋紙という。

② ②ひも状にした陶土《とうど》(粘土《ねんど》)を底に積み上げていき，成形する技法。
③板の形に切り取った陶土を貼《は》り合わせていき，成形する技法。

③ ①カーヴィングともいう。塑造《そぞう》とは異なり，自由に取ったりつけたりはできない。

126 平面に関する技法

① ①オ　②カ　③ア　④イ　⑤キ

② ⑴A－マーブリング(墨《すみ》流し)
B－スパッタリング(ブラシぼかし，霧吹《きりふ》きぼかし)
C－デカルコマニー(合わせ絵)
⑵ブラシ，金網《かなあみ》，型紙などの中から２つ　⑶(左右)対称《たいしょう》(シンメトリー)

解説

① ⑤ドリッピングには，絵の具を紙の上にしたたらせる方法もある。

② A．水面に墨《すみ》や専用の絵の具などをたらし，棒でかき回したり口で吹いたりして形をつくって，紙に写し取る技法。
B．金網の上を絵の具のついたブラシで

こすり，霧状《きりじょう》の絵の具で紙上にぼかし模《も》様《よう》をつくる技法。
C.二つ折りにした紙に絵の具を入れて，紙を閉じて形をつくる技法。

127　文字のデザイン

① (1)A–明朝体　B–ゴシック体
(2)うろこ　(3)イ
② (1)A　(2)カリグラフィー
③ ①ア　②オ　③ウ

解説

③ エのスペーシングは，見た目にバランスよく文字を配置すること。

128　ポスターのデザイン・ユニバーサルデザイン・エコデザイン

① ア
② ①ケ　②イ　③カ　④ク　⑤エ
⑥シ
③ (1)エコバッグ　(2)(マイ)はし，マイボトル[水筒《すいとう》]　など

解説

① ポスターは掲示《けいじ》される環境《かんきょう》に合わせてデザインするのが望ましく，できるだけ多くの人目に付くような掲載《けいさい》場所を考慮《こうりょ》するのがよい。また，キャッチコピーなどの文字を入れ，伝達内容を明確にする。
② ⑥ユニバーサルデザインが普遍的《ふへんてき》なデザインを目指すのに対し，バリアフリーは特定の人が感じる不便さを取り除くことが目的のデザインなので，サは不正解。

129　日本の美術史 ①

① ①オ　②ア　③カ　④イ　⑤エ
② (1)阿修羅像《あしゅらぞう》(阿修羅立像《りゅうぞう》)
(2)絵巻物　(3)龍安寺《りょうあんじ》
③ (記号)エ　(作者)菱川師宣《ひしかわもろのぶ》

解説

③ 葛飾北斎《かつしかほくさい》，菱川師宣，歌川広重《うたがわひろしげ》は浮世絵《うきよえ》師。

130　日本の美術史 ②

① ①エ　②ウ　③ア
② (1)(記号)ア　(作者)黒田清輝《くろだせいき》
(2)(記号)エ　(作者)岡本太郎《おかもとたろう》
③ A–エ　B–ウ　C–ア
④ (例)小さく折りたたんで持ち運べる，どんな形のものにも合わせて包むことができる，何度でも使える　など。

解説

① 岸田劉生《きしだりゅうせい》の作品は「麗子《れいこ》」，など。

131　世界の美術史 ①

① ①ク　②イ　③ア　④ウ　⑤カ
② (記号)イ　(国)カンボジア
③ (記号)ア　(語句)ビザンチン[ビザンティン，ビザンツ]

解説

① ①キのラスコーの洞窟壁画《どうくつへきが》はフランスにある。
② アンコール・ワットはヒンドゥー教の寺院。

132　世界の美術史 ②

① ①バロック　②レンブラント(・ファン・レイン)　③(ジャン・オーギュスト・ドミニク・)アングル　④ロマン　⑤(クロード・)モネ　⑥(オーギュスト・)ルノワール　⑦ジャポニスム(日本趣味《しゅみ》)
② ①ウ，A　②イ，C　③ア，D

解説

① ④ロマン主義のドラクロワは「民衆を導《みちび》く自由の女神」を描《えが》いた。

計算 ①式　30×2=60
答え　60km
②式　200×36=7200
答え　7200m
③式　24×13=312
答え　312m
④式　84×1.5=126　答え　126km

55 **漢字** 読み ①じょうせい、はんだん
②ふっ、そな　③ぶじゅつ、さいげん
④ひじょうしき、しゃざい
⑤いん、おうほう　⑥ぼう、こう
書き ①基準　②編　③講演
④容、評価　⑤夢　⑥興、得
計算 ①式　200÷50=4
答え　4時間
②式　1360÷80=17
答え　17分
③式　2030÷58=35
答え　35秒
④式　$60 \div 120 = \frac{1}{2} = 0.5$
60×0.5=30　答え　30分

56 **漢字** 読み ①せいぞう、たし
②せいかく、に　③しゃ、ちく
④けっ、しょう　⑤し、どうぞう
⑥じゅ、きょう
書き ①質、査　②賛、述
③雑、刊　④桜、幹　⑤枝　⑥飼
計算 ①72°　②二等辺三角形
③54°　④108°　⑤60°
⑥正三角形　⑦60°　⑧120°
⑨5cm

57 **漢字** 読み ①ざいだん、せつ
②しょく、かいにん　③まよ、ほご
④さい、こん　⑤だんぜつ、じょうたい　⑥あっせい、どく
書き ①額、統　②弁、増
③肥、耕　④個、導　⑤属　⑥仮
計算 ①式　10×3.14=31.4
答え　31.4cm
②式　6×3.14=18.84
答え　18.84cm
③式　4×2×3.14=25.12
答え　25.12cm
④式　62.8÷3.14=20　答え　20cm
⑤式　37.68÷3.14÷2=6
答え　6cm
⑥式　10×2×3.14÷2=31.4
31.4+20=51.4　答え　51.4cm
⑦式　2×2×3.14÷4=3.14
3.14+2+2=7.14
答え　7.14cm

58 **漢字** 読み ①せきむ
②えい、い　③どう、ほう
④やぶ　⑤ぎゃっきょう、せき
⑥のうりつ
書き ①旧、仏　②貿易、往
③液、測　④険　⑤禁　⑥張
計算 ①辺　②底面　③側面
④頂点　⑤三角柱　⑥円柱　⑦3
⑧6　⑨9　⑩4　⑪8　⑫12
⑬5　⑭10　⑮15　⑯四角柱
⑰面EFGH　⑱10cm

59 **漢字** 読み ①さい、きょか
②あつ、がん　③か、ぜいりつ
④こころよ、ていじ
⑤じょうけん、くら　⑥ぼう、かま
書き ①規則　②祖、墓、寄　③婦
④輸、益　⑤留　⑥減
計算 ①三角柱　②4cm
③24cm　④円柱　⑤28.26cm